本著作受中国传媒大学中央高校基本科研业务费专项资金资助项目"现代新闻与生活世界"（项目编号：CUC23HQ015）资助。同时系教育部哲学社会科学研究重大专项项目"中国式现代化道路与新闻传播学自主知识体系建构研究"（项目编号：2023JZDZ032）的阶段性成果。

李泓江 著

现代新闻
与生活世界

NEWS AND THE LIFE WORLD
FROM THE PERSPECTIVE OF MODERNITY

社会科学文献出版社
SOCIAL SCIENCES ACADEMIC PRESS (CHINA)

序
关注生活世界，建构更为全面的新闻学

受邀为作者的新著作序，这些年遇到的不少，我都婉谢，原因其实很简单，写序很难。但对我亲自指导过的学生，他们的博士学位论文出版时，如果要我写几句话，我都一口答应，因为我和他们一起思考过、疑虑过、讨论过、争辩过，也和他们一起焦虑过、痛苦过、欢乐过、幸福过。最重要的是，我熟悉他们的论文，有话可说。

李泓江的博士学位论文，经过几番修改，终于要出版了，我真是由衷高兴。这是他的首部专著，也一定会成为他在学界的立足之作。新闻学要"走向生活世界"，新闻学要探究新闻与人的生命、生存、生活的全面关系，这部著作迈出了坚实的一步，值得庆贺。

在新闻学研究中，生活世界与新闻之间的关系长期处于被遮蔽状态。这种境况有其历史根源。新闻学诞生于职业语境之中，职业范式长期占据着新闻学的中心位置，对职业新闻现象的考察也吸引了绝大多数研究者的目光。被遮蔽并不意味着问题不存在、不重要。恰恰相反，生活世界与新闻之间的关系是新闻学研究中重要的乃至基础性的问题。从根本上讲，生活世界也是人赖以栖居之地，是包括新闻在内的人之一切活动展开的基础场域，新闻与人、与人之生活有着千丝万缕的联系。对于新闻学而言，相较于职业语境，人之基本的生存与生活，是更为根本的思考语境。人与新闻的关系问题是新闻学的总问题，离开人、离开人之生存与生活去发展新闻、开展新闻学研究，很可能会使新闻失去存在的意义，也会大大压缩新闻学理论的发展空间，更不可能建构起完整全面的新闻学。

从 19 世纪中叶开始，思想领域就已开启了回归现实、回归生活世界的理论转向。马克思提出要把"现实生活""从事实际活动的人"当作理论的出发点和落脚点，克尔凯郭尔主张在生存论意义上审视人的存在，尼采高呼"上帝已死"。可以说，把握现实的人、把握人的现实生存与生活，成了思想界的主题与基调。这种思想的主流历史趋向，也应该成为新闻学研究的理论旨趣。然而，遗憾的是，随着学科的精细化、部门化发展，在新闻学隶属社会科学的名义下，新闻学研究日益片面强调直接的工具作用，而忽视了研究对象与人之生活、人之存在的整体性关联。

在此意义上，走向人的存在、走向生活世界，构成了新闻学发展、创新的必然方向，也构成了推动新闻学研究范式创新的重要抓手。正是在这种理论自觉的指引下，李泓江撰写了他的博士学位论文，并在此基础上修改完成了这本专著《现代新闻与生活世界》。

拓荒终归要比因循已有路径更难一些。生活世界与新闻之间的关系，至少在我国新闻学基础史论研究中，还是一个着墨不多的新问题。真正研究起来，并不容易。研究和把握这一问题，既考验着研究者的耐心和毅力，又需要研究者具备扎实的理论功底，以及同先前思想家对话的意识与能力。这部专著所做的正是一项艰难的"拓荒性"工作。作者没有拘泥于以往的研究路径，而是另辟蹊径，把生活世界与新闻之间的关系放在大历史观视域下予以审视，以传统—现代—晚期现代为分析框架，划分出自然生活世界、物化生活世界与数字生活世界等三种生活世界的历史形态，进而讨论不同历史语境下生活世界与新闻之间的内在关联。

就新闻学来说，我一直倡导要采用多元学科的理论视角开展研究，既要能"走入"新闻学，也要能"走出"新闻学。在这部著作中，我们既能够看到马克思主义、现象学研究与存在主义的浓重色彩，也能够感受到舒茨、阿尔都塞、列斐伏尔、科西克、赫勒、哈贝马斯、鲍德里亚、阿伦特等思想家的影响以及作者同他们展开的理论对话。思想是在碰撞中产生的，正是在同以往思想家的观点碰撞中，作者提出了交往三阶段、世界侵入个人时代、现代新闻的中介性悖论与时间性悖论、生活世界的自我殖民与反向殖民等诸多原创性命题及思考。我相信，李泓江博士的这些探索与思考，一定能够为新闻学研究带来有益的启示。

当然，呈现在大家面前的这部专著，还有未尽完善之处，生活世界与新闻之间的关系所张开的理论空间，也还有很多问题值得进一步思考和探讨。希望泓江能够继续围绕这一领域，开展更为扎实的研究，推出更多的理论成果，也希望中国新闻学的基础史论研究能够不断增强自身的理论性，开出更多新花、结出更多硕果。

杨保军

2024 年 11 月 15 日

目 录

第一章　理解新闻：基于海德格尔存在论思想　/　001

　　人是新闻的尺度。新闻不仅仅是事实，也不仅仅是报道，更是连接人与当下世界的中介，是每一个具体的、鲜活的人与世界"打交道"的途径，是人存在于世的重要方式。在人与新闻的因缘联络中，人与当下的、现时的远方世界形成了经验性的连接，人走向了世界，世界也抵达了人的生活世界。

一　现象学视野中的"新闻"　/　003
二　新闻之于人的"去远"意义　/　008
三　新闻之于人的"现时"价值　/　013

第二章　马克思主义、现象学与生活世界　/　019

　　作为研究对象的生活世界，在马克思主义和现象学两种不同的研究范式中，被考察、审视与分析的方式有着深刻差异。马克思主义更多采用抽离性的方式去观察、分析生活世界及存在于其中的人的生活与生存状态；现象学则更多以亲在性的姿态去讨论生活世界。将马克思主义的宏观历史视野和现象学的亲在性视角结合起来，探讨新闻与人的生活世界之间的关系，是本书想要去做的探索和尝试。

一　现象学与生活世界理论　/　020
二　马克思主义与日常生活批判　/　029

三　生活世界的历史性问题　/　042

四　新闻传播学与生活世界研究　/　048

五　历史社会学与蜜蜂式的史论研究　/　054

第三章　传统社会、亲在交往与地方性新闻　/　060

人的生命是一条单向奔涌的河流，在时间中绽开的生活始终处于一种被填充状态，在传统社会中，生存于自然时空中的人们面对的"世界"是有限的，人们的交往范围局限在村落、乡镇。通过口耳相传的人际网络，地方性新闻在人的生活世界中自发流动，填充人相对单调的日常生活，也巩固着传统社会的生活秩序与生活方式。当然，在传统社会的地方性新闻中也蕴含着新闻活动在逻辑上的永恒要件：有待充实与满足的心灵、生活世界中的时空空白、关于世界最新变化的表述、世界最新变化的表述者。

一　自然生活世界中人的生存特征　/　061

二　解剖"猴子"：寻找新闻的基因　/　067

三　"最新消息"与作为交往方式的新闻　/　075

四　地方性新闻及其对心量扩充的有限性　/　082

第四章　同一性、物化转向与现代新闻业　/　091

现代性极为鲜明地体现为同一性。在同一性的扩张中，新闻传播及生活世界等人类社会具体领域都发生了从传统到现代的转变。这种转变表现在：新闻的表述者从生活中离场，作为一种专门性的职业群体而存在，由此导致了表述者与受众、个体与世界、媒介与生活之间关系的深层变化；新闻与时间展露出辩证性关联，在永无止境地对时间的追逐中，新闻成了时间的物象和制度性安排，也成为随时可被时间遗弃的消费品；新闻的物化造成了人们对新闻接受活动的规律化，家庭以及特定公共场所成为稳固的新闻接受空间，这也使新闻发生了作为生活资料与公共交往动力的功能性分化。

一　历史的结构性与整体的现代性　/　092

二　现代性和同一性：韦伯与马克思之争　/　096

三　现代性与生活世界的物化转向　/　105

四　同一性与作为系统的现代新闻业　/　109

五　离场：现代性、分工与表述的物化　/　116

六　现代生活、新闻与时间的隐喻　/　125

七　现代性与新闻在生活中扮演的角色　/　132

八　现代新闻以及生活的同一与差异　/　140

第五章　现代生活批判：一种新闻的维度　/　147

　　人们经常在肯定新闻的积极意义。但从反思的角度来看，新闻体现着对人的深层否定，也存在给人的生存生活带来负面影响的可能性。从当下中抽离出来，是人摆脱庸常的重要方式，但新闻在多数情况下不仅无法将人带出当下，反而在制造当下，让人陷入当下。作为现时世界的呈现方式，新闻经常以零碎的面貌呈现，其鲜少将人带入真正意义上的精神交往，反倒经常要对世界的浅薄化、零散化负责。与此同时，尽管新闻会将人带出生活世界，带入公共领域，但人被带入的并不一定是良性公共生活，倒有可能是无意义的甚至是恶性的公共生活。更何况，新闻还存在异化的风险和将人置入"再隐私化"情形的可能。

一　陷入当下：现代新闻与时间的后果　/　148

二　片面及庸常：现代新闻与精神的贫困　/　160

三　走向公共？现代新闻与公共生活批判　/　169

四　连接与"再隐私化"：现代新闻的功能悖论　/　180

第六章　数字生活与世界侵入个人的时代　/　189

　　数字化的时代是同一性被贯彻得更为彻底的时代。在这样的时代中，世界被源源不断地转化为数据，并嵌入每个人的生活世界中。人与人之间的交往方式从中介化交往的分离阶段转变为中介化交往的弥散阶段。与之相应，新闻也经历了去结构化、交往生成以及液态流动的转变。由于数字技术和理性逻辑的双重作用，生活世界存在自我殖民与反向殖民的双重可能，一方面远处的生活、他处的日常通过数字技术侵入人的生活世界，在生活世界的内在循环中实现了对个体生活的殖民；另一方面生活的琐碎、零散与弱意义通过四通八达的网络占据了公共空间，开始影响乃至支配公共事务的运行。

一　同一性的嬗变与现代性重构　／　190

二　生活世界的数字转向　／　197

三　交往的扬弃与数字新闻活动　／　203

四　数字交往与生活世界的殖民化　／　212

五　世界侵入个人的时代　／　222

第七章　理想生活与理想新闻　／　230

理想生活意味着人要从异化的状态中解放出来，回归真正的自我，重新恢复幸福、自由、真实之于自我的本来意义，重新发现人存在于世的根本尊严。同时，真正意义上的理想新闻应当在理想生活的视域中加以审视。理想新闻的出发点和归宿应当是人，其所体现的应当是人之为人的特性、愿望、价值、尊严、自由与自我实现。或者说，新闻必须对人负责、对生活负责。新闻也应当在对具体的人关怀、对总体的人价值标准的实践基础上抵达自身的理想样态。

一　生活与新闻的历史辩证法　／　231

二　完整的人与理想生活　／　237

三　理想新闻与超越生活　／　245

后　记　／　251

第一章
理解新闻：基于海德格尔存在论思想

  某些术语的应用，不仅同它们在日常生活中的含义不同，而且和它们在普通政治经济学中的含义也不同。但这是不可避免的。一门科学提出的每一种新见解都包含这门科学的术语的革命。

——《资本论》（第1卷）恩格斯序言

  真正的科学"运动"是通过修正基本概念的方式发生的，这种修正的深度不易，而且或多或少并不明见这种修正。一门科学在何种程度上能够承受其基本概念的危机，这一点规定着这门科学的水平。

——海德格尔《存在与时间》

  就核心关切而言，笔者试图在本书中做的是：展现新闻与生活世界之间的历史性关联，并由此延展出存在论意义上的反思与批判。在学术研究上，笔者一直笃定的一个想法是：打扫干净屋子再请客。在进入研究的主体部分之前，笔者认为有必要清理和解决一些基础问题。因为，如果这些问题不予以解决，这一研究便无法以逻辑自洽的方式准确而有效地展开，更无法在一种目前已逐渐凸显的新的理论层面上实现新闻、生活世界与历史结构这些重要范畴的纵贯与通达。

  而首要的前提性问题即在于：新闻与生活世界之间究竟有无一种内在

的、根本性的牵连？当然，在传统新闻学研究的界域中，新闻与生活世界之间的关系并不是显见的命题。这从以往关于"新闻"的定义中即可看出，① 传统新闻学对"新闻"的界定呈现出一种鲜明的特征——新闻在多种情况下并未被当作一种涌动在人们日常生活、生命世界中的鲜活存在来看待，其不过是脱离于活生生的人之生命世界的"事实""报道""信息""工具"。换言之，在传统新闻学的界定之中，存在一种经验主义的内在倾向，即从芜杂新闻现象、繁多新闻经验中抽离出一种超越性的、抽象性的一般范畴，并将之作为"新闻"的本质属性、根本特征。② 这样的概括方式导致的客观结果之一是在新闻被视作与人相割裂、分离的对象和客体之后，其最本然的、在人之生存和生命活动意义上的特性却被遮蔽了。

在笔者看来，新闻最为本然的特性恰恰潜藏在人与世界本身的结构之中。在人与世界的关系方面，海德格尔的阐释最为恰切，其存在哲学不再纠缠于主客体之间的关系，也不再寄意于空洞、虚无的"普遍真理"，而是遵从亲在性的致思路径，深入地剖析人的在世方式及与世界的本己性关联，从而在根本上跳出了传统形而上学认识论的思想维度，也为重新发现

---

① 以往新闻学对"新闻"这一范畴主要存在四种界定方式，即"事实说""报道说""信息说""工具说"。（1）新闻即事实（fact）。中国"新闻学界最初开山祖"徐宝璜认为"新闻者，乃多数阅者所注意之最近事实也"，范长江在《记者工作随想》中将新闻界定为"广大群众欲知、应知而未知的重要事实"，这种观点认为新闻最为本质的特性在于"事实"，亦即事实本身即构成新闻。徐宝璜. 新同学 [M]. 北京：中国传媒文学出版社，2016：3；范长江. 通讯与论文 [M]. 北京：新华出版社，1981：3.（2）新闻即报道（report）。"报道说"认为新闻是由专门人员所生产出来的关于事实的报道，例如，美国学者约斯特在《新闻学原理》中提出，"新闻是已经发生或正在发生的事情的报道"，陆定一在《我们对于新闻学的基本观点》中把新闻定义为"新近发生的事实的报道"。参见卡斯珀·约斯特. 新闻学原理 [M]. 王海，译. 北京：中国传媒大学出版社，2015：15；陆定一. 我们对于新同学的基本观点 [M]. 解放日报，1943-9-1.（3）新闻即信息（information）。这种观点借鉴了"信息论"的思想，把新闻定义为一种事实性信息，代表性人物为宁树藩，在《新闻定义探析》中，宁树藩提出"新闻是经报道（或传播）的新近事实信息"。参见宁树藩. 新闻定义新探 [J]. 复旦学报（社会科学版），1987（05）：85.（4）新闻即工具（tool）。在《新闻理论基础》中，甘惜分提出，"新闻是报道或评述最新的重要事实以影响舆论的特殊手段"。参见甘惜分. 新闻理论基础 [M]. 北京：中国人民大学出版社，1982：50.

② 李泓江. 新闻学元问题的依据、方位及回应方式 [J]. 编辑之友，2020（08）：57-62.

"新闻"、界定新闻学的核心范畴提供了重要的理论视角。笔者尝试先以海德格尔《存在与时间》一书中所蕴含的存在论思想为理论依据，勾勒出新闻在人与世界的结构中所占据的位置，并由此揭示新闻与生活世界之间的根本性联系。

一 现象学视野中的"新闻"

存在思想在海德格尔的思想体系中占据了中心性的位置。在《那托普手稿》《哲学的观念与世界问题》《康德和形而上学问题》《真理的本质》《哲学论稿》等著述中，海德格尔均深刻地讨论过对于存在的理解。其经典著作《存在与时间》可以说就是围绕存在尤其是作为特殊存在的"此在"而展开的。事实上，存在问题长期萦绕于西方思想脉络之中，从柏拉图、亚里士多德到笛卡尔、莱布尼兹，乃至于胡塞尔，这一问题都一直存在，但悬而未决，久未定论。《存在与时间》开篇，海德格尔引用了柏拉图在《智者篇》中的一段话，"当你们用到'是'或'存在'这样的词，显然你们早就很熟悉这些词的意思，不过，虽然我们也曾以为自己是懂得的，现在却感到困惑不安"[1]，以显示其所要研究的核心话题。从某种程度上来说，正是在这一话题上的开创性发现，将海德格尔的名字深深地镌刻在人类思想史上。

海德格尔将人视作存在结构中的核心，相较于其他存在者，此在（Dasein）即人（Human Beings），或者更为准确地说，即此时此刻正在存在着、思考着的人具有根本层面上的优先地位，"此在是一种存在者，但并不仅仅是置于众存在者之中的一种存在者"，"同其他一切存在者相比，此在具有几个层面上的优先地位"[2]。由于此在在生存论意义上的优先地位，世界即呈现以"此在—世界"的结构方式，这一结构方式并不像传统哲学中的主客分离式关系，而是"此在嵌构于世界之中"的"在……之

---

[1] 马丁·海德格尔. 存在与时间（修订译本）[M]. 陈嘉映, 王庆节, 译. 北京: 生活·读书·新知三联书店, 2014: 1.
[2] 马丁·海德格尔. 存在与时间（修订译本）[M]. 陈嘉映, 王庆节, 译. 北京: 生活·读书·新知三联书店, 2014: 14-16.

中"关系模式,"此在的实际状态是:此在的在世向来已经分散在乃至解体在'在之中'的某些确定方式中"①,此在从被抛入世界起,便与世界共在,便要与周围世界产生形形色色的联系,打各种各样的交道。因此,海德格尔将鲜活的、真实的、生存的人放到了存在论的中心位置,从而在根本上突破了脱离人生存事实的形而上学。②

在这种全新的对人、对世界的理解中,周围一切存在者皆要以此在为定向,其意义亦要在此在与世界的关系中得到领会,"存在之领会向来已经属于此在,并且在每一次同存在者打交道之际都已经是'活生生的'了"③,在此在的领会中,存在者获得了生存论层面的意义,其不再是冰冷的、孤绝的,或与人相对立且在存在意义上毫无关联的客体,而是生动地融于人之生命境域的一部分。与此同时,存在者亦嵌构于世界之中,或者说,存在者本身即为世界中的一部分,被领会到的存在、以形式显示出自身的种种存在者构成了人之生命世界、周遭世界。以此,存在于世界之中的存在者,皆须以人之生命世界的眼光重新理解与阐释,"此在的分析工作必须保持为存在问题中的第一要求"④,"一切研究都是此在的一种存在者层次上的可能性"⑤。

按海德格尔的思路来理解,新闻所指向的是世界中的一个专门领域(Sachgebiete),而一条条具体的"新闻报道"、一件件特定的"新闻产品"、一次次关于新鲜事的述说,则是处于这一专门领域中并以"新闻"为名的存在者。海德格尔将人最基本的生存状态解释为"寻视"与"操劳"。通过寻视,此在将新闻产品、新闻报道、新闻述说纳入生命视域;通过操劳,此在阅读新闻、观看新闻、收受新闻。在寻视中人看到了新

---

① 马丁·海德格尔. 存在与时间(修订译本)[M]. 陈嘉映, 王庆节, 译. 北京: 生活·读书·新知三联书店, 2014: 66.
② 参见张汝伦. 论海德格尔哲学的起点[J]. 复旦学报(社会科学版), 2005(02): 36-44.
③ 马丁·海德格尔. 存在与时间(修订译本)[M]. 陈嘉映, 王庆节, 译. 北京: 生活·读书·新知三联书店, 2014: 79.
④ 马丁·海德格尔. 存在与时间(修订译本)[M]. 陈嘉映, 王庆节, 译. 北京: 生活·读书·新知三联书店, 2014: 19.
⑤ 马丁·海德格尔. 存在与时间(修订译本)[M]. 陈嘉映, 王庆节, 译. 北京: 生活·读书·新知三联书店, 2014: 13.

闻，在操劳中新闻走向此在的上手状态。而新闻在卷入人的生命境域、走向上手状态之时，也获得了自身的世界性，"上手的东西在世界之内来照面。因此，这种存在者的存在即上手状态无论以何种方式总归在存在论上同世界及世界之为世界有关系。在一切上手的东西中，世界总已在'此'"①。在这种意义上重新诠释"新闻"，从根本上来讲便是在新闻报道、新闻产品之中领会"新闻"对于人而言的价值和意义，认识新闻在人之生命世界中所处的基本方位。但如何认识新闻于人而言的价值和意义，又如何认识新闻在生命世界中的位置呢？

受胡塞尔的影响，海德格尔是以现象学的方式来理解存在问题的。现象学是胡塞尔所开创的一种不同于传统形而上学的全新的认识世界的方式，以现象学来认识事物，就是在现象中直观到本质，直观到事物最本然的特性，"现象学的特点是通过直观分析来突破传统的个别与一般的那种硬性区别，实现出一个更活泼、更带有生活本身的思想性的研究方式和思维天地来，现象学也不只是描述事实，而是要通过描述事实或事态，来暴露出这些事实是怎么构成的，或者依据这些事实再去暴露在更高层次上的构成"②。"面向事情本身"，这一胡塞尔提出的现象学著名口号也是海德格尔分析存在问题的方法论依据，"现象'的'科学等于说：以这样的方法来把捉它的对象——关于这些对象所要讨论的一切都必须以直接展示和直接指示的方式加以描述"③。但海德格尔并不满足于胡塞尔所提供的理论武器，其在解释学的影响下，以"解释的直观"而非"范畴的直观"来诠释存在问题，"现象学描述的方法论意义就是解释……通过诠释，存在的本真意义与此在本己存在的基本结构就向居于此在本身的存在之领会宣告出来"④。当然，解释并非天马行空的想象，亦非完全以抽象的方式进行思考，而是要结合生活的情境进行相应的描述与阐释，"生活的湍流体验本身就前

---

① 马丁·海德格尔. 存在与时间（修订译本）[M].陈嘉映，王庆节，译. 北京：生活·读书·新知三联书店，2014：97.
② 张祥龙. 朝向事情本身——现象学导论七讲[M].北京：团结出版社，2003：22.
③ 马丁·海德格尔. 存在与时间（修订译本）[M].陈嘉映，王庆节，译. 北京：生活·读书·新知三联书店，2014：41.
④ 马丁·海德格尔. 存在与时间（修订译本）[M].陈嘉映，王庆节，译. 北京：生活·读书·新知三联书店，2014：44.

对象化、非抽象化、非二元区别地包含着、构成着和揭示着它本身具有的趋向","'解释学'这个词自始至终都意味着人最原本的生活体验本身的意义构成和形式显示,并且在这个意义上是存在论的和现象学的"①。

因此,以海德格尔为基本视域来理解"新闻",就是从此在的视角出发,"看"向新闻活动、新闻现象,在对新闻的切实感知中,在生活世界的直观体验中,就新闻活动、新闻现象与此在之间的关系、在此在生命活动中的方位及意义中进行解释。像其他事物一样,我们称为"新闻报道""新闻产品"的东西在我们的生命世界中时不时地与我们"照面",进入我们的视域、闯入我们的生活,并成为我们操劳交往的对象。但相较于其他只能显示自身且就在扮演自身所是之角色的事物而言,以语言、符号、表征等样态呈现的新闻有其现象层面的特殊性,新闻总是在呈现着其他事项(something else),而且在呈现其他事项的过程中,其真正的特性却隐匿了起来,被表象所掩盖了。这种"自我的消隐"就像福柯在《词与物:人文科学的考古学》一书的论述中说的那样:

> 所见和所读、可见物与可陈述物在其中不停地相互缠绕的那个单一的层次那时也消失了。物与词将相互分离。眼睛注定是要看的,并且只是看;耳朵注定是要听的,并且只是听。话语仍具有说出所是的一切的任务,但除了成为所说的一切,话语不再成为任何东西。②

与之相应,除了成为所呈现的其他事物,新闻亦不再成为任何东西。用海德格尔的表述方式来说,新闻最为本然的特性消隐在了自我的上手状态之中。于是,人们以自然主义和经验主义的眼光认为,"新闻"便是它所指代的其他事项,是停留在所谓客观世界之中的"事实",但若新闻真的只是事实,新闻在人之生命世界的意义能否就与所谓事实相等同?若真是如此,新闻对于人之生命世界的独特价值又何在呢?

---

① 张祥龙. 海德格尔传 [M]. 石家庄: 河北人民出版社, 1998: 94.
② 米歇尔·福柯. 词与物: 人文科学的考古学(修订译本)[M]. 莫伟民, 译. 上海: 上海三联书店, 2016: 46.

上述设问之答案显然是否定的。因为，当新闻真的等同于所谓事实时，新闻的意义和价值就与事实无异，新闻自身的独特性便被强行取消了。但若令人信服地揭示出"新闻"的特性，尚需下功夫。在海德格尔看来，消隐的上手事物的特性，常常只有在上手状态缺失时才能显现出来，也才能被我们所"看到"，"上手的东西的缺失同样是寻视中所揭示的指引联络的中断。上手事物的日常存在曾是那样不言而喻，乃至我们丝毫未加注意。唯当缺失之际，寻视一头撞进空无，这才看到所缺的东西曾为何上手，何以上手"①。这就是说，当我们在阅读新闻、收看新闻、浏览新闻，即当新闻就在我们眼前、在我们的上手状态之时，我们寻视到的新闻就是新闻报道所包含的内容，亦即其指代的其他事项；而当我们寻视新闻而不得时，我们便一无所知，寻视不到任何事项（nothing）。当新闻就在生命世界之中时，我们理所当然，处之怡然；而当我们已经习惯了的新闻突然从我们的生命世界中消失之时，我们不仅失去了新闻，也失去了在新闻中被指代的其他事项。于是，新闻的上手状态与新闻的不上手状态之间出现了差别。

在这种差别中，可以清楚地看到："新闻"在操劳寻视着的此在与指代的其他事项之间发挥着一种中介与桥梁的作用。于是，在存在论意义上，在海德格尔的解释学现象学的意义上，在剔除了自然主义和经验主义之后，新闻显现出了自身的"原形"，新闻的核心特性不是别的，不是事实，也不是与此在毫无瓜葛的"事实信息"，更不是所谓的工具与手段，而是连接此在与其他事项的中介。在这种清晰的形式显示出来的差别之中，新闻收获了自己最为本然的特性——中介性（intermediaryness）。

当廓清了新闻最为本然的"中介性"之后，尚需将这种中介性与新闻所寓居介质的特性区别开来。可以肯定，新闻的中介性是与"新闻"这种存在本身捆绑在一起的，而与新闻所寓居的介质无关。介质为何？同样以现象学的视角，从此在出发，看向介质，我们能看到什么？我们一眼望去，便看到了答案：介质之特性是其载体性——介质承载表征，并构成了

---

① 马丁·海德格尔. 存在与时间（修订译本）[M]. 陈嘉映, 王庆节, 译. 北京：生活·读书·新知三联书店, 2014：88.

不同事物之间相互连接的基础设施（infrastructure）。而除了这些属于介质本身的物理特性之外，我们什么也看不到。也就是说，物理层面的连接意义和承载意义构成了介质最为本然的特性。如果仅仅从指代与表征层面来看，介质除了指示自身之外，不会指示任何事物；除了显示自身物理性质之外，再无其他任何显示。① 介质承载表征，但其本身并不具有表征意义，用以涂画的岩壁如是，莎草纸如是，电视机、收音机如是，互联网、手机亦如是。唯有寄居于介质之上的内容，才具有表征意义。因此，我们可以说，介质与表征之间的关系，是典型的承载（bearing）与寓居（dwelling）的关系，即"在……之上"的关系，表征总是理所当然地寄居于介质之上而与介质并不相同。表征与介质的这种"在……之上"的关系，除了表明方位之外，还有另一种深层次的意味，即"使……显现"，介质使表征显示于此在的生命世界，在这种"使……显现"的机制中，介质显示出了自身作为技术存在物的解蔽性质，"技术不仅是一种手段，技术乃是一种解蔽方式"②，介质在使表征居于自身之上的同时，也使表征在世界之中得以显现。以此，作为具有中介和表征属性的新闻，借助承载与寓居的关系结构和介质的解蔽显示机制，可以被有效嵌入进此在的生命世界，并在世界之内向此在展开，与此在照面，被此在领会。

二　新闻之于人的"去远"意义

当我们说此在与新闻遭遇和照面时，就是说此在以寻视操劳的方式观看、阅读、收受新闻时，必然内含了这样一个前提性条件：新闻已经处于此在的周围世界之中，或新闻已经嵌构在此在的生命世界之中。而此中另一层意义也是不言而喻的，作为中介的新闻在内置于周围世界的同时，其

---

① 以上论述仅仅从表征层面而非从生存论层面谈论介质的意义。从生存论的角度来看，介质本身就是技术存在物，而技术存在物对人具有极为重要的意义与价值，用海德格尔自己的话说，技术的本质是一种"集-置"（Ge-Stell，也有中文译者将其译为"座驾"），是世界展现在此在面前的方式。参见马丁·海德格尔. 存在的天命——海德格尔技术哲学文选 [M]. 孙周兴，编译. 杭州：中国美术学院出版社，2018：93-108.
② 马丁·海德格尔：《技术的追问》，参见吴国盛. 技术哲学经典读本 [M]. 上海：上海交通大学出版社，2008：305.

指代的其他事项必然不在周围世界。我们有必要将这种似乎"不言而喻"的空间层面的意义予以展开与揭示，以透视新闻、此在、空间之间的内在关联。

海德格尔认为，此在的生命世界、周围世界有其空间性，这一空间是在此在的寻视操劳之中得以确定的，"空间分裂在诸位置中……并非'周围世界'摆设在一个事先给定的空间中，而是周围世界特有的世界性质在其意蕴中勾画着位置的当下整体性的因缘联络。而这种位置则是由寻视指定的，当下世界向来揭示着属于世界自身的空间的空间性"①。此在寻视活动空间层面的有限造就了一个此在寄居于其中的周围世界，世界不纯然的是一个物理性的概念，而是与此在的生命境遇紧密相连的生命展开空间，一如有学者所指出的那样，"地方是指人们发现自己、生活、产生经验、诠释、理解和找到意义的一连串场所（locales）"②。既然此在之世界与生命境遇紧密相连，那么人们既可以不断地将本身并不在周遭的、原本在外部世界的事物带进周围世界，带进人的视域范围与人照面，又可主动割裂与外部世界之间的关联，走入处于封闭状态的"桃花源"。于是，生命世界既可以是无限扩大、向外开拓的，也可以是窄小局促、鸡犬相闻的。于是，生命世界既是弹性的，也是带有个体色彩和生活边界的。

但是，走向窄小局促只是人的可能选择，而非此在的本质倾向。在海德格尔看来，此在有一种求近的本质倾向，"我们当今或多或少都被迫一道提高速度，而提高速度的一切方式都以克服相去之远为鹄的。例如，无线电的出现使此在如今在扩展和破坏日常周围世界的道路上迈出一大步，去'世界'如此之远对此在都意味着什么尚无法一目了然"③。海德格尔将这种本质倾向引导下的此在存在方式称为"去远"，"去"为使动用法，"远"指示距离，因此，去远并不是使之远的意思，而是让远处的东西来

---

① 马丁·海德格尔. 存在与时间（修订译本）[M]. 陈嘉映，王庆节，译. 北京：生活·读书·新知三联书店，2014：121.
② Richard Peet. 现代地理思想 [M]. 王志弘等，译. 台北：群学出版有限公司，2005：75-76.
③ 马丁·海德格尔. 存在与时间（修订译本）[M]. 陈嘉映，王庆节，译. 北京：生活·读书·新知三联书店，2014：121.

到近前，来到自己的生命世界，"此在本质上就是有所去远的，它作为它所是的存在者让向来存在着的东西到近处来照面"，"去其远首先与通常就是寻视着使之近，就是带到近处来，也就是办到、准备好、弄到手"①。

以中介性为其最本然特性的新闻显然具有"去远"的性质。通过新闻的中介性，空间上居于远方的其他事项被输送至此，抵达此在的生活世界，并与此在照面，被此在感知。与此在照面的同时，其他事项之世界性得以彰显，并顺理成章地成为远方世界或外部世界中的共同存在。进一步来说，新闻的中介性之中，外部世界以可见的、述说的形式被"打包"进生命世界，"现代报纸的出现，使新闻的阅读具备了现代性的体验，它将'共同世界'嵌入进'周遭世界'之中，人们不仅感受到了遥远的、陌生的、匿名的他人及事件之于自身的意义，还与它们产生了某种时空的联系"②，以此，外部世界与生命世界、远方世界与周遭世界之间相互嵌套，自我的日常生活与社会、民族、国家乃至全球相互勾连，"正是报纸这个媒介，实现了民族国家从'想象'到'可见'的转变，其方式是'静静而持续的渗透'，其语境是报纸读者们的'日常生活'"③。在这种相互嵌套与连接之中，"共同世界"得以形成。

这里尚需解释新闻去远功能中"远"的意涵。在海德格尔看来，"远"并不必然且常常不是以客观距离来把握与衡量的，而是与此在的生命境域及日常生活经验相关。"远"不是靠量度数据来衡量的，而是由寻视活动来确定的，但凡超出此在寻视视域以外的事项，皆要以"去远"的方式抵达生活世界。因此，新闻并不必然是国家大事或其他有重大影响之事，也可能只是本社区的、邻村的未被此在寻视到而被他人述说的新奇之事。与"远"相对应的"近"也依赖于日常生活经验而得以确定，于此在周边的、能被此在直接觉知无须努力抵达或无须"去远"的即为"近"，"'近'说的是：处在寻视着首先上手的东西的环围之中。接近……是以在世之际总

---

① 马丁·海德格尔. 存在与时间（修订译本）[M]. 陈嘉映，王庆节，译. 北京：生活·读书·新知三联书店，2014：122-123.
② 涂凌波. 现代中国新闻观念的兴起 [M]. 北京：中国传媒大学出版社，2016：120.
③ 卞冬磊. "可见的"共同体：报纸与民族国家的另一种叙述 [J]. 国际新闻界，2017（12）：34-52.

首先来照面的东西为准的"①。发生在此在近处的、周围的事项本来就处在此在的视域中，不需要依赖任何中介即可被此在觉知与了解，这些事项在被此在的寻视目光接触到时，即已被卷入此在的世界之中。这些事项只是周围涌现的新的事项，是以自身显示自身而无须借助他物的存在者。在这种意义上，即便是有反常态之事，也并不具备"新闻"的意义。当然，这并不意味着此在周围涌现的事项不可转换为"新闻"，发生于此在周围的事物，对于他人而言很有可能便是"远方"。当此在周围世界的事项以循环往复、周而复始的日常生活样态呈现时，此在只是以"本该如此""一如既往"的态度对待周围事项；而当有新异的、反常的、我们常常称为"新鲜事儿"的事项发生之时，此在便以话语的方式将事项述说出去，进而转化成他人眼中之新闻，就像米切尔·斯蒂芬斯所说，"新闻传播者能提供合法性和重要性，能将亲历亲见之事变成新闻"，"我们得到新闻便迫不及待地说出去"②。

促使生活世界与远方世界发生关联的此在特性在于"好奇"，从某种程度上来讲，也正是在好奇的驱使下，"去远"得以发生。在海德格尔看来，与"看""寻视"关联极为紧密的"好奇"是此在的天然倾向，此在总是不停地向外张望，以满足自我的好奇之心，"自由空闲的好奇操劳于看……不是为了进入一种向着所见之事的存在，而仅只为了看。它贪新鹜奇，仅只为了从这一新奇重新跳到另一新奇上去"，但"近"处是一览无余的，一眼便可看到底的，因而此在要不断地看向远方、用视线掠过遥远的世界以了却自我的好奇之心，"寻视本质上是有所去远的寻视，这时它就为自己创造出新的去远活动的可能性。这等于说：它离开切近上手的东西而趋向于遥远陌生的世界"③。此在的好奇驱使着此在通过新闻将"远

---

① 马丁·海德格尔. 存在与时间（修订译本）[M].陈嘉映，王庆节，译. 北京：生活·读书·新知三联书店，2014：125.
② 米切尔·斯蒂芬斯. 新闻的历史（第三版）[M].陈继静，译. 北京：北京大学出版社，2014：12.
③ 马丁·海德格尔. 存在与时间（修订译本）[M].陈嘉映，王庆节，译. 北京：生活·读书·新知三联书店，2014：200.

方"带至周遭。在介质构成人向外部世界的延伸的同时，① 流动于介质之上的新闻将"远方"源源不断地带入此在的生活世界。媒介技术的更新使时间消灭了空间，② 而后随着新闻对日常生活的嵌入，空间又开始弥补时间，填充此在的生活世界。③ 在"远"与"近"之间，在远方世界与生活世界之间，形成了一种意义循环机制，远方世界的反常经由新闻的中介化被卷入此在的生活世界，一如此在将其生活世界中的"新鲜事儿"以新闻的方式告知他人，传至远方。

但是，近处之事何以到达远处？远处之事又何以进入周遭？生活世界与远方世界的嵌套与连接又何以可能？当我们直接面向这些无时无刻不在发生的流动、嵌套、牵连现象发问时，便触及了新闻之中介性的内在机制。海德格尔说，去远是此在在世的存在方式，去远就是把远处的东西带到近处来，如果是普通的、轻便的物件倒也可以直接拿至近处，上到手中，但若是物件沉重以至于无法搬运呢？又或者是转瞬即消失于时间之流的事情呢？这些又何以带至此在生活世界，为此在寻视的目光所触及呢？在这种去远与"无法搬运"的矛盾之中，指代关系（能指与所指）出现了，压抑机制也发生了。指代将世界之中的存在者转化成语词、转化成文字，在词与物之间建立一种统一性的意指关联，压抑（press）则直接将涌现在世界中的现象截取出来，以技术的方式把四维时空压制成二维图像、

---

① 媒介是人的延伸，这是麦克卢汉在《理解媒介：论人的延伸》一书中提出的重要观点，"一切媒介作为人的延伸，都能提供转换事物的新视野和新知觉"，"我们用新媒介和新技术使自己放大和延伸"。参见马歇尔·麦克卢汉. 理解媒介：论人的延伸（55周年增订本）[M]. 何道宽，译. 南京：译林出版社，2019：84、89.
② "用时间去消灭空间"是马克思揭示的资本用以扩大市场的方式，"用时间去消灭空间，就是说，把商品从一个地方转移到另一个地方所花费的时间缩减到最低限度。资本越发展，从而资本借以流通的市场，构成资本流通空间道路的市场越扩大，资本同时也就越是力求在空间上更加扩大市场，力求用时间去更多地消灭空间"，参见马克思恩格斯文集：第8卷 [M]. 北京：人民出版社，2009：109. 新闻传播学中将"用时间去消灭空间"引申为现代交往手段具有的特殊功能，参见陈力丹. "用时间消灭空间"——马克思恩格斯传播技术思想研究 [J]. 山西大学学报（哲学社会科学版），2012（03）：290-296.
③ 列斐伏尔曾提及空间填补时间的现象，在《日常生活批判》一书中，他谈到过个人生活意义的填充机制，当然，他是在批判的意义上谈论的，"用'全球'来填充个人生活这个窟窿、这个裂缝，用纸糊上这个空白，掩饰绝望。时间塞满了，生活似乎就要爆炸了。否则，个人生活是无聊的。'塞得满满当当的，却还是空空如也'"。参见亨利·列斐伏尔. 日常生活批判 [M]. 叶齐茂，倪晓晖，译. 北京：社会科学文献出版社，2018：314.

三维视频。从指代关系来看，压抑也是一种指代，因为压抑后的被压抑物是压抑对象的表征，从意义关系上揭示着压抑对象。而从时空关系上讲，指代也是一种压抑，只不过不同于现象的直观压抑，而是一种意义压抑，将存在的意义压抑在语词、文字之中，通过语词、文字，此在领会到存在，领会到世界。语词、文字、图片、视频等均是现实世界压抑之后用以指示现实世界的表征。而表征在压抑现实世界的同时，也建构了现实世界。现实世界是沉重的，但表征是轻灵的，此在的"去远"与新闻的中介性因为压抑机制与指代关系而是可能的，远方世界因为压抑机制与指代关系而实现了空间层面的流动，进而可以源源不断地卷入、嵌构到此在的生活世界之中。

三　新闻之于人的"现时"价值

时间性是海德格尔存在思想的精华，在他看来，时间性是与此在有根本上的联系的，此在即时间性，"我们把如此这般作为曾在着的有所当前化的将来而统一起来的现象称作时间性。只有当此在被规定为时间性，它才为它本身使先行决心的已经标明的本真的能整体存在成为可能"[1]。此在与时间性被勾连在一起，意味着海德格尔是在生活时机化、境域化的意义上理解时间的，时间不再如日常理解中的一样是不可逆的、均质的、单向的、无差别的，而是此在所在世界的展开方式，是此在之世界以"此"为基点向着不同方向绽开与流溢出去的方式，"此在就其作为时间性的存在而到时，于是此在根据时间性的绽出视野建构本质上就存在'在一个世界中'。世界既非现成在手的也非上手的，而是在时间中到时。世界随着诸绽出样式的'出离自己'而'在此'。如果没有此在生存，也就没有世界在'此'"[2]。此在是在时间中展开自身的，时间性的绽开为此在提供了展开自我的视野和方式，而世界则是此在向外延展、铺开的结果。

---

[1] 马丁·海德格尔. 存在与时间（修订译本）[M]. 陈嘉映，王庆节，译. 北京：生活·读书·新知三联书店，2014：372.

[2] 马丁·海德格尔. 存在与时间（修订译本）[M]. 陈嘉映，王庆节，译. 北京：生活·读书·新知三联书店，2014：414.

时间性向着三个方向绽出：将来、当前与曾在。在海德格尔看来，这三个概念是从此在的生存论意义上得以界定的，不能从流俗的时间概念上来理解，"'先行于自身'奠基在将来中。'已经在……中'本来就表示曾在。'寓于……而存在'在当前化之际成为可能"①，这三个概念的落脚点皆在于此在的存在状态，将来、当前与曾在都是此在时间性的体现。所以，海德格尔说，"时间就是此在。此在是我的当下性，而且我的当下性在向确知而又不确定的消逝的先行中能够是将来的东西中的当下性"②，当前本身是朝着过去和将来敞开着的，这些都构成了此在于时间意义上的存在方式。所以，当下性是包含曾在、将来于一身的当下性。当前是世界以境域化、时机化等方式呈现于此在面前的直接表达，在当下性中，此在与世界照面，领会着世界、沉沦于世界，与世界发生着最切近的关联。换言之，世界是在当前通达此在的，将来与曾在并不是当前本身，却以当前化的方式与此在相遇，"实际此在以绽出方式在此的统一性中领会着自己与世界，它从这些视野回到在这些视野上照面的存在者。这种有所领会的'回到……'就是有所当前化地让存在者来照面的生存论意义，而来照面的存在者因此被称为世内的存在者"③。

三种绽开视野中的世界（曾在的世界、当前的世界、将来的世界）通过不同的方式汇聚于此在的当下，曾在的世界以历史为形式出现于此在当下的寻视视域，将来的世界以期备的方式显示于当下的想象活动，而当前的、现时的超越于此在寻视视域的远方世界，以中介的方式进入此在的当下、嵌入此在的生活世界，这种中介方式我们称为"新闻"。通过上到手头的、被寻视到的新闻，此在确认着自我的当下性，因为，"此在首先与通常从周围世界照面的东西与寻视操劳的东西来领会自己"④。新闻被此在寻视到、上到手头之际，确认了自身的世界性；而此在在寻视到新闻、领

---

① 马丁·海德格尔. 存在与时间（修订译本）[M]. 陈嘉映，王庆节，译. 北京：生活·读书·新知三联书店，2014：373.
② 孙周兴. 海德格尔选集 [M]. 北京：生活·读书·新知三联书店，1996：24.
③ 马丁·海德格尔. 存在与时间（修订译本）[M]. 陈嘉映，王庆节，译. 北京：生活·读书·新知三联书店，2014：415.
④ 马丁·海德格尔. 存在与时间（修订译本）[M]. 陈嘉映，王庆节，译. 北京：生活·读书·新知三联书店，2014：438.

会了新闻之际，也确认了自我的当下性、世界的时间性，"唯当上手事物在场，当前化才会与之相遇，所以它也总是遇到空间关系，结果，时间性不仅寻视着从操劳所及的上手事物来领会自己，而且从诸种空间关系中获取线索来表述在一般领会中领会了的可以加以解释的东西"①。在限定了空间（即远方）的境况下，新闻获得了自身在时间上对此在的意义：连接此在与现时世界（the current world）。

时间并非静止不动，而是处于演历之中，也即此在是历史性的。当时间向前演历，便碾出了历史与新闻之间的关系。历史与新闻中都存在与时间直接关联的哲学问题。两者皆基于时间，且以中介化的方式与此在、与世界发生关联。新闻指向时间演历中现时存在的事项，是此在与现时世界的中介；历史则指向时间演历中曾经存在的事项，是此在与过往世界的中介。新闻将处于"远"方的现时世界嵌入此在的生活世界；历史则将已逝的过往世界嵌入此在的生活世界。两者既有本质上的共通之处，又因时间性而相互区别。在存在论意义上，新闻与历史之间存在转化的关系，就如海德格尔所揭示的：

> 历史的演历就是在世的演历。此在的历史性本质上就是世界的历史性，而世界根据绽出的视野的时间性而属于时间性的到时。只要此在实际生存着，世内被揭示的东西也就已经照面了。上手事物与现成事物向来已随着历史性的在世界中存在的生存被收入世界的历史。②

作为上手事物的新闻，终究要随着世界的更新而被收入历史。"今天的新闻是明天的历史，今天的历史是昨天的新闻"，这句在日常生活中常被挂在口头上的话语，极好地反映了存在论意义上新闻与历史之间的转化关系。新闻在此在的上手之际、领会之际指向当下性，而一旦得到领会，新闻就随着日常生活的推移被抛诸生活背后，进入"历史的故纸堆"或此

---

① 马丁·海德格尔. 存在与时间（修订译本）[M]. 陈嘉映，王庆节，译. 北京：生活·读书·新知三联书店，2014：419.
② 马丁·海德格尔. 存在与时间（修订译本）[M]. 陈嘉映，王庆节，译. 北京：生活·读书·新知三联书店，2014：439.

在的记忆,但这得以保存的"新闻"(其实已是历史)并不会从此在的生命世界中消失,而是构成了此在生活的背景,并构成了过往世界通达当下生活世界的中介。于是,新闻与历史之间得以转化,对于此在而言,此时连接此在与世界的新闻会随着此在与世界的更新被碾成历史,而被碾成历史的"新闻"又会在某一生命境域与时机中扮演过往与当时之间的中介与桥梁。正是在这种意义上,新闻是历史的延伸,历史是新闻的归宿,"历史是一个永未完成的世界,所以永远具有当代性"[1],此在绽开的过往世界终将带着过往侵吞正在绽开的当下,并在特定的生命境域与时机中以当前化的方式涌入当下。

中介化的新闻一边指向此在,一边指向远方世界,因此,新闻之"新"也便有了两种意味。其一,自然是指我们已经提及的新闻对此在当下性的确证;其二,则是对所谓现时世界中事项的及时呈现。对现时世界的及时呈现意味着新闻所呈现的对象也是当下的、现时的,"新闻很少关注前人世界,它不会去报道一成不变的历史遗迹和文化传统,除非那个世界发生了对当代具有意义的变化"[2]。如同空间维度之"远"无法用标准化的量度工具予以衡量一样,"现时"也是以此在的生活体验来划定的,现时世界中的事项可能是正在发生的事项,也可能是事项已经结束但其存在晕轮尚存、余韵未消的事项。正在发生的事项自不必多言。那些已经结束但晕轮尚存、余韵未了的事项,从绝对时间、标度时间意义上来讲,已然属于过去,但从此在的生命体验上来看,却是"刚刚发生的",事项本身已经不再,但与之有关的存在者依然存在,并较为清晰地指示关联着事项的发生,与此同时,事项在切近存在的此在生活世界中依然仿若历历在目,在其心理上留下的印象亦清晰地留存着而未及消散。这些事项虽然已经消失在了时间之流,却是距离当下最切近的最新的状况,所以依然具有现时的意义。这也是米德建构出"直接现在"与"功能性现在"两个概念

---

[1] 赵汀阳. 历史之道:意义链和问题链 [J]. 哲学研究,2019(01):117-126.
[2] 卞冬磊. "社会世界"的更新:新闻与现代性的发生 [J]. 国际新闻界,2014(02):103-114.

的原因所在。① 正在发生的事是现时的，虽已于绝对时间意义上结束但余韵未了的事项也可以是现时的，"现时"不是一闪而过的绝对瞬间，而是约略的、弹性意义上的、存在论意义上的动态跨度，而新闻所做的，正是将上述意义上的现时性事项予以记录与复现，并传递至此在的生活世界。

而将现时性事项与生活世界连接在一起，意味着新闻的核心意义在于极力将此在与远方世界在时间层面予以调和，以期达至同步。这也是传输技术长期以来发展的目标与方向。但"同步"恍若黄粱一梦，是一个永远无法达及的目标，即便是在传输已至光电速度的当下。这种无法达及的状态既缘自介质的传输永远不可能超越速度的极限，又因为世界是不断更新的，在新闻的上手状态中，已于远方发生的事项借由新闻的中介性与当下的此在相遇，但当新闻上到此在手头、被此在领会之际，远方世界也已有所更新。于是，尽管整体性的世界是天然同步的，但共同世界在经验上的同步性永远无法达及，在此在对远方的认识与远方的现实之间，存在一道永远无法弥合的时间差。由于此在对时间性的天然觉知，此在能够先天地觉知自我与世界的同步性、共在性，但也能够经验性地意识到上述无法弥合的时间鸿沟，意识到新闻是永远落后于现实的。这种此在对时间差的意识，对远方世界永无止境的好奇心，以及此在通过时间向世界绽开的方式，一起构成了新闻得以源源不断产生的根本机制与内生动力，也正是在这种意义上，"传媒报道新闻，总是处于进行时态，不会等到事实结束才来追问历史……现代新闻业，给我们的感觉永远是'正在进行'的当下性，它所关注的对象永远是动荡不居、变化万端、结果难测的"②。

行文及此，在以海德格尔之存在论思想和现象学方法分析了生活世界中的新闻以及新闻的时空意义之后，我们已经基本揭示出了新闻最为本然的特性，以及其与人之生活世界的根本性牵连：在存在论的视野中，新闻

---

① 米德认为，"直接现在"是一个没有绵延的瞬间，"功能性现在"则是"具有纵深不同的观念性的边缘地带，在这个边缘地带之内，我们始终不断地专注于我们思想过程的检验和组织"，是人类"自我意识发现自身"的区域。转引自卞冬磊."社会世界"的更新：新闻与现代性的发生［J］.国际新闻界，2014（02）：103-114.

② 王亦高. 新闻与现代性：从"永恒"到"流变"的世界观转向［J］.国际新闻界，2010（10），66-72.

被源源不断地运送至人的生活世界之中，为人所寻视到，在其上手之中，新闻中所蕴含的远方之现时世界亦为人所寻视到。因此，新闻与生活世界存在根本意义上的关联，新闻最为本然的特性即其中介性，而其所中介的，就是人的生活世界和居于远方的现时世界。也因此，人是新闻的尺度。

第二章
马克思主义、现象学与生活世界

> 我们必须尽可能地超越所有的细节去重新发现生活本身：生活中的种种力量是怎样结合的，它们是怎样交织和冲突的，它们的急流经常是怎样汇合的。必须在历史的总架构中重新捕获、重新安置一切。因为不论有什么根本的困难、对立和矛盾，我们都应该尊重历史的统一——它也是生活的统一。
>
> ——布罗代尔《论历史》

> 我们不像我们的前人那样单单只想到这个世界。我们思索这个世界应该怎样理解，我们怀疑每一种解释的正确性。在每一个生活与对生活的意识表面一致的地方，背后都隐藏着真实的世界与我们所知的世界之间的区别。所以，我们生活在一种运动、流动和过程之中。变化着的认识造成了生活的变化；反之，变化着的生活也造成了认识者意识的变化。
>
> ——雅斯贝尔斯《时代的精神状况》

从存在论意义上建立起新闻与生活世界之间的根本性关联，是这一研究的基本前提。在本章中，我们将为讨论新闻与生活世界之间的关系进一步夯实根基，一方面交代生活世界与日常生活研究的理论脉络，另一方面简要梳理以往就新闻与生活世界/日常生活进行讨论的相关研究。除此之外，在本章中，我们还需要就研究方法和研究问题做进一步阐释。

一 现象学与生活世界理论

与"生活"相关的感悟、省思、阐释和论述散见于古今中外思想家的文章与著述，"生活"亦是一个与人相伴生的永恒性话题。但真正将生活世界放在基础性地位并进行深入细致的研究却始自近代。从19世纪中后期开始，人类思想史发生了重要的生活转向，亦即从虚无的彼岸世界转向了鲜活的现实世界和生活世界。其中，直接与生活世界/日常生活相关的思想家主要有二：一是以人之日常活动——劳动为研究起点的马克思，二是创立了现象学并影响了整个20世纪人类思想潮流的胡塞尔。以马克思与胡塞尔为起点，生活世界研究形成了两种特色分明但又相互影响的研究脉络与致思路径。

先从现象学对生活世界理论的开创谈起。尽管未及展开，但前文已提及现象学代表人物之一海德格尔相关的生活世界思想。有趣的是，"生活世界"不仅在海德格尔的思想体系中具有重要地位，其在整个现象学的问题范围内都占据着重要位置，以至于生活世界问题成为包括胡塞尔、海德格尔、舒茨等在内的现象学家都在讨论的关键问题。当然，生活世界在现象学思想体系中占据如此重要之地位，与现象学自身的特有属性存在深刻关联。

有必要简要介绍一下现象学。现象学有其自身所要解决的核心问题，即个别与一般、现象与本质之间的关系问题，而以西方哲学的整个发展历程来看，个别与一般、现象与本质长期以来都是悬而未决、久未定论的难题。从巴门尼德提出的"存在论"，到柏拉图提出的"理念说"和亚里士多德的"形式说"，再到笛卡尔希图寻找可靠起点而后解释万事万物，以及康德在《纯粹理性批判》中再次提出人之理性何以打通个别与一般的命题，实际上这些问题归结起来都是现象与本质这一问题的表现及变体。所以，胡塞尔在《纯粹现象学通论》中说，"现象学可以说是一切近代哲学的隐秘的憧憬"[①]，当然，如果就其所要解决的个别与一般之关系在西方哲

[①] 埃德蒙德·胡塞尔. 纯粹现象学通论 [M]. 李幼蒸，译. 北京：商务印书馆，1992：185.

学脉络中的地位来说，也可以说是从古希腊时起整个西方哲学的憧憬之一。但是，在现象学诞生之前，这一问题常常就像堵河堤上的漏洞，堵住一块儿又会出现更大的一块儿，所以，尽管诸如柏拉图、亚里士多德、笛卡尔、康德等思想家都在尝试，但无法从根本上解决这一难题。

在《逻辑研究》一书中，胡塞尔深刻地分析了心理主义、经验主义和自然主义在认识论上存在的严重误区，在他看来，以往的这些学说在认识论上都不够彻底，往往将认识视作先验的、理所当然的，对于认识本身的规律却缺乏根本性的洞见，这也是个别与一般、现象与本质长期无法统一的根本原因。受近代哲学之父笛卡尔的影响，胡塞尔主张在认识论问题上寻找到一个可靠的、牢固的、不可动摇的支点，① 但他并不认为笛卡尔"我思故我在"中的"我思"是那个无懈可击的支点，因为"我思"本身是尚未得到根本性阐明的，所以，他要做的是对一切未经明证的事物进行悬置（epoche），然后去揭示意识本身的内在结构，也即"意识/认识的基本结构是怎样的"这一相较康德之"理性何以可能"更为基本的问题。胡塞尔提出，任何意识都要有对象，不论这一对象是实在的还是想象的，意识—对象构成了任何意识、观念的基本结构，"无论我们是感知地、想象地、回忆地进行直观，还是以经验和逻辑-数学的形式进行思维，都有一个意指、一个意向存在着，它指向一个对象，它是一个关于此对象的意识"②。与此同时，意识对对象的把握，或者说对对象之本质的把握，不是通过所谓的演绎、归纳、抽象等方式得来的，而是在直观的明见性中进行把握的，所以，现象本身即包含着本质，或者说，现象即本质，"每一种原初给予的直观都是认识的合法源泉，在直观中原初地（可说是在其机体的现实中）给予我们的东西，只应按如其被给予的那样，而且也只在它在

---

① 笛卡尔曾言，绝对不承认任何事物为真，对于我完全不怀疑的事物才视为真理，也就是说，在我没有找到那个最确切的、牢不可破的、不可动摇的根据之前，我先把所有的以往接受的知识都放在一边悬置起来，直到我认为无可怀疑的东西为止，然后再基于这一最不可怀疑的东西，去重建人类知识体系。由此，在最无可怀疑的东西没有得到揭示之前，不接受任何未经证实的东西，构成了近代西方哲学的方法论前提。参见笛卡尔. 谈谈方法 [M]. 王太庆，译. 北京：商务印书馆，2000：15-16.
② 埃德蒙德·胡塞尔. 逻辑研究：第 2 卷 [M]. 倪梁康，译. 北京：商务印书馆，2015：480.

此被给予的限度之内被理解"①。在此基础上，胡塞尔提出了现象学的经典口号——"朝向事物本身"。

胡塞尔的现象学有两个重要的特点，这两个特点在一定程度上构成了其晚年关注的生活世界的前提和基础：其一，现象学在将一切事物放入悬置的括号之后，也即摈除了认识中的自然主义和经验主义之后，留下了一个无法被悬置的先验自我意识，胡塞尔称之为"现象学的剩余"，而这一先验自我意识在构成现象学还原终点的同时，也成了人认识一切可能之世界的能力基础；其二，现象学视野中的"意识"不是高高在上的、虚无的、抽离于一切现象之外的意识，而是关于对象世界的意识，是具有朝向对象世界属性的"意向"，这也就意味着，现象学在解决了"意识的基本结构是怎样的"这一基本问题的同时，将世界划分为两极，即自我极与世界极，其实也就预设了现象学最为基本的课题，即意识是如何组织与构造起作为现象的世界的。先验自我意识构成了人与世界相互关联的认知前提，世界本身的对象性与所与性则为意识提供了对象，而生活世界显然是人所面对的世界的组成部分。在现象学的基本考察中，胡塞尔最先排除和悬置的便是自然态度之下所观察到的生活世界，亦即"我和我周围的世界"，而在确立了现象学，拥有了于现象中直观本质的现象学视野之后，要做的事情之一自然便是把原先存放在悬置括号中的生活世界给解放出来，以澄明的眼光重新理解生活世界。这也是胡塞尔在晚年写作《欧洲科学危机和超验现象学》时提出生活世界命题的初衷所在。

胡塞尔所说的生活世界实际上是以人之意识活动为内在指向的特定界域。一如前文所揭示的那样，现象学是关乎人之认识或意识的科学，认识论思想构成了胡塞尔思想的核心，这也延及了胡塞尔对生活世界的理解。从某种程度上来讲，胡塞尔的生活世界概念就是以认识/意识为基础建立起来的。当以人之意识活动为中心指向来界定生活世界时，生活世界的独特性便在于其经验层面、感觉层面的直接给予性，在胡塞尔的论述中，生

---

① 埃德蒙德·胡塞尔. 纯粹现象学通论 [M]. 李幼蒸，译. 北京：商务印书馆，1992：98.

活世界即周围世界，其将生活世界称为"唯一现实的、在感知中被现实地给予的、总能被经验到并且也能够经验到的世界"①。对于人而言，生活世界具有先在性和不可避免性，生活世界是人栖居其中的时空领域，而这一时空领域是被预先给予的，是每个人从一生下来就不得不与之打交道的原初世界。这一原初的世界构成了包括科学活动在内的其他一切活动的基础，其以奠基性、构造性的方式成为科学活动的源泉，而科学活动又会反过来沉淀在生活世界之中，形塑人们的生活世界。② 与此同时，人的生活世界是一个文化的世界，生活世界中天然地包含主体之间的交往行为，而人与人之间的交往是文化性的，每一个人都先天地生活在同一个自然中，并且是生活在这样一个自然中，即每一个人在他自己的生活与他人的群体中，必然会通过个体的和群体化的行动形成一个文化世界，一个具有人的意义的世界。③ 在这种意义上，生活世界本身是开放的，也是被主体本身所构造的，居于其中的各种要素在人的实践活动、交往活动中也是可以改变的。

尽管"生活世界"这一概念在胡塞尔1917年和1919年的手稿中就出现了，但胡塞尔最终将生活世界摆在根基性位置并在晚年对这一命题展开深刻论述，多多少少受到了海德格尔思想的刺激和影响。④ 当然，胡塞尔和海德格尔的生活世界思想还是不同的，胡塞尔的"生活世界"是基于先验自我意识延伸和派生出来的，这与胡塞尔的思想特征有极大的关系，胡之一切思想都根源于其认识论，"本体论和认识论，或者存在论与认识论在胡塞尔那里有种固定的关系，就是认识论有更加宽广的基础，存在论是

---

① 埃德蒙德·胡塞尔. 生活世界现象学 [M]. 倪梁康，张廷国，译. 上海：上海译文出版社，2002：237.
② 胡塞尔认为生活世界对科学活动具有奠基性和构造性，而科学本身又会因其实践意义与认知意义而沉积在生活世界之中，"由于发生的积淀，所有超越直观之实践的对象化结论，包括现代的、建基于观念化之上的技术实践的结论，都会进入科学以外实践的直观世界视域之中，而在这个视域中非课题显现的世界就是生活世界"，参见胡塞尔. 欧洲科学危机和超验现象学 [M]. 张庆熊，译. 上海：上海译文出版社，2005：43.
③ 埃德蒙德·胡塞尔. 生活世界现象学 [M]. 倪梁康，张廷国，译. 上海：上海译文出版社，2002：197.
④ 朱松峰. 胡塞尔和海德格尔谁先影响了谁？——就"生活世界"而言 [J]. 南京社会科学，2014（01）：52-56.

由认识论解释的，通过解释，存在才成了现象学的存在，那就是人的先验自我意识所建构起来的存在"①，在《笛卡尔式的沉思》中，这种本体论与认识论之间的关系有着清楚的显示，"一切现世之物，一切时空存在，都是为我而存在的……世界对我来说根本就不是别的什么东西，而只是在这样一种我思中有意识地存在着并对我有效的世界"②。在这种意义上，我们可以说胡塞尔生活世界思想的原点不在于生活世界存在的事实性，而在于人之意识的先验性。

海德格尔与胡塞尔在思想上最为鲜明的区别，也是在于两人思想的原点和出发点根本不同，胡塞尔的现象学从先验自我意识出发而得以铺展，海德格尔则彻底转换了视角，从现实的存在出发，尤其是从作为此在的人出发以对世界形成一种全新的理解。这种区别显然也导致了二者对生活世界的理解不同。与胡塞尔从先验自我意识角度理解生活世界不同的是，海德格尔的出发点在于此在，也即是说，他是将对生活世界及人在日常生活世界中存在样态的解释性分析视作揭示此在的重要方式，其《存在与时间》中以大量的笔墨揭示了人的日常生存活动，以及由此而折射出的此在的存在特征，"我们就日常状态提供出来的东西不应是某些任意的偶然的结构，而应是本质的结构；无论实际上的此在处于何种存在方式，这些结构都应保持其为规定着此在存在的结构"③。尽管海德格尔运用了现象学方法，但不是胡塞尔所开创的"范畴直观"和"本质直观"，而是以此在的活生生的生命世界、生活经历为背景的解释学直观，是带有海德格尔自身特色的"形式显示"④。

这里要解释的是，海德格尔在《存在与时间》一书中所讨论的世界主

---

① 邓晓芒. 哲学史方法论十四讲 [M]. 北京：生活·读书·新知三联书店，2019：322-323.
② 埃德蒙德·胡塞尔. 笛卡尔式的沉思 [M]. 张廷国，译. 北京：中国城市出版社，2002：28.
③ 马丁·海德格尔. 存在与时间（修订译本）[M]. 陈嘉映，王庆节，译. 北京：生活·读书·新知三联书店，2014：20.
④ "形式显示"是海德格尔对现象学进行改造后的方法论武器，其核心意思是指对实际生活（或生命）及其经验的显示。在海德格尔的话语体系中，"形式显示"与"解释学直观"有着内在的一致性，"解释学直观"是"形式显示"的早期说法。参见张祥龙. 海德格尔的形式显示方法和《存在与时间》[J]. 中国高校社会科学，2014（01）：40-61.

要指的就是我们周遭的生活世界。① 在海德格尔看来，日常状态是此在在生活世界中最为切近、最为寻常的样态，他主张从日常状态去剖析此在的生存样态。因为，在日常状态中包含着此在的生存论结构，日常状态是此在存在于世的一切生存样态的源泉和归属，"我们应从平均的日常状态（作为此在的最切近的存在方式）着眼使在世从而也使世界一道成为分析的课题。必须追索日常在世，而只要在现象上执着于日常在世，世界这样的东西就一定会映入眼帘"②。海德格尔认为，操劳是此在在生活世界之中的最为基本的存在样态，也是人与世界相互触碰、连接的基本方式与通道，"操劳的样态包含在在世的日常状态中。它们让操劳所及的存在者这样来照面，即让世内存在者的合世界性随之一同映现出来"③。从某种程度上讲，对于包括操劳在内的日常状态的分析与思考构成了海德格尔生活世界理论最为核心与关键的内容。

在海德格尔的语境中，生活世界是一个以此在为指向、由各种存在者构成的统一整体，不论是此在还是其他存在者都在该整体中占据着特定的位置。世内存在者因与此在发生关联而有意义，其发生关联的方式在于此在之目光朝向世内存在者，或者说世内存在者与此在相照面。但是，任何世内存在者与此在的照面都是在此在的生活世界之中发生的，并且指引联络着整体的生活世界。此在在生活世界中的日常状态是重复性和循环性的，重复与循环导致了一种日常生活的平均状态，海德格尔将日常状态中此在组建自我的结构归结为领会、现身情形、沉沦与话语，此在正是在这些日常活动结构中日复一日地操劳着，"日常操劳始终期

---

① 海德格尔在《存在与时间》第三章开篇专门介绍了"世界"一词的多种含义，其中一条含义直接指出，以此在为核心的存在论意义上的"世界"即周围世界或生活世界，"（世界可以）被了解为一个实际上的此在作为'生活''在其中'的东西。世界在这里具有一种先于存在论的生存上的含义。在这里又有各种不同的可能性：世界是指'公众的'我们世界或者是指'自己的'而且最切近的'家常的'周围世界"。参见马丁·海德格尔. 存在与时间（修订译本）[M].陈嘉映，王庆节，译. 北京：生活·读书·新知三联书店，2014：76.
② 马丁·海德格尔. 存在与时间（修订译本）[M].陈嘉映，王庆节，译. 北京：生活·读书·新知三联书店，2014：77-78.
③ 马丁·海德格尔. 存在与时间（修订译本）[M].陈嘉映，王庆节，译. 北京：生活·读书·新知三联书店，2014：86.

备的是明日之事,而这明日之事则是'永久的昨日之事'"①。在述说日常状态的时间性时,海德格尔深刻地批判了生活的日常性,此在对日常状态的熟悉中弥漫的是懒洋洋和无情无绪,是木木然的、无意识的沉沦。

客观地来看,尽管海德格尔与胡塞尔的逻辑起点不同,他们的生活世界理论也是在不同层面展开的,但两人在生活世界上也有颇多共通之处。例如,海德格尔认为此在与生活世界的关系为"在……之中"时,其潜含的意味便是生活世界具有先在性和不可避免性,不论此在是否愿意,他都必然地生活在一个属于他的生活世界之中,"只要此在存在,它就已经把自己指派向一个来照面的'世界'了;此在的存在中本质地包含有受指派状态"②,这其实也是胡塞尔所持的基本思想和观点。当然,我们很难说两人究竟是谁影响了谁,或者说谁影响谁更多一些,但海德格尔和胡塞尔所面向的对象有着共通之处,亦即我们每个人直接地、天然地居于其中并与之不断发生联络的生活领域,这也是尽管二人出发点不同,但依然有许许多多相似之处的重要原因之一。

另一个沿着现象学方法探讨生活世界的思想家是舒茨。与胡塞尔和海德格尔从哲学角度来探讨生活世界不同,舒茨更多的是从社会学的角度来理解生活世界的,或者更准确地说,他成功地将胡塞尔的现象学引向了现实社会生活,在弥补社会学家韦伯行动理论不足的同时,发展了生活世界理论。作为社会学家,舒茨的直接对话对象是韦伯,在其经典著作《社会世界的意义构成》一书开篇,他便分析了韦伯在理论层面的缺陷与不足。在舒茨看来,韦伯的许多研究都是开创性的,例如他对社会科学价值中立的捍卫、对"理解社会学"的开创。但是与此同时,韦伯在很多基本问题上都采用了经验主义的态度,缺少对于其理论大厦之基本概念与逻辑前提的哲学省思,"韦伯往往只有在被迫以及明显可见的勉强情况下,才会致

---

① 马丁·海德格尔. 存在与时间(修订译本)[M]. 陈嘉映,王庆节,译. 北京:生活·读书·新知三联书店,2014:420.
② 马丁·海德格尔. 存在与时间(修订译本)[M]. 陈嘉映,王庆节,译. 北京:生活·读书·新知三联书店,2014:102.

力于他所谓的科学基础的工作",",他很少让他的研究成果奠定在坚实的哲学基础上,同样也很少去厘清自己所提出的基本概念之底层"①。舒茨一边批评了韦伯的不够深入、过于随意,一边接受了韦伯的社会行动和社会关系理论,并尝试以现象学的角度夯实由韦伯而来的社会学的根基。他认为,若要理解社会行动与社会关系,必须首先回答"社会意义的理解何以可能?"这一根本问题,而要理解这一问题,须从意义发生的内在机制以及人与人之间相互理解的基本方式入手,也即是说,要回到意识哲学的普遍理论中去,回到胡塞尔的超验现象学和柏格森的生命流程哲学中去,只有这样,"才使得意义设定与意义解释之现象等问题所含藏的谜题有得到解答的可能"②。舒茨的生活世界理论事实上正是在回应上述理论的过程中被建构起来的。

舒茨的生活世界理论带有明显的社会学痕迹和底色,其承继了胡塞尔的现象学路径,同样将生活世界视作人直接经验到的、存在于其中的周遭世界。舒茨借用了胡塞尔的"意向性"来解释生活世界中的意义发生机制,在他看来,"意义"的产生源于自我反省,而反省所对应的是个人的生命流程和生活体验,自我实际的当下仿若光源,其将注视的目光射向过去的、已体验过的生命片段当中,并且在这种持存的基础上,以构想/前摄的方式朝向将来者。由此,自我的生活经历构成了一个连续流,个体以每一个当下为基点,分别向过去和未来绽开,这种内在的时间构成了生活世界运行的基本机制。当然,也因为生活世界意义的意向性和构造性,生活世界呈现以不完备的、不断变动的面貌,"我所面对的世界不是一个已形成的完备世界,而是一个只在自我意识流中构成且不断构成的世界:这不是一个已构成的世界,而是在我的生命流程中才构成,且不断在重新形构的世界:不是一个一成不变的世界,而是一个在每个当下不断生成变

---

① 阿尔弗雷德·舒茨. 社会世界的意义构成[M]. 游淙祺,译. 北京:商务印书馆,2012:8-9.
② 阿尔弗雷德·舒茨. 社会世界的意义构成[M]. 游淙祺,译. 北京:商务印书馆,2012:15.

新、流逝甚至是反生成的世界"①。基于这种不完备、不断变动的特性，生活向时间、向未来敞开，正是在不完备性中，生活才不断实现了自我的展开与生成。

舒茨尤其强调生活世界的主体间性。在他看来，生活世界的基础绝不仅仅是建立在个体的经验之上，而是建立在一种我们-经验（We-experience）之上，"我出生在一个已经有其他人在其中栖息的世界之中，这些人都有可能通过各种面对面情境而面对我。我那关于各种特定的同伴的经验，以及我那关于有另一些人的存在——我只能把其中的某些人当作同伴来直接经验——的知识，都是从这种先天的、自从我一出生就已经是给定的东西之中产生出来的……我们-经验构成了个体有关这个世界的经验的基础"②，也就是说，生活世界的"结构性"就体现在主体间性之中，体现在拥有不同视角的人的相互理解基础之上。③

舒茨本人在当代思想史上显然占据着重要的位置，他将现象学从哲学的领地移植至社会学领地，从而建立了现象学社会学研究路径，并进一步发展了生活世界理论。在他之后的纳坦森、伯格、卢克曼、奥尼尔等新一代思想家，在生活世界理论上亦有颇多建树，这些建树很大程度上是基于舒茨所开创的现象学社会学范式而衍生出来的理论成果。当然，舒茨的现象学社会学离不开胡塞尔和海德格尔的启发。④ 概言之，胡塞尔、海德格尔、舒茨应该是以现象学路径来研究生活世界的最为重要的代表性人物了，他们三人的思想既有顺承与内在关联，又各有侧重和殊异，构成了丰富、厚重的现象学生活世界理论体系。

---

① 阿尔弗雷德·舒茨. 社会世界的意义构成 [M]. 游淙祺，译. 北京：商务印书馆，2012：42.
② 阿尔弗雷德·舒茨. 社会理论研究 [M]. 霍桂桓，译. 杭州：浙江大学出版社，2011：29.
③ 李猛：《舒茨和他的现象学社会学》，参见杨善华. 当代西方社会学理论 [M]. 北京：北京大学出版社，1999：18.
④ 虽然舒茨在他的《社会世界的意义构成》《社会理论研究》等著作中并未过多谈及海德格尔，但从他个人的阅读经历、他的文字中，我们是可以看到海德格尔思想的痕迹的。

二　马克思主义与日常生活批判

就现象学路径下的生活世界理论进行勾勒后，还需梳理另外一支关于生活世界的理论脉络——马克思主义的日常生活批判理论。当然，由于胡塞尔、海德格尔、舒茨等现象学家的理论建构，"生活世界"这一概念是带有浓厚的现象学色彩的。从区别的角度来看，现象学的研究更多地强调以"我"（不论是胡塞尔的闲言自我意识，还是海德格尔的"此在"，抑或是舒茨的复数的"我"）为中心来分析"我"与"我"寄居于其中的生活世界之间的关系问题，马克思的研究则不同，其更加强调在人类的现实社会实践中来考察日常生活，这是研究视角的不同。但从联系的角度来看，尽管马克思并未在现象学的意义上谈论和使用"生活世界"，但他所谈论的"生活""日常生活"等问题及从其思想衍生出来的日常生活批判理论却实质性地指向了生活世界中根本性的生活关系、社会关系。因此，从某种意义上来讲，生活世界/日常生活构成了马克思批判理论与现象学研究现实层面的一个交点。

从整个思想史的角度来看，马克思一个鲜明的思想特征在于其对现实社会生活的关注，他强调思想的现实性和此岸性，主张从所谓的真理的彼岸世界转向现实的、鲜活的此岸世界，换言之，也即是人生存于其中的社会世界。早在写作《〈黑格尔法哲学批判〉导言》时，马克思便提出，"人不是抽象的蛰居于世界之外的存在物。人就是人的世界，就是国家，社会"，"真理的彼岸世界消逝以后，历史的任务就是确立此岸世界的真理"[1]。在将眼光转向现实生活之后，马克思对人的生活及生活世界的理论建构主要体现在以下几个方面。

其一，揭示了生活世界的基本结构。在马克思看来，历史的关系生动地体现在现实的人与其所处的世界的关系之中，在人与世界的关系之中，存在着生活世界最为根本、最为原初的基本结构，"这里所说的个人不是他们自己或别人想象中的那种个人，而是现实中的个人，也就是说，这些

---

[1] 马克思恩格斯选集：第1卷 [M]. 北京：人民出版社，2012：1、2.

个人是从事活动的，进行物质生产的，因而是在一定的物质的、不受他们任意支配的界限、前提和条件下活动着的"①。在这里，我们可以看出，"一些现实的个人""他们的活动""他们的物质生活条件"中蕴含着生活世界的基本结构：作为生活主体的个人、生活主体的实践活动，以及作为人之物质生活条件提供者和生存环境整体的总体性世界。按照马克思的观点，人的生活世界是在人的实践活动中形成的，在人的实践活动中，潜含着生活世界结构性要素的相互作用及其关系：人不断地通过自身的劳动和实践，通过对存在物的改造，改造着人所处的生活世界。换言之，人的生活世界是人对象化的结构，生产活动、实践活动是人自身的对象化活动，人现时现下的生产活动、实践活动在不断地改造着世内存在物，也因此，人的生存、生产实践不断地对象化、客观化为人赖以生存与生活的世界，"生活世界是生活主体在遵循客观尺度、尊重客观条件的前提下，不断按照主体尺度，将主体的本质力量对象化的过程"②。

其二，重建了历史与生活之间的关系。在《德意志意识形态》一书中，马克思所做的一个非常重要的事情就是建立历史与生活之间的关联。马克思专门批判了以往的历史观，在诸如黑格尔、费尔巴哈等人那里，历史是非现实的，历史与生活之间存在深刻的脱节，"历史总是遵照在它之外的某种尺度来编写的；现实的生活生产被看成是某种非历史的东西，而历史的东西则被看成是某种脱离日常生活的东西，某种处于世界之外和超乎世界之上的东西"③。马克思对历史与生活关系的重建主要体现在以下方面：一是历史不是脱离于生活之外的，历史的变化、发展与演变就根植于生活，或者说，生活是历史的基础和前提，"第一个历史活动就是生产满足这些需要（笔者注：指吃喝住穿等基本的生活需要）的资料，即生产物质生活本身，而且，这是人们从几千年前直到今天单是为了维持生活就必须每日每时从事的历史活动，是一切历史的基本条件"④。因此，历史不是主体的想象活动，而是真正的实证科学，其要考察的是活生生的、可以通

---

① 马克思，恩格斯. 德意志意识形态（节选本）[M]. 北京：人民出版社，2003：16.
② 杨楹. 论马克思生活辩证法的理论个性及其当代在场[J]. 学术研究，2014（07）：1-16.
③ 马克思，恩格斯. 德意志意识形态（节选本）[M]. 北京：人民出版社，2003：37.
④ 马克思，恩格斯. 德意志意识形态（节选本）[M]. 北京：人民出版社，2003：23.

过经验观察到的、处于现实生活和历史发展过程中的人的生活、人的变化。二是生活具有历史性，生活本身不是一成不变的，而是处于历史的发展进程之中，并且，正是生活的历史性本身构成了历史无法脱离生活的前提性条件。在马克思看来，在不同时代中，人们的生产力水平存在差异，因而不同时代人们的生活条件与生存状态也不一样，人们的生存交往条件"在历史发展的每一阶段都是与同一时期的生产力的发展相适应的，所以它们的历史同时也是发展着的、由每一个新的一代承受下来的生产力的历史，从而也是个人本身力量发展的历史"[1]。因此，历史与生活之间存在根本的关联，任何历史都是人之生活的历史，离开了生活谈历史，历史仅仅是抽象的概念，而离开历史谈生活，生活则丧失了其根本意义。

其三，划分了日常生活的时间结构，并在此基础上批判了资本主义阶段的日常生活。在马克思整个社会批判理论中，人的劳动是一切批判的起点。当然，之所以劳动会成为批判的起点，从根本上来讲是他在资本主义社会中所观察和发现的逻辑悖论，也即工人与自身劳动的产品之间异己的对象的关系，这种异化关系导致的结果是，工人劳动所付出的越多，他自身的生活反倒越贫困；他创造出来的财富越多，他获得的用于维持自身和家庭生活的生活资料反而越少。这种对无产阶级生活状况的同情和关注贯穿了马克思社会批判理论的始终，也是马克思日常生活思想的精髓所在。在马克思看来，日常生活是依照自然时间的运转循环往复的，白天与黑夜交织，与之相应，劳作与休息呼应。人并非永不停歇的机器，其工作与劳动的正常有效进行依赖于休息时间，如果劳动者之体力、精力无法得到及时补充，劳动及工作便不能持续地展开。由此，工人的日常生活便被划分为从事劳动生产的工作部分和推动个人再生产的其他部分，其他部分既包括休息、睡觉、吃饭等休养环节，又包括盥洗、穿衣等杂务环节，还包括与家人朋友共处的交往环节和与获取精神需要的闲暇娱乐等环节。在工作和劳动中，工人并不属于自己而是为资本家占有；在闲暇时光、交往活动、家庭生活等推动个人再生产的其他部分中，工人才是自由的，是完完全全属于自身的。但工人的工作日是弹性的，其工作日的上限由两种因素

---

[1] 马克思，恩格斯.德意志意识形态（节选本）[M].北京：人民出版社，2003：68.

决定，一种是劳动者身体条件决定的身体边界，另一种则是劳动者精神、道德、社会等需要决定的社会边界，工作日是在身体界限和社会界限之内变动的。① 工作日最高限度的弹性边界为资本带来了极大的裁量空间，但资本只有一种本然属性，即增殖自身，疯狂创造更多的剩余价值。资本并不会去顾忌工人是否健康、体力是否健全，而是一味地延长工作日的时间。与之相应，工作日的延长必然意味着对其他活动时间的压缩，家庭活动、闲暇时光、休息时间、交往活动统统被挤压到最小限度甚至被挤压殆尽。在这种情况下，工人阶级的日常生活结构走向畸形。

与此同时，马克思的日常生活思想与他关于人类未来的思想密不可分。在《共产党宣言》中，马克思曾鲜明地表达过他对人类未来出路的设想，即通过暴力革命消灭旧的生产关系，建立起无产阶级作为统治阶级的共产主义社会，"代替那存在着阶级和阶级对立的资产阶级旧社会的，将是这样一个联合体，在那里，每个人的自由发展是一切人的自由发展的条件"②。提出这样的理想，与马克思对工人生活的关怀密不可分，他眼中看到的是他所处时代无产阶级生活的痛苦，而其社会终极理想中最为重要的特征也在于生活的富足与个人的自由全面发展。这些目标的每一个方面都落实在每个具体的人身上，都与具体的每个人的日常生活息息相关：物质财富的极大丰富指向的是人的生活资料的丰富充足，而自由全面发展本身不过是让人更多地从必然的劳动时间中解放出来，拥有更多用于自由发展的时间。当把这些目标放在一起来理解时，马克思所欲实现的改造世界之精髓就在于重新定义日常生活，并实现日常生活之重建——使人们享有富足的生活资料而不再为衣食住行所困，使更多原本往往并不属于日常生活领域但是人发展程度标志的科学艺术活动纳入日常生活之中，使人真正地从必然和束缚中挣脱出来，走向自由与全面。

虽然马克思的日常生活思想在他的整个思想体系中占据着重要的位置，但总的来说，马克思对社会的批判主要集中在诸如经济、政治、文化等宏观层面，其日常生活思想更多地潜藏在其宏观的社会批判和分析之

---

① 马克思. 资本论：第1卷 [M]. 北京：人民出版社，2004：269.
② 马克思恩格斯选集：第1卷 [M]. 北京：人民出版社，2012：422.

中，并未以直接的、清晰的面目呈现出来，且已在其著述中表现出来的日常生活思想相对而言仍较为粗疏，并没有对日常生活内在的结构、关系、特征及运行机制进行系统且详细的论述与说明。这自然与马克思所处时代的特征相关，因为尽管机器大工业已经诞生，但日常生活处于从传统到现代的转型过程中，资本对日常生活的渗入、控制也依然是浅层次的，日常生活的问题仍集中在如何通过政治经济制度变革实现富足这一传统命题上。当然，从另一方面讲，马克思的批判路径以及他初步的日常生活思想为其后的西方马克思主义学者所继承，并在诸如列斐伏尔、赫勒、科西克以及法兰克福学派那里发扬光大。

在西方马克思主义流派中，可能最早系统地研究日常生活的思想家是亨利·列斐伏尔。列斐伏尔早在1947年就出版了《日常生活批判》的第1卷，随后又在1961年和1981年出版了第2卷和第3卷，在此期间还出版了《现代世界中的日常生活》（1967），这些著作构成了关于日常生活研究的丰富理论体系。作为西方马克思主义的代表人物之一，列斐伏尔认为自己是站在发展马克思主义的立场上来探讨日常生活的，在1957年《日常生活批判》（第1卷）再版序言的开头，列斐伏尔坦言，他要做的是"发展马克思主义从总体上忽略了的一个方面，即具体的社会学"，他的对话对象是那些认为"日常生活批判是没有用的和过时的""日常生活批判不过是对资本主义社会老式的、枯燥的批判的翻新而已，无非是对无关紧要的事物加以批判"的马克思主义者。[1] 在列斐伏尔看来，日常生活绝不是无关紧要的，这一被人不屑一顾的领域恰恰是整个社会生活中最不可或缺的，列斐伏尔显然受到了存在主义较深的影响。在他看来，人的存在方式、生存方式的改变是极其重要的，甚至人类社会的经济结构与政治形态的变化都要为人之生存方式的进步所服务，在《现代世界中的日常生活》中，他提出，"革命不仅仅是要改变整体和财产分配方式，而是要去改变人的存在方式，对人的日常生活的改变才是革命的根本目的所在"[2]。正是

---

[1] 亨利·列斐伏尔.日常生活批判[M].叶齐茂，倪晓晖，译.北京：社会科学文献出版社，2018：2-4.

[2] Henri Lefebvre. *Everyday Life in the Modern World* [M]. New York: Harper & Row, Publishers, 1971：204.

这一理念构成了列斐伏尔日常生活批判的逻辑起点与价值关怀。

尽管列斐伏尔的表达多少显得有些散漫和随意，但在他的著述中也遍布着思想的火花，其在关于日常生活的批判和论述方面更是有着十分深刻的洞见，从多个角度揭示了日常生活的特征、结构和运行规律。或许是受现象学的影响，列斐伏尔认为，日常生活要被当作一个整体性的领域来看待，日常生活的整体性是指日常生活并不是一个专门性的、特殊性的领域，而是人所有活动都可以包含于此、融汇于此、奠基于此、含蕴于此的包容性现实界域，"正是在日常生活中，产生人类和每一个人的关系综合有了整体的形状和形式"①。在将日常生活视作人的整体性寓居领域的同时，列斐伏尔也将日常生活放在了人类社会奠基性的地位，所以，列斐伏尔说，"人一定是日常的人，否则，他就完全不是人"②。

与此同时，作为一个整体性存在的日常生活，同时也是一个重复、自发且又充满模糊性的领域。在列斐伏尔看来，重复性、自发性和模糊性是日常生活最为重要的特征。日常生活是按照周而复始的时间循环周期和逻辑运行的，时间本身的重复节奏自古至今支配着生存于世界中的人们，"社会人的生活，从生到死，都是由一组循环和节奏组成的。小时、日、周、月、季节、年，有规律的返回，给最初与自然联系在一起的人提供了节奏。我们至今延续着超级循环，世界时间制度……这些节奏不只是控制着个人的生活，村庄和城市也按照这些节奏运转着"③。在这种充满自然节奏的生活之中，人的状态主要是自发性的，因而，自在自发性构成了日常生活的重要和基础特征。与此同时，自在自发的日常生活是模糊的，海德格尔认为，人的实际生活经验是"不计较"与模糊性，人直接投身于现实生活之中，而不去在乎自身是如何经验生活的，④列斐伏尔对海德格尔的

---

① 亨利·列斐伏尔. 日常生活批判 [M]. 叶齐茂, 倪晓晖, 译. 北京: 社会科学文献出版社, 2018: 90.
② 亨利·列斐伏尔. 日常生活批判 [M]. 叶齐茂, 倪晓晖, 译. 北京: 社会科学文献出版社, 2018: 117.
③ 亨利·列斐伏尔. 日常生活批判 [M]. 叶齐茂, 倪晓晖, 译. 北京: 社会科学文献出版社, 2018: 276-277.
④ 张祥龙. 海德格尔的形式显示方法和《存在与时间》[J]. 中国高校社会科学, 2014 (01): 40-61.

这种思想进行了批判，在他看来，像海德格尔这样的哲学家模糊了模糊性的问题，"它们把模糊性归咎于哲学定义的存在，而不是每天这种事"，列斐伏尔认为，真正的模糊性是日常生活本身的模糊性，"模糊性是一个日常生活范畴，也许还是一个本质范畴"①，"模糊的王国也是日常琐事的王国"，"在关键时期（任何成问题的事物都比已经获得的稳定性还要重要时，结构濒临解体，战略居于主导地位，选择的需要日趋明显，社会转变过程中的重要分叉时刻已经显现）之外，人们在模糊状态下生活，只要问题没有立即显露，或者只是预备提出这些问题，人们都可以忽视那些问题"②。

对日常生活特征的揭示是为了更好地批判日常生活。从青年马克思那里，列斐伏尔获得了他最为锋利的批判武器——异化理论。马克思在《1844年经济学哲学手稿》中提出了异化理论，"工人对自己的劳动的产品的关系就是对一个异己的对象的关系"，"对象化表现为对象的丧失和被对象奴役，占有表现为异化、外化"③。列斐伏尔将异化的含义引申为一个对象化和外在化的、实现的和现实感消失的双重运动。在他看来，劳动的异化只是异化的一个方面，在现代社会中，异化已经蔓延到社会生活的方方面面，人的日常生活也发生了深度异化，或者更准确地说，异化已经成了生活的一种常态化，成了永不停歇的日常。人们期待日常生活成为创造性的源泉，但日常生活最终成了压抑创造性发生的异己力量；日常生活本该成为自由的乐土，但日常生活反而被资本主义权力改造成了束缚本身；日常生活本该与公共生活发生连接从而推动人通达公共与历史，但现代科学技术，尤其是传播技术却推动了日常生活的"再隐私化"，将人紧紧锁闭在狭小的日常范围之内，由此，"日常生活成了现代性制度与技术所造成的一种新的病态现象"，成了"现代性权力与制度压抑得最为严重的、

---

① 亨利·列斐伏尔. 日常生活批判 [M]. 叶齐茂, 倪晓晖, 译. 北京: 社会科学文献出版社, 2018: 17.
② 亨利·列斐伏尔. 日常生活批判 [M]. 叶齐茂, 倪晓晖, 译. 北京: 社会科学文献出版社, 2018: 424-425.
③ 马克思恩格斯选集：第 1 卷 [M]. 北京: 人民出版社, 2012: 51.

变得支离破碎的领域"①。现代社会的异化使列斐伏尔感觉到日常生活批判和日常生活革命的必要性，他重拾并发展了马克思的总体的人思想，并提出要在日常生活中使人从异化状态走向自由和完整。在他看来，日常生活不应当是被异化的，而应当是自由的、创造的、共在的、超越性的，因此，要以批判性的态度再造日常生活，而再造之前首先要做的，就是直面被异化的日常生活，撕破日常生活为资本主义的经济现实和上层建筑所提供的隐蔽的面纱，"去重新发现日常生活——不再是忽视和不承认它"②，进而"使每个人认识到自身的处境，摆脱压抑，恢复自我的主体性"③。当然，认识与揭露都不是目的，列斐伏尔想要做的是以诗意的方式重建日常生活，"日常生活批判不再意味着展开日常生活，不是揭露被掩盖起来的日常生活部分，而是意味着通过实践活动，通过思考、诗歌、爱，完成日常生活的质的飞跃"④，所以，他提出，要让日常生活变成艺术品，通过性的变革与革命、都市的变革与革命、节日的重新发现和推崇等创造一种全新的生活风格。⑤

列斐伏尔对于日常生活特征、结构及其异化状况的揭示无疑是深刻的。但从其他方面来讲，列斐伏尔亦有自身的缺憾，他对于日常生活异化所开出的药方过于天真，也充满乌托邦色彩。这是因为他的思想的哲学起点是马克思青年时代人本主义的历史观，缺少了从历史的角度观照日常生活的维度，缺少站在一种抽离的、更高的视点分析日常生活与社会变动之间关系的自觉，也没有深入系统地分析与思考日常生活的异化与资本主义经济社会结构之间的内在关联。这导致他的批判没有走得更深更远，而是陷入了文学式的日常美学直观与微观考察，他寄望于微观权力反抗和"都市革命"的解决方案显然有着太多的盲目乐观和理想主义色彩。

---

① 刘怀玉. 现代性的平庸与日常：列斐伏尔日常生活批判哲学的文本学解读 [M]. 北京：北京师范大学出版社，2018：49.
② Henri Lefebvre. *Everyday Life in the Modern World* [M]. New York：Harper & Row，Publishers，1971：202.
③ 衣俊卿. 西方马克思主义概论（第 2 版）[M]. 北京：北京大学出版社，2019：375.
④ 亨利·列斐伏尔. 日常生活批判 [M]. 叶齐茂，倪晓晖，译. 北京：社会科学文献出版社，2018：675.
⑤ 仰海峰. 列斐伏尔与现代世界的日常生活批判 [J]. 现代哲学，2003（01）：57-64.

除了以列斐伏尔为代表的法国马克思主义者，东欧马克思主义亦是 20 世纪最为重要的马克思主义阵营和流派之一，在这一流派中，有着诸如卢卡奇、科西克、赫勒等众多具有世界影响力的马克思主义思想家。其中，科西克和赫勒在日常生活的探讨上有着极为深刻的见地。来看科西克。卡莱尔·科西克是东欧新马克思主义的代表人物，也是捷克斯洛伐克人道主义马克思主义学派最为重要的理论家和思想家，由于受到存在主义思潮的影响，科西克尝试将海德格尔的思想和马克思主义结合起来，以此来推动马克思主义的发展，这种思想路径深刻地体现在了其代表性著作《具体的辩证法——关于人与世界问题的研究》中。在科西克看来，人的应然状态应该是人的能力的全面发展，是人的自由与解放，是人处在由实践与历史共同形构的具体的世界（concrete world）之中，而资本主义的劳动分工、等级差异导致了人的抽象化、片面化、不完整的存在方式，人所处的世界并不是一个具体的世界，而是一个"伪具体的世界"，亦即资本主义条件下每个人所处的日常生活世界，"充斥于人类生活的日常（everyday）环境和日常氛围中的各种现象以其规律性、直接性和自明性（self-evidence）渗入行动者的个人的意识中，并给人们带来一种自主和自然的假象，这些现象聚集在一起构成了一个伪具体的（pseudo-concrete）世界"[①]。

海德格尔的存在论对于科西克的日常生活思想影响很深，在谈论日常生活时，科西克直接借用海德格尔的"操劳"（care）[②]来概括人之日常生活的基本样态与模式，并对这一概念进行了进一步解释和发展。在他看来，主体既由客体的关系体系所决定，又以自身的操劳活动构造关系体系与关系网络，而操劳即主体在关系网中的纠缠，他甚至构建了一个关于"操劳"的定义体系，"烦是：（1）社会个体以个人的介入及其功利性实践为基础在社会关系体系中的纠缠；（2）最初以烦神（caring）和获取

[①] 卡莱尔·科西克.具体的辩证法——关于人与世界问题的研究[M].刘玉贤，译.哈尔滨：黑龙江大学出版社，2015：3.

[②] Care 对应于德语 sorge，这一概念存在不同的中文译法，有译者将其翻译为"烦"，如学者孙周兴，还有译者将其翻译成更具中性意义的"操劳"，如学者陈嘉映。在《具体的辩证法——关于人与世界问题的研究》一书中，译者刘玉贤将 sorge 翻译成了"烦"。为了前后文论述的一致，除了直接引语中尊重译者的译法，本书将表达统一为"操劳"。

(procuring，笔者注：又可译作中文'操持')的形式出现的个人活动；(3) 表现为无区别的、匿名的活动（获取和烦神）主体"①。也就是说，在科西克的眼中，操劳是一种客观关系状态，是用来描述个体与其功利主义实践所构成的外部世界关系的最恰切形容，其已经"不再仅仅是人对自然、人对人那种一般关系的逻辑指认，而是准确地定位于个人对物质利益的高重复性的物化行为场"②。事实上，在这种关于"操劳"的界定中，科西克显示出了其与海德格尔的不同，在他看来，作为操劳的人不仅仅是被抛入了现成的、早已存在的世界，而是在这个世界中不停地"走动"以及从事各种活动，并在"走动"与活动中创造出这个世界。与此同时，人是带着功利性的目的进行操劳实践的，日常生活总是面向未来的，因为生活中操劳的目的是使当下平稳过渡到未来，也正是在面向未来中，当下被手段化了，"在烦中，个人总是已经处于未来之中，并把现在变成实现事业的一个手段或工具"，"由于烦超前于现在，因此它不把现在看成可靠的实寸，看成'向存在靠近'，而是看成一种飞逝"③。

像列斐伏尔一样，科西克同样揭示了日常生活的重复性、同质性和稳定性。他认为，日常是一种人们极度依赖又能极大减少人精力耗费的生命状态，这种状态是本能的、下意识的、无意识的和未经思考的，在此种状态中，人们依靠直觉、习惯和机械对生活做出反应。这导致日常本身构成了一个无差别的、高度同质化的现实界域。放在时间的进程中来看，日常生活的重复性与同质性意味着其在长时间内都是稳定的、无变化的，这与历史形成了鲜明反差与对比，因为历史意味着变化，意味着新的事物的诞生，也意味着从一种熟悉的状态中脱离出来，"日常是一个自然的氛围或一个熟悉的现实，而历史则表现为一个具有超越性的现实，历史发生在日常的背后并以一种灾难的形式闯入日常"，"日常表现为可信、熟悉和亲

---

① 卡莱尔·科西克. 具体的辩证法——关于人与世界问题的研究 [M]. 刘玉贤，译. 哈尔滨：黑龙江大学出版社，2015：47.
② 张一兵. 经济人与日常性生存的形而上学批判——读科西克的《具体辩证法》[J]. 学术月刊，2000（08）：30-36.
③ 卡莱尔·科西克. 具体的辩证法——关于人与世界问题的研究 [M]. 刘玉贤，译. 哈尔滨：黑龙江大学出版社，2015：52.

近，表现为'家乡'；而历史则表现为出轨、日常的中断，表现为异常之物、陌生之物"①。

从理论脉络上讲，科西克同时受到了东欧马克思主义和现象学的影响，他对现代生活的批判既带有海德格尔的色彩，又有十分浓重的卢卡奇的烙印。在科西克看来，资本主义社会中，人存在方式的重要变化即在于工作状态从劳动走向操持（procuring），"劳动被分割和去人格化到了如此程度，以至于在所有领域——物质领域、行政领域和知识领域，它都仅仅表现为获取与操控，这种从劳动到操持的转变过程，"以一种神秘化的方式反映了人类关系拜物教化被加剧的过程"②。工业生产所带来的重要影响是机器体系的复杂化，复杂化的机器带来了操作的分工化，不论是生产性的工作还是白领的工作，每一件工作都被肢解成了细分化的独立性操作，操作者所面对的不是完整的工作过程，而只是被抽象分解了的工作的一小部分。与此同时，人们在现成的由装置、器具构成的机器体系中活动，表面上看是人在操持装置、器具，但实际上人也被机器体系所操持，在此，人发生了异化，人成了被机器操控的一个对象。操持是每天都不断重复的，在操持中人不是受自己意志主宰，而是受习惯的力量所主宰，人的生命在这种被支配性中流逝与耗尽。③

匈牙利马克思主义思想家阿格妮丝·赫勒对于日常生活亦有着相当深刻的见地。她尝试将日常生活当作一个专门的研究对象，并在其经典作品《日常生活》中对日常生活的本质、结构、图式、特征等进行了专门的探讨。赫勒的日常生活理论的批判性色彩并不浓厚，《日常生活》一书主要做的事情也是以相对科学、中立的角度来揭示和剖析日常生活的，这似乎是她与马克思、列斐伏尔、科西克的重要不同之处。赫勒的探讨对于形成完整而系统的关于日常生活的理解具有重要意义。

---

① 卡莱尔·科西克. 具体的辩证法——关于人与世界问题的研究 [M]. 刘玉贤，译. 哈尔滨：黑龙江大学出版社，2015：55-56.
② 卡莱尔·科西克. 具体的辩证法——关于人与世界问题的研究 [M]. 刘玉贤，译. 哈尔滨：黑龙江大学出版社，2015：48.
③ 卡莱尔·科西克. 具体的辩证法——关于人与世界问题的研究 [M]. 刘玉贤，译. 哈尔滨：黑龙江大学出版社，2015：49.

赫勒日常生活理论的起点在于个体的再生产，在她看来，社会再生产的前提条件在于个体的再生产，而有效推动再生产得以进行的各种要素汇聚成了日常生活，所以，赫勒直接给日常生活下了一个简明的定义，"那些同时使社会再生产成为可能的个体再生产的集合"。谈论个体的再生产何以可能时，赫勒的论述中有着明显的海德格尔思想的痕迹，"人降生于一个独立于他而存在的世界中。这一世界对他表现为既成事实；但是，正是在这一世界中他必须维持自己，考验自己的生存性"①。生存于世的个体必然要展开各种各样的活动，要吃穿住行，要学习习俗和礼仪、要习得职业本领与技能等，而这些多样的活动构成个人的基本活动。从本质上来讲，这些活动是人本身的活动，这些构成人所处生活世界的活动不外乎是人的自发性的生存活动，所以，从根本上来讲，这些活动是类本质的自发性活动。在这里，阿格妮丝尝试将马克思和海德格尔的思想结合起来，以更好地揭示出日常生活的本质，在她看来，人的生活世界不仅是"我"生来之时就已经存在的，而且是"我"在寄居于其中的生存过程中塑造出来的，是"我"为使自身存续下去的生存活动的投射与对象化。与此同时，这种对象化并不是自觉的对象化，而是每个人自然而然所进行的自发的、本能的活动。②

自在的类本质对象化存在一些共同的特征，赫勒认为，正是这些特征构成了日常活动的基础，并为日常生活的建构提供基本结构和框架。自在的类本质对象化的共同特征主要包括五个方面。其一，重复性，在赫勒看来，日常生活依赖惯性推动，惯性意味着不止一次地从事一种活动，而是要遵循此前的一种路径不断地做同一类事情，所以，赫勒说，"我们的行为必须是可重复的，并且事实上为任何一个人按它们的'如是性'（thusness）而重复"。其二，规范性，自在的类本质对象化意味着重复性的路径本身构成了人们需要遵守的规范和规则结构，当我们按照惯例/习惯做某事时，我们本身便接受了惯例/习惯背后所隐含的规则和规范的约束，这种规范与规则系统是日常生活得以有效运转的前提和基础。其三，符号系

---

① 赫勒. 日常生活 [M]. 衣俊卿, 译. 哈尔滨：黑龙江大学出版社, 2010: 4.
② 赫勒. 日常生活 [M]. 衣俊卿, 译. 哈尔滨：黑龙江大学出版社, 2010: 26.

统，除了行为的重复性，日常交流也是重复性的活动，而"作为重复性交流的承担者，类本质对象化也是符号系统"①，人们需要在日常生活中通过符号系统进行意义的交流与沟通。其四，经济性，尽可能用最小的消耗实现最大的效果，这也是习惯最基本的特征之一。其五，情境性，人是生活于具体的现实世界之中的，人必须在具体的情境中才能进行语言的交流、对象的使用，也才能从事各种各样的生存活动。

与此同时，在赫勒看来，日常生活是一个充满了各种异质活动和不确定性因素的领域，但生活在日常生活中的人往往采用一些同质化的行为模式和认知模式来应对日常生活，包括日常生活中的不确定性因素。日常生活中起支配作用的图式主要有以下五种。其一，实用主义，处于日常生活中的人是实用主义的，"如是性"是人们面对生活世界时所采用的基本态度，日常生活中的人们所要实现的只是目标的达成，而对其他方面不感兴趣，比如，人们会认为小孩有时提出的"为什么"的问题是幼稚的，因为在成年人看来"因为它就是如此"。其二，可能性，与思辨思维活动追求绝对确定的真理不同，人们在日常生活中所从事的一切是以可能性为基础的，"可能性——某种行为所产生的可能性——的估价，在日常活动的曲线图上提供了最高或最低曲线"②。其三，模仿，日常生活是重复性的和经济的，而重复与经济达成的重要方式便是模仿，模仿意味着在可见的日常生活中已经存在有效的、可行的对象，而对这些对象的模仿可使我们的日常生活同样可以有效地开展。其四，类比，类比在日常生活中具有重要作用，且类比与模仿非常相似，二者的唯一区别在于模仿使现行的关联、行为模式、行动模式产生同一性，而类比之目的则在于产生相似性，"我们的大多数日常活动是为类比所引导的。通常，当我不得不作决定时……我把我的特殊的和个人的案例归结为一个类型模式，并根据这一模式进行规范的和习惯的决策"③。其五，过度一般化，过度一般化亦是日常生活的基本策略，当面对一些具有很高新奇性和陌生性的事件时，人们往往会进行

---

① 赫勒. 日常生活 [M]. 衣俊卿，译. 哈尔滨：黑龙江大学出版社，2010：133.
② 赫勒. 日常生活 [M]. 衣俊卿，译. 哈尔滨：黑龙江大学出版社，2010：162.
③ 赫勒. 日常生活 [M]. 衣俊卿，译. 哈尔滨：黑龙江大学出版社，2010：168.

一般化、粗略化的处理（rough treatment）。

通过对于日常生活的深刻分析，赫勒想要表达的是，日常生活实际上是一个由语言、对象和习惯等规则规范系统所维系的、重复性思维和重复性实践在其中占主导地位的自在对象化的领域。① 而在就日常生活的基本结构与一般图式进行揭示后，赫勒提出了日常生活批判与革命的任务，在她看来，革命与批判不在于抛弃日常生活的结构与图式，而在于扬弃日常生活的自在化和异化特征，亦即使之人道化，从自在自发走向自为自觉与自由。赫勒的这种人道化的马克思主义批判与理想归宿其实跟科西克的具体辩证法有共通之处，两人都借鉴并发展了卢卡奇的"总体的人"，并强调应当对自在的、按照惯性运转的日常生活本身进行批判，从而使人摆脱异化状态，重新占有自己的本质，走向自由解放的理想状态。

三　生活世界的历史性问题

至此，我们已经对现象学的生活世界理论和马克思主义流派的日常生活理论进行了初步的勾勒，尽管如此，还有不少思想家亦实质性地谈及生活世界/日常生活，例如，列斐伏尔的学生鲍德里亚，德国马克思主义思想家霍克海默、阿多诺与马尔库塞，英国历史学家汤普森等，还有当今世界最为重要的思想家之一哈贝马斯，这些学者都曾或多或少对日常生活有过深刻论述和见地，鉴于篇幅原因，本章未能详细地一一叙述。考虑到这些学者多数是在其著述中就生活中的某一方面而非日常生活/生活世界本身所进行的讨论，我们会在后文具体论述过程中对这些学者的思想进行相应的讨论和分析。

通过上文的分析，我们可以看到，现象学与马克思主义有各自的范式特征和路径特色，这种各自的独特性表现在以下几方面。

（1）两种范式的逻辑起点存在区别，现象学有一个潜在的起点，即"我"，不论是胡塞尔、海德格尔还是舒茨，在他们的讨论中，生活世界都

---

① 参见衣俊卿. 现代化与日常生活批判：人自身现代化的文化透视 [M]. 北京：人民出版社，2005：316-318.

是相对于"我"而言的，生活世界是被"我"认识的、上手的、经验的，或是与"我"照面的，尽管"我"在三人的讨论中有不尽相同的内涵，①但"我"或"我"的变形是生活世界永恒的起点。马克思主义的范式则不同，在马克思主义的视野中，日常生活是一种独特的社会领域，② 其更多的是被当成一种客观的对象，或者说一种社会科学的研究对象来看待的。

（2）这种逻辑起点的不同进而导致了两种范式视野下世界结构层次的不同，依照现象学的理论路径，世界是依赖"我"的经验与感知的时空范围来划分和确定的，处于"我"直接感知与经验范围之内的因缘整体，即是"生活世界"，而超出直接感知与经验范围，便是"其他世界"了。当然不同现象学家对"其他世界"的理解不同，胡塞尔认为生活世界是相对于科学而言的，舒茨将"其他世界"根据时空不同划分为前人世界、共同世界和后人世界。马克思主义范式则将世界划分为经济基础、上层建筑、意识形态等，日常生活与其他领域一起构成一个整体性的世界，而对于日常生活进行研究除了揭示日常生活本身的本质、特征、结构及图式等之外，不可或缺的一个方面是分析日常生活与其他领域之间的关系，尤其是分析日常生活是如何在资本主义政治经济制度之下被殖民和异化的，这也是包括列斐伏尔、科西克、赫勒等在内的马克思主义思想家所做研究的共同特征。

（3）现象学视野中的"我"往往是抽象的、先验的、无差别的，由此"我"的生活世界亦是无差别的、同质的、一般的，是可以任何人为原点展开的，或者更准确地说，现象学更为关注的是被抽离了历史性的普遍化生活世界，是抽象的、适用于每一个人的生活世界，这是现象学研究路径

---

① "我"在胡塞尔的现象学理论中表现为先验自我意识，在海德格尔的存在论中表现为"此在"，在舒茨的现象学社会学理论中表现为"我们"，尽管有所区别，但这些表现都是"我"的不同形式，"先验自我意识"是作为主观存在的"我"，"此在"是作为一种特殊存在的"我"，"我们"是复数的"我"。

② 在马克思那里，生活往往是相对于生产而言的，生产是社会性的价值创造活动，而日常生活则是促使私人劳动力及家人生命活动得以维持的活动；在列斐伏尔那里，日常生活是处于社会结构中基础层次的领域，这一整体性的领域是其他活动得以生发的源泉；科西克和赫勒也把日常生活看成一种独立的社会层次和社会领域，赫勒的论断最为清晰和明确，日常生活是使社会再生产成为可能的个体再生产的集合。由此可见，日常生活是像经济基础和上层建筑等一样被拆分出来的独特、独立领域。

的一个显著特征。与现象学不同，马克思主义强调对象的历史性，他是在历史唯物主义的视野之下研究日常生活的，其关于工人日常生活的分析与研究是在与以往奴隶时代、封建时代日常生活的对比之下进行的，其价值关怀也是建立在对历史和当下向未来展开的尺度之上的，马克思之后的列斐伏尔、科西克、赫勒的日常生活批判理论中其实也都在某种程度上潜含着对日常生活历史性的深刻分析。

当然，从其他方面来看，现象学与马克思主义的分析路径又具有共通性和互补性，共通性与互补性至少表现在以下两个方面。

（1）两种路径所探讨的对象具有本质上的一致性，尽管关注的侧面不同，但不论是现象学还是马克思主义，两者均关注到人的生存这一根本性的事实，马克思主义所探讨的日常生活是人生命活动的基本方式，现象学讨论的生活世界是人生命活动展开的时空领域，因此，两种路径下的研究都围绕着人的生命活动而展开，可以说，人的生命活动构成了现象学与马克思主义相互连通的现实交汇点。与此同时，现象学术语"生活世界"与马克思主义范畴"日常生活"尽管各有其意义偏重，但二者之间有着内在的一致性，日常生活构成了生活世界实质性的活动内容，脱离日常生活活动来谈生活世界是无意义的，而生活世界是日常生活的时空界域，日常生活的开展又总是在生活世界的范围之内开展的。

（2）两种路径均承认生活世界/日常生活是建构性的，现象学认为生活世界是人在与周遭环境的因缘互动中形成的，不论是胡塞尔、海德格尔还是舒茨，在承认生活世界的基础性地位的同时，也承认生活世界存在于人的直接活动界域之内，承认生活世界存在于人与外部事物打交道的过程之中。而在马克思主义范式的视野内，日常生活虽然具有内在的结构和稳定性，但其也被视为是人与世界交往的产物，并认为日常生活要深刻地受到政治、经济、文化等社会制度与结构的影响，因此，日常生活绝不是一成不变的，而是既受个体的生命际遇影响，又要经受时代与历史的塑造。由于现象学与马克思主义在这些基础层面的共通性与互补性，我们可以看到，两种研究范式一直处在相互纠缠与交融之中，海德格尔在相当程度上受到了马克思的影响，而列斐伏尔、科西克、赫勒又深受胡塞尔和海德格尔思想的影响。

我们在勾勒出生活世界研究图谱的同时，事实上也已经提出了本研究的另一组前提性问题①：生活世界究竟有无历史性？如果承认其历史性，那么生活世界存在怎样的历史结构？我们又该怎样理解这样的历史结构？

从马克思主义的角度来看，日常生活显然是有历史性的，马克思在《德意志意识形态》中鲜明地提出，人是历史性的，每一个人都生活在具体的、鲜活的历史之中，"他周围的感性世界决不是某种开天辟地以来就直接存在的、始终如一的东西，而是工业和社会状况的产物，是历史的产物，是世世代代活动的结果，其中每一代都立足于前一代所奠定的基础上"②，由此，针对唯心史观，马克思开创了历史唯物主义，亦即，"从直接生活的物质生产出发阐述现实的生产过程，把同这种生产方式相联系的、它所产生的交往形式即各个不同阶段上的市民社会理解为整个历史的基础"③。马克思的论述表明，人类社会本身是处于不断变化之中的，日常生活是社会结构的重要组成部分，既然社会是不断变化的，那么日常生活也是具有历史性的。④ 值得注意的是，马克思（也包括其思想的后继者）并不将日常生活的历史性变化本身当作一种社会变迁的重要指标，而是认为日常生活具有相对从属性，要服从与遵循社会制度和生产关系的变化

---

① 要再次交代的是，本研究的核心问题在于：生活世界与新闻之间存在怎样的关系？如果从历史的角度来看，二者之间的关系存在怎样的变化过程？因此，对"生活世界的历史性"这一问题的回答，就构成了本研究的前提性问题，因为只有生活世界的历史性是成立的，生活世界与新闻之间的历史关系这一衍生性问题才是成立的。

② 马克思恩格斯选集：第1卷[M].北京：人民出版社，2012：155.

③ 马克思恩格斯选集：第1卷[M].北京：人民出版社，2012：171.

④ 在马克思看来，日常生活不是一成不变的。相反，日常生活作为人类社会的组成部分，人类社会的历史性决定了日常生活本身的历史性，社会其他领域的历史性变化会引发日常生活的历史性变化，以个体的生存和再生产为宗旨的日常生活结构显然要受到人类科学、艺术哲学等自觉的类本质活动及政治、经济、管理、公共活动等制度化活动的历史性制约。马克思将日常生活视作稳定性与历史性的矛盾统一。一方面，日常生活在特定历史阶段内是稳定的，这是因为，"在一定的国家，在一定的时期，必要生活资料的平均范围是一定的"；另一方面，日常生活又因时代条件、地域文化和社会环境而异，"所谓必不可少的需要的范围，和满足这些需要的方式一样，本身是历史的产物，因此多半取决于一个国家的文化水平，其中主要取决于自由工人阶级是在什么条件下形成的，从而它有哪些习惯和生活要求"，参见马克思.资本论：第1卷[M].北京：人民出版社，2004：199.

规律。

　　现象学似乎很少讨论生活世界的历史性问题，但这是否可以说明现象学就认为生活世界是稳定且从来没有发生实质性变化的呢？现象学将生活世界视作每个人都必须寄存、栖居于其中的专门领域，更多是将生活世界视作一个抽象性、同质性、无差别性的整体来讨论，表面上看似乎生活世界本身的历史结构与变迁演化不是一个核心性的话题，但实际上，在海德格尔和舒茨的论述中，对于生活世界的历史性亦均有一定程度的关注，只是未及充分展开。海德格尔在《存在与时间》中认为，世界上存在的事物都有其历史，诸如用具、书籍、建筑物等，"这种世内存在者其本身就是有历史的，它的历史并非意味着某种'外在的东西'，仿佛它只不过伴随着'心灵'的'内在'历史似的。我们把这种存在者称为世界历史事物"[①]，在他看来，"世界历史"具有两种意义，一方面是上手事物与现成事物在此在生命世界之中的"演历"，另一方面是作为整体的世界本身的演历。在海德格尔的这种论述中，我们可以看到，海德格尔并不否定世界的历史性，其恰恰认为世界本身的历史性变化是世内事物在生命世界中演历的前提和基础。因此，作为客观对象的生命世界是有历史性的，是随着时间的推演而不断发生变化的。舒茨的论述中也有类似的观点，其对世界结构与层次的划分本身也深刻地体现着生活世界的历史性，在他看来，人的世界依照时间尺度可划分为前人世界、今人世界（又可依赖感知与经验的直接性或间接性划分为"周围世界"和"共同世界"）、后人世界，"前人""今人""后人"原本就是时间性和历史性的概念，且前人世界、今人世界、后人世界是不同的，这里面又饱含变化性的意味。在这种意义上，我们可以说，现象学只是由于研究路径的特征认为基础、普遍、抽象的问题更值得关注，但也并不否认生活世界会随着时代的变化而变化这一具体命题，反而他们是承认历史性的，只不过自身不做过多的思辨和讨论而已。

　　事实上，生活世界的历史性是一个不容置疑的真命题。人类社会不同

---

① 马丁·海德格尔. 存在与时间（修订译本）[M]. 陈嘉映，王庆节，译. 北京：生活·读书·新知三联书店，2014：439.

领域的变化，例如生产关系、精神观念、政治制度、科学技术等的变化，在某种程度上都表征和反映着人与世界之间关系模式的变化，也都有改变人之生存处境、生活方式的意味，这些因素本身亦均在人之日常生活中以这般或那般的方式体现出来，一如西尔弗斯通所说，"我们生活的社会在不断变化，有人说许多变化迅速而且发自根本，而大部分变化是在日常生活中表现出来的"①。只要我们承认人类社会的变化，承认人类社会各个领域的变化，就必须承认生活世界本身的历史性转变。而既然生活世界是一个历史性的范畴，那么生活世界的历史结构划分也就成为一个绕不开的话题。生活世界的历史结构的划分依据本身就蕴含在"生活世界"这一概念的根本性意涵之中。生活世界作为人天然存在于其中的世界，是世界向自我展开的方式，世界向自我展开方式的不同，以一种自然而然的方式区分出了生活世界的历史结构。我们依照世界向自我展开的不同方式，可以将生活世界划分为三种典型的类型：自然生活世界、物化生活世界和数字生活世界。

这三种类型所对应的是完全不同的人与世界的关系模式。其中，自然生活世界是人直接与自然打交道的世界，人从自然中直接获取生活的来源，自然环境、自然条件制约着人的生命活动边界，人的生命活动多数情况下紧紧地被自然环境所包裹而处于狭小封闭的范围之内，这种生活世界类型对应的是传统社会；物化生活世界意味着人的生命活动已经被人自身所创造的物化环境所包围，人不再直接栖居于自然环境之中，而是栖居于物化的世界之中，人的周围充满各种各样的工具（vehicles），它们能够帮助人更好地生存与生活，与此同时，由于世界基础设施的物化，人活动的边界打破了自然的束缚而日益通达、拓展；数字生活世界是物化生活世界之后的另一个阶段，物化了的世界是实体的物质世界，信息技术革命在这一世界的基础上创造出了一套以数字化为核心的虚拟世界，这一世界越发占据人们的生命活动和生命空间，由此形成了数字生活世界。生活世界的历史结构从本质上来讲也就是人的历史结构，因为生活世界是人寄居、栖

---

① 罗杰·西尔弗斯通. 电视与日常生活 [M]. 陶庆梅, 译. 南京: 江苏人民出版社, 2004: 252.

息于其中的直接世界，也是关乎人之根本性存在问题的现实领域。与这三种生活世界类型相对应的，实际上是从外在环境到内在心灵的三种不同的人类生存状态，亦即我们通常所说的传统社会、现代社会以及晚期现代社会等三种社会形态中人的生存状态。[1] 这里对这三种类型仅做简单的说明与提示，在随后的章节中，我们将详细探讨这三种生活世界及其转化，并分析其与本研究的另一个核心范畴"新闻"之间的内在关联。

四 新闻传播学与生活世界研究

就新闻与生活之间的关系来说，已经有不少讨论散见于媒介研究、受众研究和文化研究等相关领域之中。从媒介与新闻之间的关系来讲，媒介本身就是新闻活动中的基本要素，是新闻传播得以实现的前提条件和基础设施，因此媒介与生活之间关系的探讨，对于辨析新闻与生活之间的关系具有重要意义。早在1986年，戴维·莫利就以社会学的研究方法展开了一项关于家庭内部电视收受活动的研究，在围绕该项研究撰写的著作《家庭电视：文化权力与家用电视》（*Family Television: Cultural Power and Domestic Television*）中，他集中探讨了家庭媒介使用过程中所体现的文化和权力关系。[2] 1992年，他的另一部著作《电视、受众与文化研究》（*Television, Audiences and Cultural Studies*）进一步讨论了电视与家庭生活的关系，在他看来，家庭而非个人才是电视消费的基本单元，与此同时，性别是贯穿所有影响电视收看因素始终的因素。[3] 安·盖里和詹姆斯·卢尔的研究成果也在一定程度上呼应了戴维·莫利的结论，盖里在一项关于工薪阶层的深

---

[1] 我们区分人类整体的历史阶段所依据的标准实际上也是人的存在方式和生存状态的不同，例如，舍勒就认为，人的生存的转变是传统与现代之间区分的依据，"（现代性）不仅是一种事物、环境、制度的转化或一种基本观念和艺术形态的转化，而几乎是所有规范标准的转化——这是一种人自身的转化，一种发生在其身体、内躯、灵魂和精神中的内在结构的本质性转化，不仅是人的实际生存的转变，更是人的生存标尺的转变"，参见马克思·舍勒.资本主义的未来［M］.罗悌伦等，译.香港：香港牛津大学出版社，1995：182.

[2] David Morley. *Family Television: Cultural Power and Domestic Television* ［M］. 1986, London: Comedia.

[3] David Morley. *Television, Audiences and Cultural Studies* ［M］. London: Routledge 1, 1992.

度访谈研究中佐证了性别是家庭媒介收受行为中最重要的影响因素[1]，而卢尔则运用民族志的研究方法，探讨了家庭生活与媒介使用之间的深层次关系[2]。

  这些早期的媒介研究和受众研究为后续更为深入的媒介与日常生活关系研究奠定了基础，在此之后，出现了一批较有代表性的媒介、文化与日常生活研究，其中，最具代表性的著作或许是罗杰·西尔弗斯通的著作《电视与日常生活》(*Television and Everyday Life*)[3]了。如果此前的媒介和受众研究更多的是经验研究，那么西尔弗斯通的这本著作则极具理论色彩。在西尔弗斯通看来，此前的经验性研究的问题在于其没有将社会环境因素考虑在内，真正有意义的是把电视嵌入日常生活的多重话语中，指出这些话语分别是什么，它们之间是怎样互为界定的，它们又是如何编织在一起的，以及它们如何依据相互之间的影响而区分开来。西尔弗斯通梳理出了电视的多种角色：作为媒介的电视、作为技术的电视、被规则建构和约束的电视，以及在持久的日常生活中人们习以为常的电视的角色和它的仪式性。这些不同的话语角色通过电视本体的各个层面和个体的心理、家庭与郊区的空间、工业和技术的结构，以及通过能动的消费在母体之中连接在一起。在他看来，必须通过这些要素才能理解电视，因为日常生活也是通过这些要素形成的。西尔弗斯通之后，大卫·冈特利特和安妮特·希尔，伊丽莎白·波德也对媒介与日常生活之间的关系进行过相关探讨，冈特利特和希尔的研究仍旧遵从经验研究的路径，他们对 500 名受访者进行了长达 5 年的跟踪访谈和问卷调查，了解了受访者的日常生活、电视观看行为以及这两者之间的关系，并结合调研的材料讨论了媒介文化研究中的一些基本话题，例如性别、自我认同、新技术的影响与效应等。[4] 波德更

---

[1] Ann Gray. *Video Playtime: The Gendering of a Leisure Technology* [M]. London：Routledge，1992.

[2] James Lull. *Inside Family Viewing: Ethnographic Research on Television Audiences*，[M]. London：Routledge，1990.

[3] 参见罗杰·西尔弗斯通. 电视与日常生活 [M]. 陶庆梅，译. 南京：江苏人民出版社，2004：252.

[4] David Gauntlett，Annette Hill. *Television，Culture and Everyday Life* [M]. New York：Routledge，1999.

多的是沿着西尔弗斯通的路径讨论媒介与日常生活之间的关系,她认同西尔弗斯通的基本观点,即不能在单纯的传收语境之中而要在更为广阔的生活语境之中讨论媒介与受众之间的关系,电视对受众的影响不会在电视被关掉后随即就消失不见,相反,其影响更多地体现在日常生活之中,因此,我们要尽可能地去讨论受众的日常生活,进而去发现媒介对受众日常生活的深层次影响。[1]

近年来,国外还有不少关于数字媒介与日常生活的研究。在 2012 年,格雷厄姆·米克尔和雪曼·扬出版了著作《媒介融合:日常生活中的网络数字媒介》(Media Convergence: Networked Digital Media in Everyday Life)。[2] 尽管这本书以"媒介融合"为名,但其更多讨论的是个体角色在日常媒介实践中的转变。米克尔和扬认为,人们日常生活中的媒介实践已经发生了巨大的转变,早前人们处于一种被动接收的地位,而到了数字网络时代,人们在日常生活中已经形成了包括创作、编辑、组织、协作、分享等在内的多元化媒介实践,社交媒体平台(如 Facebook、MySpace、Twitter 等)把不同的传播与互动方式整合在了一起,最终也推动了人们日常交往方式和交往内容的转变。尤卡·科蒂认为,我们不能仅仅在当代社会的语境中讨论数字媒介与日常生活之间的关联,他尝试将研究的眼光拓展至历史深处,并将日常生活作为讨论的基本语境,以此来揭示媒介化的中介机制及其历史演变。[3] 斯蒂娜·本特森则更多是在后现代或者说流动现代社会的语境之中讨论媒介与生活之间的关系的,其认为在社会变得越发流动、生活中各项要素边界日益模糊的情况下,我们不能仅仅认为人们只是在休闲中使用媒介,相反,媒介形态的改变使其在人们的日常生活中发生了角色性的转变。通过结合戈夫曼框架理论等理论资源,本特森从作为生活仪式的媒介、日常生活自身的转变,以及文化的物质性的角度,讨论了媒介在人们

---

[1] Elizabeth Bird. The Audience in Everyday Life: Living in a Media World [M]. New York: Routledge, 2003.
[2] Graham Meikle, Sherman Young. Media Convergence: Networked Digital Media in Everyday Life. New York: Palgrave Macmillan, 2012.
[3] Jukka Kortti. Media History and the Mediatization of Everyday Life [J]. Media History, 2012, 23 (1): 115-129.

的生活中发挥的形塑生活结构与界定生活边界的重要作用。[1] 除此之外，还有一些学者将研究的方向聚焦于特定语境，通过民族志、深度访谈等方式研究和讨论具体语境下媒介与生活之间的关系，例如克莉丝汀·林克做的数字媒介对夫妻关系的影响研究[2]，阿贾·吉尔佩莱宁和马尔迦娜·斯特潘妮在芬兰山村开展的关于网络媒介与村民生活的调查[3]等。

除了关于媒介与日常生活之间关系的研究，近年来在西方新闻学中又出现了一个讨论生活方式新闻学的研究分支，其中不少文章都刊登在英文刊物《新闻实践》（*Journalism Practice*）上，代表性的研究主要有奈特·克里斯蒂森和尤尼·弗洛姆的《生活方式新闻：日渐模糊的边界》[4]，阿尔弗雷德·弗斯奇的《作为流行新闻的生活方式新闻：评估其公共角色的策略》[5]，这些研究的核心讨论对象是与人们日常生活方式相关的新闻报道（the coverage about the lifestyle），在主流的新闻学研究中，关于生活方式的新闻常常被视为琐碎的、零散的，因此，生活方式新闻学在新闻学研究中处在一种边缘化的、不重要的、被忽视的境地。生活方式新闻学意在发掘与生活方式相关的新闻报道的重要价值，这一研究分支认为，在数字媒介与全新的流行文化环境中，关于生活方式的报道正在向外拓展，并与文化报道、消费报道趋于融合。不过，有必要指出的是，这一研究分支关注的是新闻内容与报道对象，而不是新闻与日常生活/生活世界的结构性关系。

如果将目光从国外转向国内，我们会发现其实国内也有一些研究已经关注到了新闻、媒介与日常生活之间的关联。中国的新闻、媒介与日常生

---

[1] Stina Bengtsson. Symbolic Spaces of Everyday Life: Work and Leisure at Home [J]. *Nordicom Review*, 2006, 27 (2): 119-132.

[2] Christine Linke. Being a Couple in a Media World: The Mediatization of Everyday Communication in Couple Relationships [J]. *Communications-European Journal of Communication Research*, 2011, 36 (1): 91-111.

[3] Arja Kilpelainen, Marjaana Steppanen. Information Technology and Everyday Life in Ageing Rural Villages [J]. *Journal of Rural Studies*, 2014, 33: 1-8.

[4] Nete Kristensen, Unni From. Lifestyle Journalism: Blurring Boundaries [J]. *Journalism Practice*, 2012, 6 (1): 26-41.

[5] Elfriede Fursich. Lifestyle Journalism as Popular Journalism: Strategies for Evaluating its Public Role [J]. *Journalism Practice*, 2012, 6 (1): 12-25.

活研究主要分布在社会人类学和新闻传播史两种研究路径当中。从社会人类学的角度来看，较有代表性的研究者有郭建斌、吴飞和孙信茹等。郭建斌的《独乡电视：现代传媒与少数民族乡村日常生活》一书运用民族志的方法研究了电视媒介与独龙族人日常生活之间的关联，在该书中，作者从媒介设施、时间、空间、受众、电视内容出发，以跨学科的视角分析了电视观看行为和其他社会因素，如宗教信仰、政治、经济、性别和文化等之间的复杂关联。[1] 倘若郭建斌的作品意在理解电视在少数民族农村中的社会文化意义，吴飞的《火塘·教堂·电视：一个少数民族社区的社会传播网络研究》则更具传播学色彩，他的研究聚焦在传播媒介对村民日常生活的影响和功能层面。通过民族志调查，吴飞总结了乡村社区中媒介所具有的五种功能：整合、解放、交换、认知与区隔。与此同时，在少数民族的日常生活中，不同的传播方式发挥着不同的功能和作用，人际传播网络主要是互惠性的，作为媒介的教堂是人们获取安全感的处所，而诸如电视等大众媒介，其主要功能则在于娱乐。[2] 近年来，孙信茹等亦通过扎实的人类学方法研究了媒介尤其是数字媒介与少数民族日常生活之间的关系，其通过研究发现，以微信为代表的数字媒介在当前少数民族人们的日常生活中起着重要作用，微信既是一种完全自我参与式的文化"书写"和实践过程，又是人们日常生活中的有机构成，微信建构了当前少数人们的交往活动[3]，通过微信，人们创造出新的交往形式，形成了个体新的规范和文化实践[4]，当然微信交往行为并没有脱离少数民族的文化与生活，而是根植于乡土的社会结构和文化情境之中。[5]

从新闻传播史的角度来看，洪煜的《近代上海小报与市民文化研

---

[1] 郭建斌.独乡电视：现代传媒与少数民族乡村日常生活［M］.济南：山东人民出版社，2005.
[2] 吴飞.火塘·教堂·电视：一个少数民族社区的社会传播网络研究［M］.北京：光明日报出版社，2008.
[3] 孙信茹.微信的"书写"与"勾连"——对一个普米族村民微信群的考察［J］.新闻与传播研究，2016，23（10）：6-24.
[4] 孙信茹，王东林.微信对歌中的互动、交往与意义生成——对石龙村微信山歌群的田野考察［J］.现代传播（中国传媒大学学报），2019（10）：19-25.
[5] 孙信茹，叶星.嵌入日常的流动空间——"石龙老司机"的微信生活考察［J］.当代传播，2019（05）：26-29.

究》从社会史的角度，系统地梳理了 1897 年至 1937 年上海小报的历史由来、生存环境、从事该报业的文人群体的交往与生活、小报与上海市民生活之间的关系、小报公共空间与市民文化的现代性等问题，其中，小报与市民生活、市民文化，以及小报对市民文化的现代性是该书讨论的最为重要的一些问题，这些讨论显然已经触及了传统向现代转化的历史过程中新闻与生活世界之间的关系。① 王敏的《上海报人社会生活》同样将目光聚焦在上海，如果说洪煜的研究更加侧重于关注报刊与常人生活、市民文化之间的关联的话，那么王敏的研究则围绕作为传播者的报人之社会生活展开，其从报人的工作、收入、衣食住行、社会交往、婚姻家庭以及情感世界出发，讨论了作为职业群体的报人如何在变迁的社会中展开社会生活，从而成为城市生活的一部分。② 卞冬磊的《古典心灵的现实转向：晚清报刊阅读史》一书则运用阅读史的方法，以甲午至辛亥年间三类读书人（上层绅士、地方读书人、青年学生）的日记为史料，意图通过分析具体而微的阅读碎片，呈现报刊在近代中国读者的生活世界所引发的现代转向。③

还有必要交代的一篇重要文献是李刚存的博士学位论文《范式增益：中国新闻学反思与超越》，这篇颇具哲学思辨色彩的学位论文认为，在媒介技术变革的语境下，传统职业范式的新闻学已经面临巨大的考验，甚至日趋萎缩，因此要以现象学"朝向事情本身"的精神，将研究的视域从现代性的新闻业转回到活生生的人的生活世界中，从而重建新闻的媒介观、历史观、存在观，发现新闻在生活世界中的历史的存在，并提出了与职业范式相对应的新闻学研究的"生活范式"④。尽管这篇文献在关于现象学的理解、生活范式的设想、生活范式与职业范式之间的关系等方面仍有不少值得商榷之处，但其在新闻学的发展，尤其是在新闻学对现象学的引入、新闻学向生活世界的扩展方面有着十分重要的意义和价值。当然，除了以

---

① 洪煜. 近代上海小报与市民文化研究［M］. 上海：上海世纪出版集团，2007.
② 王敏. 上海报人社会生活［M］. 上海：上海辞书出版社，2008.
③ 卞冬磊. 古典心灵的现实转向：晚清报刊阅读史［M］. 北京：社会科学文献出版社，2015.
④ 李刚存. 范式增益：中国新闻学反思与超越［D］. 中国人民大学博士学位论文，2016.

上这些文献，还有不少文献也与本书所讨论的主题有较高的相关性，如王亦高的《新闻与现代性：从"永恒"到"流变"的世界观转向》[1]、涂凌波的《现代中国新闻观念的兴起》（第四章 新闻知识：从传统到现代的变迁）[2]、孙玮的《微信：中国人的"在世存有"》[3]、谢静的《微信新闻：一种交往生成观的分析》[4]、自国天然的《日常生活与数字媒介：一种实践分析取向的出现》[5]、彭兰的《网络的圈子化：关系、文化、技术维度下的类聚与群分》[6]《视频化生存：移动时代日常生活的媒介化》[7]、喻国明和曲慧等的《超级个体与利基时空：一个媒介消费研究的新视角》[8]《受众世代的裂变：未来受众的生成与建构——媒介观范式革命视野下的探讨》[9]《重新理解媒介：以受众"媒介观"为中心的范式转换》[10] 等。这些研究从不同角度讨论了日常生活与新闻或媒介之间的关系，均对本书有或多或少的启示性意义。

五　历史社会学与蜜蜂式的史论研究

我们已经对几个前提性问题进行了较为系统的梳理和解释，它们分别是：（1）就存在论层面，新闻与生活世界之间有着怎样的内在关联？

---

[1] 王亦高. 新闻与现代性：从"永恒"到"流变"的世界观转向 [J]. 国际新闻界, 2010, 32 (10)：66-72.
[2] 涂凌波. 现代中国新闻观念的兴起 [M]. 北京：中国传媒大学出版社, 2016.
[3] 孙玮. 微信：中国人的"在世存有" [J]. 学术月刊, 2015, 47 (12)：5-18.
[4] 谢静. 微信新闻：一个交往生成观的分析 [J]. 新闻与传播研究, 2016, 23 (04)：10-28.
[5] 自国天然. 日常生活与数字媒介：一种实践分析取向的出现 [J]. 新闻界, 2019 (06)：77-86.
[6] 彭兰. 网络的圈子化：关系、文化、技术维度下的类聚与群分 [J]. 编辑之友, 2019 (11)：5-12.
[7] 彭兰. 视频化生存：移动时代日常生活的媒介化 [J]. 中国编辑, 2020 (04)：34-40+53.
[8] 曲慧, 喻国明. 超级个体与利基时空：一个媒介消费研究的新视角 [J]. 新闻与传播研究, 2017, 24 (12)：51-61.
[9] 曲慧, 喻国明. 受众世代的裂变：未来受众的生成与建构——媒介观范式革命视野下的探讨 [J]. 福建师范大学学报（哲学社会科学版）, 2019 (04)：129-137.
[10] 喻国明, 曲慧, 方可人. 重新理解媒介：以受众"媒介观"为中心的范式转换 [J]. 新疆师范大学学报（哲学社会科学版）, 2021, 42 (02)：111-119.

（2）生活世界是什么？关于生活世界，以往研究呈现出怎样的思想脉络？
（3）生活世界仅仅是一个抽象的哲学概念吗？其是否存在现实性与历史性？根据生活世界本身的历史性可以区分出怎样的社会时代？

这些前提性问题无疑是重要的，而就这些问题进行初步解答之后，就该进入具体的研究中了。任何一项研究的达成，都应该有确切的研究问题、匹配的研究方法以及可以用来佐证判断的相关材料。因此，我们在这里需要就研究问题、方法与运用材料进行交代与说明。

美国学者塔克曼（又译作塔奇曼）在其经典著作《做新闻：现实的社会建构》开篇中提出："新闻是人们了解世界的窗口。通过这个窗口，我们美国人了解自己，也了解他人，了解美国的制度、美国的领袖人物以及美国的生活方式，同时也了解别的国家和民族的各种情况。"[1] 塔克曼的述说颇有现象学的意味。当然，她本人深受舒茨现象学社会学的影响，因此这种将"新闻"当作人们了解世界窗口的表述，与本书最开始所说的新闻是连接人与现时世界的中介这一基于现象学得来的论断具有本质上的相似性。有趣的是，塔克曼并未将新闻放置在普遍的人的生存生活语境中加以进一步理解，而是从新闻生产的角度披露职业新闻工作者如何从事新闻生产及其背后的深层机制，这一研究当然具有重要意义，至少"对新闻及其生产进行研究和解释，不仅可取合理而且非常重要，比之其他社会科学研究（如实证主义）路径，更能展示其基本面貌，揭示其内在的机理和本质"[2]。

塔克曼实际上已经在进行关于生活世界与新闻之间关系的实质研究了，从记者与编辑等新闻工作者的生活世界出发来剖析职业主体如何将新闻生产纳入日常轨道显然也是重要的。但是，被新闻学研究传统的职业范式所忽略的作为新闻接受者和社会行动主体的"常人"，也是生活世界与新闻关系研究中不容忽视甚至可以说更为重要的脉络，因为新闻不仅是被职业主体所生产出来的产品，而且也是如塔克曼所说的"人们了解世界的窗口"，是嵌构于人们日常世界的重要生活资料。因此，与塔克曼的新闻

---

[1] 盖伊·塔奇曼. 做新闻：现实的社会建构［M］. 李红涛，译. 北京：中国人民大学出版社，2022：7.
[2] 黄旦：《导读：新闻与社会现实》，参见盖伊·塔奇曼. 做新闻［M］. 麻争旗等，译. 北京：华夏出版社，2008：13.

生产社会学路径不同，本书想要做的，是将研究的目光从新闻生产者转向生活世界或者更准确地说是一般存在主体（而非特定类型存在主体，如记者和编辑）的生活世界，亦即在生活世界的视野之中见到新闻，见到新闻在不同类型的生活世界中的位置、与其他日常活动之间的关联、对人的生命活动所产生的意义与价值等。具体来说，本研究的核心问题如下。

（1）自然生活世界、物化生活世界与数字生活世界这三种生活世界类型各自有着怎样的特征？处于不同生活世界类型中的个体有着怎样的物质生活结构和心理观念结构？以及为何这三种生活世界类型可以被视作传统、现代与后现代最为典型的特征与表现？

（2）在上述三种不同的生活世界中，新闻分别有着怎样的外在形态和特征？新闻在三种生活世界中居于怎样的位置？又有着怎样的区别？其对个体生活世界的形成有着怎样的意义与价值？新闻与生活世界之间的不同关系又是因为哪些客观因素而形成的？

（3）自然生活世界、物化生活世界与数字生活世界构成了顺承性的、次序性的历史结构，为何生活世界会逐步从自然走向物化，从物化走向数字化？在这样一种演变过程中，新闻发挥了怎样的作用？

（4）是否存在一种理想的生活世界？如果存在，那么在这样一种生活世界中，新闻应当占据怎样的位置，又应当发挥怎样的作用？

既然要探讨生活世界本身的历史结构及其与新闻之间的关系，那么，本书一方面要深入生活世界的历史脉络中，探微不同历史时代的日常生活实践与新闻活动；另一方面要以史料为依托，在历史本身的变迁中勾勒生活世界与新闻之间的关联，于变动不居的历史现象背后寻求相对稳定的特征，并尝试给以理论层面的解释。因此，从由研究问题延伸而来的研究脉络看来，本书属于典型的历史社会学。

显然，历史社会学是历史学与社会学两门学科交融的产物。这两门学科之间既存在相似性与一致性，一如韦伯所说，历史学和社会学"都是研究行为的经验科学……都关注被视为整体的社会，关注全部人类行为，显然他们是学术上的近邻"[1]，再如社会学的源泉之一即在于历史学，在社会

---

[1] 马克斯·韦伯. 社会学的基本概念 [M]. 胡景北, 译. 上海: 上海译文出版社, 2000: 1.

学作为单独的学科从知识与研究体系中分离出来以前,多数针对社会活动、社会现象的研究是由历史学家开展的,又存在明显的差异性乃至对立性,自 19 世纪中期起,社会学逐渐成为一门单独的学科,开始建构起自身独特的研究对象、研究方法、研究路径与研究范式,其与历史学在研究对象、叙事方式和研究方法上的差异越来越大,在对象与叙事层面上,"社会学家往往会过度关注结构/机制逻辑而忽略关键事件和关键人物在历史进程中所发挥的具有转折点性质的作用,而历史学家则往往会轻视结构/机制逻辑而一味强调历史的各种偶然性"[1],在研究方法上,历史学讲究收集、整理史料,并进行考证、辨析,根据史料状况得出具有说服力的结论,而社会学则注重对经验知识进行抽象、概括与总结,从而建构出来具有普遍与一般解释力的理论。[2]

及至 20 世纪,越来越多的学者意识到有必要弥合二者之间的差异,建立起对话的通途。不少学者如费尔南·布罗代尔、伊曼纽尔·沃勒斯坦、迈克尔·曼、佩里·安德森等,这些历史学家或社会学者从各自的研究领域出发,将社会学与历史学结合起来,逐渐走出了一条历史社会学的学术路径。历史社会学尝试打破历史学与社会学之间相互矛盾、相互对立乃至相互敌视的情形,使彼此摆脱不同类型的局部主义,在耷人之间建立起对话与交流[3],其主张一种像培根所说的蜜蜂式的研究方式[4],亦即既注重像历史学家那样重视史料与历时性变迁,又强调从历史本身的变化中发现背后的规律与机制,"它追求社会自身得以变化与延续的机制,探求使一些人类抱负受阻、同时又使另一些人类抱负得以实现的深层社会结构"[5]。

在这一研究中,本书尝试运用历史社会学的方法来研究生活世界与新

---

[1] 赵鼎新. 时间、时间性与智慧:历史社会学的真谛 [J]. 社会学评论,2019,7 (01):3-17.

[2] 林盼. 在结合点寻求突破:历史社会学的方法 [J]. 广东社会科学,2020 (01):204-210.

[3] 彼得·伯克. 历史学与社会理论 [M]. 李康,译. 上海:上海人民出版社,2019:4-6.

[4] 弗朗西斯·培根认为,真正的哲学家和科学家,不能像是蚂蚁那样只会收集数据的经验主义者,也不能像是蜘蛛那样作茧自缚的纯粹理论家,而是应该做到像蜜蜂那样,既会搜集原料,又能进行加工。

[5] 丹尼斯·史密斯. 历史社会学的兴起 [M]. 周辉荣,井建斌等,译. 上海:上海人民出版社,2000:1-2.

闻之间的关系问题，在勾勒生活世界本身的历史变迁中，着重探讨作为日常生活中重要内容的新闻与生活世界之间的关系。从时间结构的角度来看，以兰克为代表的传统史学偏爱的是短时段、个人和事件，其强调对历史事实与人物，尤其是重大政治事实和精英人物进行编年纪实。进入20世纪以后，历史学家不断反思传统史学，以期摆脱传统史学在认识论与方法论上的困境，其中布罗代尔是众多史家中的典型，在他看来，历史学不应仅仅是对琐碎事件、个别人物的描写与叙述，而是应当像社会学所具备的理论取向那样，关注历史与时间背后的深层次规律，因此，布罗代尔主张一种长时段甚至是超长时段的历史，希图在几世纪乃至上千年的历史变迁中考察社会的变化。相较于短时段的变幻莫测和欺骗性，在长时段的时间序列之中，隐藏着人类社会的深层结构，"无数的层面和无数次历史时间的剧变都能根据这些深层结构、这种半停滞的基础得到解释。所有事物都围绕这个基础转"[1]。布罗代尔将长时段视作包括历史学与社会学在内的社会科学之间相互碰撞产生出的共同语言，他极度推崇马克思的研究方式，"马克思的天才及其影响的持久性的秘密，在于他第一个在历史长时段的基础上构造了真正的社会模式"[2]。另一位年鉴学派的代表人物布洛赫认为，囿于具体范围、狭小地域的研究或许是有意义的，但它们很少能提出重大的问题，"而要提出重大问题，就必须具有更为广阔的视野，决不能让基本特点消失在次要内容的混沌体中"[3]。一如前文所一再交代的，本研究想要做的，就是以人类社会从传统走向现代及晚期现代的长时段历史作为观照视域，在其中发现生活世界的历史结构，对这一设想的达成与实现，显然不能依赖短时段的历史考察，而是要以长时段（至少是中时段）的历史考察为基础。

对生活世界进行长时段的历史考察，目的更多的在于为社会理论的建构提供史料基础，或者说，历史考察与理论建构/分析本来就是不可分

---

[1] 费尔南·布罗代尔. 论历史 [M]. 刘北成，周立红，译. 北京：北京大学出版社，2008：36.
[2] 费尔南·布罗代尔. 论历史 [M]. 刘北成，周立红，译. 北京：北京大学出版社，2008：55.
[3] 马克·布洛赫. 法国农村史 [M]. 余中先等，译. 北京：商务印书馆，1997：2.

割的。长时段、跨地域的历史考察为生活世界提供了一个整体性的图谱，每一种具体的生活世界类型需要放在这一整体性图谱中、需要在与其他生活世界类型的比较中才有意义，不同类型的生活世界与新闻的关系特征也是在相互比较中才获得的。因此，具体来说，历史的考察是为了比较，是为了更好地进行关于生活世界与新闻关系这一具体话题的社会理论的建构，一如雷蒙·阿隆所指出的那样，在历史整体基础上进行部分与类别的考察，是推动理论进步的重要方式，"如果整体是根据意义而得出的，意义则也是根据整体而得出的"，"没有什么比严谨地分析（从较高到较低的层面）整体的不同类型更有助于同时推动科学逻辑和历史哲学的进步"[①]。

当然，历史社会学内在地包含着批判的维度，"就其精髓而言，历史社会学是理性的、批判的和富于想象力的"[②]。这是因为历史与理论的共通性在于，二者都不是仅仅就过去而谈过去，或者就理论而谈理论的，而是都包含超越的维度，历史与理论永远为现下和未来服务。历史展现出来的是多种生活世界样貌及其与新闻之间关系的可能性，对于这些样貌及可能性的比较与分析，一方面在于发现其背后的结构/机制/规律，另一方面也在于揭示居于不同生活世界的人的生存状况与样貌，揭示新闻可能为生活带来的便利与不利，从而为人提供一种反思生活、超越生活的参照和尺度，"历史永远为生活服务，为之提供典范，评判过去，或者将当前时刻在过去的历程之中定位。历史所表达的是当下与过去之间的对话，而在这对话中，当下享有主动"[③]。除此之外，本研究的基础性思想来源是马克思主义和现象学，这两种思想均有着对人之命运与价值的关怀，以及对人之生存处境、生活状况的深刻批判，这种关于人的批判与关怀都会被努力在本研究中得到体现。

---

① 雷蒙·阿隆.历史意识的维度[M].董子云，译.上海：华东师范大学出版社，2017：16.
② 丹尼斯·史密斯.历史社会学的兴起[M].周辉荣，井建斌等，译.上海：上海人民出版社，2000：1.
③ 雷蒙·阿隆.历史意识的维度[M].董子云，译.上海：华东师范大学出版社，2017：7.

第三章
传统社会、亲在交往与地方性新闻

  挖土和耕地的人不是要去掠夺自然，而是要去改变自然。种植的意思不是要去取得一些东西，而是要去生产一些东西。但是由于这种关系，人自己变成了植物——即变成了农民。他生根在他所照料的土地上，人的心灵在乡村中发现了一种心灵，存在的一种新的土地束缚、一种新的感情自行出现了。敌对的自然变成了朋友；土地变成了家乡。在播种与生育、收获与死亡、孩子与谷粒间产生了一种深厚的因缘。

——斯宾格勒《西方的没落》

  某种物理定律似乎在此发挥作用：当人们相逢在愉快的场合，新闻便打破平静，悄悄传开，引起纷扰和私语、争论和欢笑。

——斯蒂芬斯《新闻的历史》

  前文已经较为详细地阐释了新闻与人之生活世界之间的内在关联，并且交代了生活世界研究的理论脉络。在本章中，我们将尝试深入历史的脉络中，探讨自然生活世界与新闻之间的关系。当然，在就这一问题进行解读之前，有必要对自然生活世界本身进行相应考察，从而为本章所欲探讨的核心问题提供讨论的前提和基础。

一　自然生活世界中人的生存特征

在《政治经济学批判（1857—1858年手稿）》中，马克思曾有一段非常著名的关于人的社会形态的表述（这段话在本书未来的论述中还会多次出现）：

> 人的依赖关系（起初完全是自然发生的），是最初的社会形式，在这种形式下，人的生产能力只是在狭小的范围内和孤立的地点上发展着。以物的依赖性为基础的人的独立性，是第二大形式，在这种形式下，才形成普遍的社会物质变换、全面的关系、多方面的需要以及全面的能力的体系。建立在个人全面发展和他们共同的、社会的生产能力成为从属于他们的社会财富这一基础上的自由个性，是第三个阶段。第二个阶段为第三个阶段创造条件。因此，家长制的，古代的（以及封建的）状态随着商业、奢侈、货币、交换价值的发展而没落下去，现代社会则随着这些东西同步发展起来。[①]

为了保证这段经典表述意思的完整性，笔者将马克思的这段话全部引用了过来。这里只谈论第一种社会形态，也即马克思所说的建立在"人的依赖关系"之上的社会形态。这种社会形态所描述的正是现代社会诞生以前的传统社会人的存在形态。马克思主要是从生产的角度来讨论传统社会人的存在的，如果我们将视角从整体的社会生产转向以个体为核心的生活世界，我们会发现，这一阶段的典型特征在于人之生命活动最基本的构成要素，如时间、空间、社会关系等，均具有鲜明的自然属性。在这种意义上，笔者想把传统社会中人们所处的生活世界称为典型的自然生活世界。

时间是生活世界得以展开的方式。按照海德格尔的观点，时间性与人的生命活动有着根本性的牵连，人的生命是依据时间而得以向外"绽开"的。在传统社会中，人绽开自我之生命所依据的是自然时间，自然时间构

[①] 马克思恩格斯文集：第8卷[M].北京：人民出版社，2009：52.

成了组织和串联起人之生命活动的根本方式，人们依据自然现象而开展日常生活，清晨黄昏、日出日落是人们每天活动的时间性参照，[1] 节气、历法、节日为人们一年中的活动安排提供了依据。自然现象在人们生活中的周期性出现，使自然时间也以周期性和重复性的方式运行，由此，人的日常生活也是周期性和重复性的。如果说将人的生活比作一张白纸，那么传统社会中一些关键性的时间节点就构成了白纸中的线条，而自然性的时间节点，如日出日落、节气节日等，在传统社会中就将人的生活划分出不同的部分，在时间层面勾勒出自然生活世界的轮廓与图谱。

如果说时间构成了人们生命活动的基本线索，那么空间则铺就了生命活动展开的舞台。传统社会生活有着自身在空间层面的特征。传统社会生活所处的空间是尚未被科学与数学所宰治的、天然的、生活意义上的空间，是尚未被物化而整体上依然处于弱开发乃至未开发的空间。这也就是说，人所生活的空间是近乎纯粹意义上的自然空间。卢梭、摩尔根以及恩格斯均谈论过传统社会人生存空间的自然属性，[2] 深度依附于自然而生活的人改造自然的能力是低下的，多数人所居住与生活的空间并未完全地与自然界相分离，即便是传统社会中的城市，人所处的空间中也体现着极为明显的自然属性，如果以工业社会之后的城市为参照，传统社会中的城市仿佛是一种人口聚集程度更高的乡村，其与自然之间并没有发生本质性的

---

[1] 对于传统社会的人们来说，日光是生产生活所需光照的主要来源，白天是劳动、交往以及其他社会活动的主要时间，夜晚则是休息、睡眠的时间，"日出而作、日落而息"是农业社会中人们日常生活的基本分配模式，并且由于物质水平的低下，人多数情况下只能顺应自然规律，以及自我生命和身体的生理性规律。与此同时，政治统治基于需要也在维护这种自然时间秩序，传统社会中的宵禁/夜禁、巡夜、打更等制度，也在一定程度上维护了自然语境下人们生活的时间秩序，以人为的实践巩固着自然生活秩序的边界，参见葛兆光. 思想史研究课堂讲录——二编：在思想史的周围（增订版）[M].北京：生活·读书·新知 三联书店, 2018：48.

[2] 在《论人类不平等的起源》中，卢梭提出了"自然人"的概念，人类社会早期人最主要的特征就是直接与自然打交道，摩尔根在《古代社会》一书中用大量例子说明了文明时代以前的野蛮时代和开化时代人生活空间的自然性，恩格斯的《家庭、私有制和国家的起源》亦描述过部落社会和氏族社会中生活空间的自然属性。可参见让-雅克·卢梭. 论人类不平等的起源 [M].高修娟, 译. 上海：上海三联书店, 2014；路易斯·亨利·摩尔根. 古代社会（第一册）[M].杨东莼等, 译. 北京：商务印书馆, 1971；恩格斯. 家庭、私有制和国家的起源 [M].北京：人民出版社, 1999.

分离，而是依然深度地依赖于自然条件和自然环境。

即便是从马克思极为关注的社会关系的角度来看，传统社会中人的社会关系也带有极强的自然烙印。而这一点在马克思本人的论述中已有十分显见的痕迹。在那段著名的关于人的社会形态的论述之前，马克思专门就传统社会中"人的依赖关系"进行了说明，所谓人的依赖关系，就是"把个人互相联结起来的共同体"，就是"家长制的关系，古代共同体，封建制度和行会制度"①。而共同体建立的基础与前提也是自然性的：其一，从共同体最早的形式来看，共同体是人们为了抵御恶劣的自然条件，更好维持自身生存而自发形成的，恶劣的自然条件和匮乏的生活资料来源是共同体形成的物质前提；其二，从共同体内的各种社会关系来看，这些关系都带有浓重的自然特征，家庭关系以两性关系和血缘关系为根基，而两性和血缘关系本身就体现出人类社会最为典型的自然属性，传统社会中的剥削也往往表现为对自然人的直接剥削而非现代社会的剩余价值剥削。

在这种意义下，交换关系并非人们所面对的主要关系，②而人与自然之间的关系，以及基于人之自然属性的社会关系，才是当时人们所要面对和处理的最为基本的关系，因为至少从日常生活的角度来看，普通民众打交道最多的仍然是自然世界，其生命的维持、生活的存续、对自我的再生产往往都以直接获取自然产品为前提。另外，处在大自然之中的人不可避免会滋生恐惧的情绪，而共同体是抵抗恐惧的良药，"任何文化，甚至任

---

① 马克思恩格斯文集：第 8 卷 [M]. 北京：人民出版社，2009：52. 关于"人的依赖关系"，马克思在《资本论》中也有过解释，"在这里（笔者注：在欧洲的黑暗的中世纪），我们看到的，不再是一个独立的人了，人都是互相依赖的：农奴和领主，陪臣和诸侯，俗人和牧师。物质生产的社会关系以及建立在这种生产的基础上的生活领域，都是以人身依附为特征的"，参见马克思. 资本论：第 1 卷 [M]. 北京：人民出版社，2004：94-95.
② 交换关系的意义与作用实际上是在近代商业社会形成之后才越发凸显的。据恩格斯考察，货币在自然经济时代意义不大，获取财富更多依赖的是直接的人身剥削与压迫，或者说，是通过对他人的人身压迫间接从自然世界获取财富。"货币在中世纪早期的典型封建经济中几乎是没有地位的。封建主或者是以劳役形式，或者是以实物形式，从他的农奴那里取得他所需要的一切。妇女纺织亚麻和羊毛，缝制衣服；男人耕田；儿童放牧主人的牲口，给主人采集林果、鸟窝和垫圈草；此外，全家还要交纳谷物、水果、蛋类、奶油、干酪、家禽、幼畜以及其他许多东西。每一座封建庄园都自给自足，甚至军役也是征收实物。"参见恩格斯. 德国农民战争 [M]. 北京：人民出版社，2016：130-131.

何文明，都是与恐惧的抗争：摆脱由之产生的危害，摆脱饥饿和痛苦"①，所以，生活的本质不过是"人与季节、桀骜不驯的大自然之间的永恒搏斗"②。与此同时，即便是人与人结合成的共同体，诸如家族、村落以及其他形式的联合体，在某种意义上也是生命维持与生活存续的手段，"仓廪实则知礼节，衣食足则知荣辱"，共同体中人与人之间的社会关系更多的是人与自然关系在生存论意义上的延伸。换言之，从生活世界的角度出发，对于传统社会而言，人与自然世界之间的关系在天然地作为人存在于世所要处理的第一问题的同时，也客观地成为人所要处理的其他关系的基础。

既然世界向人展开的方式（即时间和空间）是自然性的，而人与自然世界之间的关系又构成了传统社会人存在于世的第一要务，那么，以"自然"来概括传统社会人的生活世界就有其根本层面的合理性（当然，这种合理性还需要在与其他类型生活世界的比较中进行验证，不过这是后话了）。我们重新回到对自然生活秩序的阐释上来。按照海德格尔的观点，人是被抛入世界的，而后在时间和空间的轨道、舞台上逐渐实现自我的绽放。如果将人的一生比作一张白纸，那么时间与空间就像是宽大的白纸上的横纵线条，将人们的生活切割成一块块具体的方格，而人生命中的不同事务、事项便在这一块块方格中经由人的实践依次展开。根据我们此前的考察，在传统社会中为人的生活这张图纸画上"参考线"的是自然时间与自然空间，在自然时间与自然空间框定下的人的生活显然有自身独特的秩序和特征。

人的生命是一条单向奔涌的河流，向将来绽开的生活永远处于一种被填充的状态。对于生活在自然生活世界中的普通人而言，不可避免的事项是田间劳作。事实上，田间劳作也是传统社会人们生活中最为主要的事项。如果按照马克思及其后继者阿格妮丝·赫勒等的观点，把人的日常生

---

① 罗贝尔·福西耶. 这些中世纪的人：中世纪的日常生活 [M]. 周嫄, 译. 上海：上海社会科学院出版社, 2011：173.
② 吕西安·费弗尔. 法国文艺复兴时期的生活 [M]. 施诚, 译. 上海：上海三联书店, 2018：22.

活视作使人本身再生产得以可能的各种因素的集合的话，那么在生产力并不发达的自然生活世界之中，田间劳作或可被视作最主要的为人之再生产提供原料的方式，"劳作与食物息息相关，食物是对劳作的回报，也代表人们在面对由饥饿带来的持续不断的死亡威胁时所取得的胜利"①。对于大多数农民来说，他们生活中的多数时间都处在繁忙的劳作之中，有时候繁忙并不能使他们的处境和条件更好，反而由于剥削的存在会陷入一种越是繁忙越是穷困的状况。对于处在传统社会中的普通大众而言，劳碌与繁忙是用以填充生命中的时空间隙最为主要的原材料，是给原本空白的生命图纸添加颜色的颜料，尽管这颜料常常是灰色的。

尽管劳作占据了大量的生命间隙，但并不意味着生活中没有其他事项。列斐伏尔将人的日常生活结构划分为劳作、家庭生活和闲暇时光三个部分，这种逻辑上的划分是清楚的。在传统社会，劳作与家庭生活占据了大量时间，闲暇时光是相对短暂的。不过，由于生命本身是富有弹性的，对于经常劳碌与繁忙的普通民众而言，劳作和相对繁忙的家务中间也会夹杂着娱乐。由于自然生活世界本身是相对封闭和有限的，生命往往处于一种由风俗和习惯主导的内向型循环之中。专门性的娱乐活动一般发生在节假日，"（南宋时期中国）农民的生活通常是辛劳而单调的，但它也有放松快乐的时刻。这就是那些每年一度的节庆"②，"欢乐，尤其是集体性的欢乐，首先是通过节庆行为流露出来的"③。

但大多数的娱乐活动就散落在日常之中，或发生在日常劳作的现场，或出现在家庭生活之中，或散落在其他一些日常生活的间歇之中。劳动是人自身的实践活动，劳动常常意味着疲惫和苦累，但有时为了缓解疲惫与苦累，在劳动的间歇也诞生了不少娱乐性活动或情感性活动，这些活动构成了人们缓解身体与心灵压力的重要途径。更不用说家庭生活，家庭生活

---

① 赫尔曼·普莱. 安乐乡：中世纪人类对完美生活的向往 [M]. 刘榜离，张静文，译. 北京：中国社会科学出版社，2018：372.
② 谢和耐. 蒙元入侵前夜的中国日常生活 [M]. 刘东，译. 南京：江苏人民出版社，1995：77.
③ 罗贝尔·福西耶. 这些中世纪的人：中世纪的日常生活 [M]. 周嫄，译. 上海：上海社会科学院出版社，2011：187.

本身是家务与休憩、享受的结合体,家务忙碌,但家务之后的休憩、享受却构成了自我身体与心灵能量复原的根基。因此,对于处在自然生活世界的人们而言,休息娱乐的时光与忙碌的时光之间界限并不清晰,日常生活中的休息娱乐活动往往散布在工作劳动和家庭生活之中,构成了以灰色为基调的生命图纸上点缀性的彩色。

不过,跟当下我们所处的社会比起来,传统社会中人们的休闲娱乐活动并不丰富,可选择的空间较为有限,甚至对于大多数人而言还十分单调,同时人们又无缘接受更广阔的世界。再加上日常生活中原本的内容的重复性,人们无法填补处于不满足和待填补状态的内心,因而经常会陷入一种心灵上的空白状态。这种心灵上的空白状态往往是孤独、寂寞与忧愁等情绪产生的源泉,古今中外的文学作品中对这些情绪有相当多的刻画,只消翻一翻古代的诗词歌赋与小说便可发现大量相关描述。尽管文学作品具有一定程度的虚构性,但实际上这些作品是对现实的深刻反映。因此,因生活单调与重复而衍生的内心虚空性可视作自然生活世界中的人们显著的心理状态。尽管如此,这种心理状态却不是自然生活世界中的人们的独有特征。独属于自然生活世界的心灵特征,更多在于因对自然与世界的不理解而产生的怯懦与畏惧,以及因现实的苦厄而滋生的对彼岸世界的向往和对现世的忍耐及厌恶,这在一定程度上催生了宗教。在传统社会中,面对难以理解的自然世界时,恐惧、敬畏、感怀、崇拜等情绪时常会支配弱小无力的人们的心灵,这些情绪促使人揣测与想象自然事物背后的超自然性,所以,恩格斯说,"宗教是在最原始的时代从人们关于他们自身的自然和周围的外部自然的错误的、最原始的观念中产生的"[1],"自然(即使在基督教徒那里也)始终是宗教的隐蔽的背景。那些表明神与人不同的特性,就是自然的特性(最初的,就基础而言)。这就是万能性、永恒性、普遍性等等"[2]。

建基于人与自然关系的宗教,反过来构建起了人们生活世界的基本秩

---

[1] 恩格斯:《路德维希·费尔巴哈和德国古典哲学的终结》,马克思恩格斯全集:第28卷[M].北京:人民出版社,2018:363.

[2] 恩格斯:《恩格斯致马克思》(大约1846年10月18日),马克思恩格斯全集:第47卷[M].北京:人民出版社,2004:416.

序，也填充了人们的心灵世界。我们已经提到，人的内心经常是处于不满足和有待填充的状态的，在生活相对单调与重复的自然生活世界里，宗教或民间信仰会很容易就渗透进人的精神世界之中。与此同时，宗教往往会构建出一种理想的生活样态，那里充满欢快、平静与安乐，这种美好的彼岸世界与凄苦的现实世界之间的差异，为人们遵行宗教约束奠定了心理层面的基础，"安乐乡首先被作为一种典范呈现出来，目的是使日常生活的痛苦境况变得能够忍受"，"对安乐乡的幻想是消除农夫和中下层人们日常烦恼的一种手段"①。从批判的角度来看，宗教对人们精神生活的控制危害显然非常之大，在宗教的背后常常隐藏着统治阶级的意志，通过对人们精神的麻痹实现对人的剥削是传统社会常见的统治方式，"宗教是一生为他人干活而又深受穷困和孤独之苦的人民群众所普遍遭受的种种精神压迫之一……对于辛劳一生贫困一生的人，宗教教导他们在人间要顺从和忍耐，劝他们把希望寄托在天国的恩赐上。对于依靠他人劳动而过活的人，宗教教导他们要在人间行善，廉价地为他们的整个剥削生活辩护，向他们廉价出售进入天国享福的门票"②。

二 解剖"猴子"：寻找新闻的基因

我们花了较多的笔墨来描述传统社会中生活世界的种种特征，这样做的主要目的是为探讨新闻与自然生活世界之间的关联奠定前提和基础，一如前文已经交代过的，本书想要做的更多是在生活世界的视域中见到新闻，见到新闻与生活世界中的其他事项，见到新闻与生活世界本身之间的关系。从本节起，我们将着重探讨自然生活世界中的新闻，包括新闻得以传播的媒介，新闻在生活世界中的时空特征，新闻与自然生活状态下人的心灵特质之间的关系，以及新闻在自然生活世界中的整体位置及其评价等。

---

① 赫尔曼·普莱. 安乐乡：中世纪人类对完美生活的向往 [M]. 刘榜离，张静文，译. 北京：中国社会科学出版社，2018：6.
② 列宁：《社会主义和宗教》（1905年12月3日），参见列宁全集：第12卷 [M]. 北京：人民出版社，1987：131.

有学者做了一个很有意思的比喻,其将以"盎格鲁-美利坚模式"(Anglo-American model)为代表的现代新闻比作从"新闻的内在基因"发展而来的一种形态(an epigenetic coating on the DNA of news)。① 这种比喻背后隐含着这样一层意思,新闻并不是随着现代新闻业的诞生才出现的事物,而是有着深厚历史传统的。尽管晚近诞生的现代新闻与自然生活世界中的新闻存在不同之处,② 但在更为根本的层面上,其依然不过是基于"新闻基因"衍生出来的一种特殊形态。

从基因学的视角出发来理解新闻的历史演变是富有启发意义的,我们有必要去细细考察新闻的"基因"。自然生活世界是人最早栖居于其中的世界,从存在论意义上讲也是新闻最先得以展露与呈现的世界。自然生活世界中的新闻是一种初始意义上的新闻,其会从根本层面上显现出新闻活动的一些基本要件,而这些基本要件及其与人之间的关联将会构成具有稳定性的、难以改变的"新闻基因",无论历史如何演变,这些"新闻基因"都将长久地构成新闻稳定和不变的内核。

柏拉图《斐多篇》的开头有这样一段对话,清楚地显示了自然生活世界中新闻活动的基本要件,我们不妨认真揣摩下这段经典话语:

> 厄:斐多,苏格拉底在狱中喝下毒药的那一天,你和他本人在一起,还是别人告诉你这件事?
>
> 斐:我本人在场,厄刻克拉底。
>
> 厄:他死前说了些什么?他是怎么死的?我很想知道这些事。这些日子从佛利去雅典的人不多,好长时间也没人从雅典来,能清楚地告诉我们发生了什么事,只知道他喝毒药而死,没有其他细节了。

---

① John Maxwell Hamilton, Heidi J. S. Tworek, The Natural History of the News: An Epigenetic Study, *Journalism*, 2017, 18 (4): 391-407.
② 李东晓在《"唱新闻":一种地方说唱曲艺的传播社会学研究》一文中所说的浙江传统的"唱新闻"是典型的处于自然生活世界中的新闻形式,其与现代新闻有非常大的区别,"一方面,说唱者并不对所唱的新闻事件进行核实,不保证新闻的真实性;另一方面,即使是亲眼所见,也并不真实客观地讲述,表演者在其中加入了不少演绎和评论的成分",而现代社会中新闻的重要原则之一在于真实性和客观性。参见李东晓."唱新闻":一种地方说唱曲艺的传播社会学研究[J].新闻与传播研究,2020(08):94-108.

......

　　厄：他死时的实际情况如何，斐多？他说了些什么？做了些什么？有哪些朋友和他在一起？或者说，看守不让他们进去，所以他死的时候没有朋友在场？

　　斐：不，不是这样的。有一些朋友在场，实际上，人还不少。

　　厄：请你仁慈地把详细情况都告诉我们，除非你有急事。

　　斐：我有时间，我会尝试着把整件事情都告诉你，回忆苏格拉底给我带来的快乐是其他任何事情都无法相比的，无论我自己讲还是听别人讲。①

　　这段对话的直接参与者是苏格拉底的门生斐多和厄刻克拉底。其中，斐多亲眼见证了苏格拉底在受刑之日与前来看望他的门生同道一起讨论灵魂，最后喝毒药而死的经过。而厄刻克拉底远在佛利，没有办法亲眼见证斐多所见到的一切。对于厄刻克拉底而言，斐多讲述的苏格拉底之死及其生前与门生讨论灵魂之事显然是"新闻"，并且是在自然生活世界中口头表达的"新闻"，当然，这也是《斐多篇》后文所要讲述的主要内容。我们所选取的这段经典对话的开头，一览无余地显示出了自然生活世界中"新闻"传播的基本要件。（1）有待充实与满足的心灵：厄刻克拉底是那个渴望知道苏格拉底之死及其生前所发生之事的人，他想知道这一事情的心情是迫切的，"他死前说了些什么？他是怎么死的？我很想知道这些事。这些日子从佛利去雅典的人不多，好长时间也没人从雅典来，能清楚地告诉我们发生了什么事"，厄刻克拉底的这些表述显示出了他想要了解自己不在现场的远方所发生的事情，同时他想要了解这一态度本身既显示出其心灵的开放性，也显示出人之心灵的一个重要属性，即永远处于有待充实与满足的状态，而这种状态是人与世界打交道，也包括新闻进入人之生命世界的前提和基础。（2）生活世界中的时空空白：厄刻克拉底说，"请你仁慈地把详细情况都告诉我们，除非你有急事"，言外之意即，我已经准

---

① 柏拉图：《斐多篇》，柏拉图全集（增订版）：上卷[M].王晓朝，译.北京：人民出版社，2018：47-48.

备好了，在我眼前有一片空白的、尚未安排的时间留来听你讲述，我的生活世界本来就是弹性的，甚至于如果你的讲述与其他事项相冲突，我愿意专门腾出空白来留给你。（3）关于世界最新变化的表述：当然，心灵的虚空、生活世界的空白，都要被事项所填充，而在厄刻克拉底这里，用来填充生活世界空白的事情就是从斐多那里了解新闻，听斐多讲述外部世界的最新变化，也即苏格拉底之死及其生前发生之事。（4）世界最新变化的表述者[①]：表述并不是凭空产生的，而是必然要有一个表述者，在《斐多篇》中，厄刻克拉底想要了解苏格拉底之死，但他本人并不在现场，他只能依靠亲身经历此事的斐多的描述才能知晓苏格拉底之死的情况，这里斐多充当的就是表述者的角色。

厄刻克拉底和斐多的对话所折射出了自然生活世界新闻传播的基本要件，而这实际上也是所有新闻传播的基本要件。

"有待充实与满足"是人的心灵最为根本的特征之一。至少就内容层面，心灵总是处于张开和被填充状态，在人与外在世界的交往中，心灵在先验框架的作用下将存于世界的种种事项纳入自身的统摄之中，或者用胡塞尔现象学术语来讲，心灵总是处于准备好了的、被给予的、有待充实的状态。胡塞尔说，"认识体验具有一种意向（intentio），这属于认识体验的本质，它们意指某物，它们以这种或那种方式与对象发生关系"[②]，意向性即意味着人的心灵总是处于向外部世界开放的状态。海德格尔的解释可能更为清晰，"与客体的意向关系不是随着并通过客体之现成存在才归于主体的，毋宁说主体原本就是意向结构化的。它作为主体就被'朝外指向（ausgerichtetauf）……'"[③]。事实上，胡塞尔的现象学中所说的意向性/被给予性与海德格尔的"绽开"有着相通之处，意向性/被给予性是作为思

[①] 之所以用"表述者"这一概念，而不用我们当前新闻传播学通用的"传播者"来表示对世纪最新变化进行表述的人，是因为进行表述的人与传播的人之间并不完全一致，表述者有时可以兼具表述者和传播者双重角色，有时却并不必然是传播者；传播者也是一样，传播者当然也可以是表述者，并且经常也确实是表述者，但传播者很多时候也仅仅是充当传播的角色，并不必然要去表述。
[②] 埃德蒙德·胡塞尔. 现象学的观念[M]. 倪梁康，译. 北京：商务印书馆，2016：59.
[③] 马丁·海德格尔. 现象学之基本问题[M]. 丁耘，译. 上海：上海译文出版社，2008：74.

维者的"自我"与外界相向而行的过程,也是外部世界走向心灵世界的过程,而"绽开"与之相似,既是存在者此在之生命铺展的方式,也是世界涌向此在的方式。从这种现象学的视角出发反观人之心灵就会发现,人的心灵是虚空而弹性的,无时无刻不处于张开状态,也无时无刻不处于有待充实与满足的状态。正是由于这种有待充实与满足的状态,人之好奇之心得以滋生,人与世界的交往也在对异质事物的期待与连接中得以实现。所以,海德格尔会说,好奇很大程度上是此在的天性。在这种意义上,我们得以理解前人的心灵状态,明白为何人们会因为生活的单调、重复以及虚空而产生沮丧、寂寞之情绪,① 也由此而更深刻地理解人们为何总是对新闻充满期待,明白为何古人李贺会发出"昆仑使者无消息,茂陵烟树生愁色"② 的感慨。

"生活世界中的时空空白"意味着新闻总是要被置入人们的生活世界之中,生活世界是人的基本实践领域,是人自我展开的方式与结果,也是新闻走向人之精神、填充人之心灵的必经之路。新闻之所以称为新闻,完全是因人而定的。我们在前文提及,在存在论意义上,新闻是连接人与现时世界的中介,延伸来讲,新闻这种存在之存在与否,之价值意义,总归要取决于其是否能够嵌入人的生命世界之中。更进一步讲,生活世界是我们周围现实的具体的世界,是我们生活于其中的真正的实在,也是"始终在相对性的不停运动中为我的存在者的总体"(胡塞尔语)③,我们与世界(所有类型的世界——前人世界、共同世界、后人世界)的接触,都是在生活世界中完成的,因而,生活世界总是奠基性的世界。与人的心灵一样,生活世界也是弹性的,处于有待填充的状态,或者说,生活世界总是处于准备好的状态之中,生活世界中的时空间隙/空白时空为新闻抵达人的世界、抵达人的心灵/精神提供了展开场地。

"关于世界最新变化的表述"是"新闻"(news)的本体所在。自然

---

① 关于自然生活世界中人们常常会因生活的单调、重复、虚空而滋生沮丧、寂寞等情绪,我们会在本章第三节处交代与讨论。
② 王夫之. 唐诗评选 [M]. 上海:上海古籍出版社,2011:36.
③ 引自耿宁. 心的现象——耿宁心性现象学 [M]. 倪梁康等,译. 北京:商务印书馆,2012:66-67.

生活世界中的新闻现象直接体现着新闻的本体，所谓"新闻"就是人们在日常生活中关于世界最新变化情况的谈论和表述。能够使厄刻克拉底知晓和了解苏格拉底之死的，是斐多的表述，正是斐多"尝试着把整件事情都告诉"厄刻克拉底，厄才得以知道苏格拉底之死的详细情况。在这一案例当中，表述一方面连接着厄刻克拉底，另一方面连接着苏格拉底之死。如果说新闻是连接人与现时世界之间的中介，那么，承载中介功能的就是表述（expression）。胡塞尔在《逻辑研究》的第一研究中对表述的结构性进行了清楚的说明，在他看来，表述的结构性体现在物理方面与含义指向两个方面，"其一，表述的物理方面（感性符号、被发出的一组声音、纸张上的文字符号，以及其他等等）；其二，某些与表述以联想的方式连接在一起的心理体验，它们使表述成为关于某物的表述"①，正是因为表述的结构性构成了新闻之中介性的前提条件，人与外部世界之间的关系也因此而发生了实质意义上的关联。当然，新闻的特殊性不在于表述的方式、表述的途径、表述的内在机制层面的区别，新闻与其他类型表述之间根本的乃至唯一的区别在于其含义意向层面的区别。新闻的独特指代对象已经淋漓尽致地体现在"新"（new）这一概念之上。"新"是时间性的概念，有着自己的意义区间和指代界域，其与"旧"、以往、过去相对，意为当下的、新近的、最新发生的。"新"之意义区间的独特性，为新闻的表述对象划定了边界与限制，只有当表述是关于现实世界的最新变动之时，表述才可以被称为"新闻"。由此，"关于世界最新变动情况的表述"是新闻固定不变的根本性内核。

"世界最新变化的表述者"是表述的提供者。表述者，或者说话者（the teller），总是存在的，且在自然生活世界中，表述者往往直接出现在新闻传播的现场，以交谈者的身份面对渴望了解世界最新变化情况的人，或许他们并没有清醒地觉知他们是在进行新闻的传递，但在他们的交谈之中新闻切切实实地在流动。通过表述者的表述，聆听者和表述者之间共同分享对于同一对象的感知，并且聆听者本人并不用出现在事情发生的现场即可了解事情，一如海德格尔所说，"他人可以不到伸手可得、目力所及

---

① 胡塞尔. 逻辑研究：第2卷 [M]. 倪梁康，译. 北京：商务印书馆，2015：340.

的近处去获得被展示、被规定的存在者,却仍能同道出命题的人一道'分有'被道出的东西。亦即被传达分享的东西。人们可以把被道出的东西'风传下去'"①。当然,表述者并不一定在场,表述者可以通过文字化、符号化的方式呈现表述,在将表述物化的同时实现与表述的分离,这样表述者就无须在场,但可以通过物化的方式使表述抵达聆听者的生活世界。不过,尽管表述者可以在在场与离场之间游移,也尽管表述者的在场与离场一直是饱受争议的话题,②但在新闻传播的逻辑层面和内在规定性之中,表述者是不可缺席的,其总要以一种方式将表述传达进聆听者的生活世界。

"有待充实与满足的心灵""生活世界中的时空空白""关于世界最新变化的表述""世界最新变化的表述者"构成了自然生活世界新闻活动的基本要件。其中,"有待充实与满足的心灵"是新闻活动的心理基础,"关于世界最新变化的表述"是新闻的本体,也是新闻稳定的、固定不变的根本内核,"世界最新变化的表述者"是新闻的提供者,为人与外部世界的连接提供了可能,而"生活世界中的时空空白"是新闻与人发生关联、新闻走向人之心灵的客观条件与现实基础。这些新闻活动最为基本的构成要件,构成了"新闻"这一范畴所涵括的意义范围内最为核心、最为稳定、可以说永久不变的部分,也即所谓的"新闻基因",而在这一内核之外的

---

① 马丁·海德格尔. 存在与时间(修订译本)[M]. 陈嘉映, 王庆节, 译. 北京: 生活·读书·新知三联书店, 2014: 182.
② 表述者的离场使表述更为自由,甚至可以让表述获得永生,但也一直不断地被批评。苏格拉底就是表述者离场的批评者,在《斐德罗篇》中,苏格拉底深刻地对文字进行过批判,"你知道,斐德罗,书写还和涂画有一个共有的特点。画家的作品放在你面前就好像活的一样,但若有人向它们提问,它们会板着庄严的脸孔,一言不发。书面文字也一样……一件事情一旦被文字写下来,无论写成什么样,就到处流传,传到能看懂它的人手里,也传到看不懂它的人手里,还传到与它无关的人手里……如果受到曲解和虐待,它总是要它的作者来救援,自己却无力为自己辩护,也无力保卫自己",参见柏拉图全集(增订版):上卷[M]. 王晓朝, 译. 北京: 人民出版社, 2018: 689. 彼得斯的批判更为直接与不留情面,"真正的说话需要说话的人肉体在场,而文字缺少这种在场。如果从爱的角度看,文字在根本上是不忠贞的。这就产生了一个至今都困扰着我们的两难处境: 在一个非人化的、不忠贞的媒介中,交流一方如何找到确凿的迹象以确保另一方的忠诚在场",参见约翰·杜翰姆·彼得斯. 对空言说: 传播的观念史[M]. 邓建国, 译. 上海: 上海译文出版社, 2017: 69-70.

部分，如新闻的传播方式（如究竟是一对一的人际传播，还是一对多的大众传播）、传播的主体（如究竟是普通的民众，还是职业工作者）、传播的媒介（如究竟是口语，还是书信，抑或是报刊、广播、电视，还是互联网和移动互联网）等，都可以因为具体的传播语境、所处的历史阶段而不断变化，这些因素的改变并不会对新闻的本质与核心发生一丝一毫的影响。

马克思说，人体解剖对于猴体解剖是一把钥匙。[①] 这句话的意思是说，如果我们想要了解过去事物是什么样子的，那么当下就提供了了解的镜鉴。这句话反过来多数情况下也同样成立，猴体解剖也是人体解剖的一把钥匙，因为从猴子到人中间尽管发生了极为重要的改变和演化，但人与猴子之间依然存在一些根本性的牵连，这些牵连构成了灵长类动物与其他物种之间的根本性区别。因此，我们分析自然生活世界中新闻活动的基本要件，既是为了更清楚地看到自然生活世界中新闻活动的特征，事实上也是为了更好地理解一般意义上的新闻。一如前文所说，自然生活世界是人天然的、最初栖居于其中的世界，自然生活世界中包含人之生命存在最为基本的活动，这些最为基本的活动本身的特征特性，就像"基因"一样，永远笼罩着由这些最为基本的活动衍生出来的"更为高级"的活动。具体到新闻活动，新闻并不局限于晚近才出现的职业新闻活动，新闻活动从一开始就是人类的基本活动，"作为人类对事实世界的一种认识活动，从原初时代到现在，新闻认识的直接目的是基本稳定的（当然，先民们不会有文明时代的人们具有的新闻意识）：把握生存发展环境的最新变动情况……我们不仅可以说，人类的生存与发展必然依赖于新闻认识，我们还可以说，新闻认识与生俱来就是人类生存的本体性活动"[②]，尽管随着人类社会的整体变迁，新闻活动也在不断地发生着深刻变化，但新闻活动的本质从未发生改变，新闻活动作为连接人与现时世界/最新世界变动情况的中介和表述的基本性质从未发生改变，自然生活世界中新闻活动所反映出来的基本要件从未发生改变。而这些不变的东西，在我们此后的讨论中，或许不会详加解释，但其总是作为我们讨论的前提与基础。

---

① 马克思恩格斯选集：第 2 卷 [M]．北京：人民出版社，2012：705．
② 杨保军．新闻活动论 [M]．北京：中国人民大学出版社，2006：50．

三 "最新消息"与作为交往方式的新闻

在自然生活世界中，大多数新闻就发生在人们的日常交往活动之中，人们在日常的接触与交往中谈论着各种各样的事情，我们在第一章即意图将新闻视作一种连接人与现时世界的中介。在交往中，我们常常了解到世界的变化，因而，人们的日常交往是自然生活世界中新闻最经常发生的场合，新闻是自然生活世界中人们交往的特定内容，斯蒂芬斯在《新闻的历史》中介绍了新闻在"初民社会"人们日常生活中的传播。

> 初民社会所有相遇、聚集的地方都充满"最新消息"。祖鲁人在小路上相遇，寒暄几句、分享鼻烟后，一方会对另一方说，"聊聊国内新闻吧"。其他相遇地点还有营火旁、村井或市镇广场。
> ……
> 某些物理定律似乎在此发挥作用：当人们相逢在愉快的场合，新闻便打破平静，悄悄传开，引起纷扰和私语、争论和欢笑。
> ……
> 好事之徒的逛荡、打听、闲聊推动大大小小的新闻传遍各家院子、各个部落，促使共同体形成。很多好事之徒是女性，这解释了她们的作用为何经常被贬低。但没有她们，很难想象新闻该如何在共同体中传播。[1]

虽然"充满'最新消息'"之类的文字未免有些夸张，但斯蒂芬斯的描述总体来讲还是可信的，他所枚举的祖鲁人，是19世纪、20世纪尚未被卷入现代文明进程中的非洲原始部落的居民，祖鲁人并没有文字，因此人们的交流和交往往往都依赖口语进行。我们可以尝试以斯蒂芬斯的叙述为切入点，讨论传统自然生活世界中新闻传播活动的特征。

---

[1] 米切尔·斯蒂芬斯. 新闻的历史（第三版）[M]. 陈继静，译. 北京：北京大学出版社，2014：15-16.

其一，新闻作为人际交往行为的衍生性活动，通常发生在人与人相遇的地方，如"愉快的场合"、小路上、营火旁、村井或市镇广场等任何可能出现人际交往或聚集的地方，可能出现在白天，也可能出现在夜晚（营火），总而言之，新闻传播的发生与人的交往轨迹是吻合的。

人的交往在自然生活世界中呈现出一些较为典型的空间性特征。自然生活世界中的新闻传播活动往往与亲在性交往活动相伴生，也就是说只要是人与人相遇的地方都可能会有新闻传播发生，但有一些特定的地方新闻传播发生的频率会更高一些，比如说村镇里面为人们所共用的水井、磨坊，比如祖鲁人的营火旁、村井和市镇广场等。葛兆光在其《思想史研究课堂讲录——初编：视野·角度与方法》中专门谈到了一本典型的研究著作《水井之上》，该研究发现，水井是人们挑水、洗衣、洗菜等生活活动的重要空间，也是传统社会人际交往，尤其是女人间交往的重要场所，女人们在水井边洗衣洗菜时经常谈论家长里短和各种消息，因而，水井在某种程度上构成了各种消息的集散地。[①] 像水井旁一样，茶馆也是自然生活世界中经常发生新闻传播的场所，"人们四处收集各种信息和小道消息——通常小道消息会更多——然后由这些信息的收集者在茶馆里跟大家讲述"[②]。除了承担某种生活功能的场所，还有一些公共的场所，例如欧洲人进行宗教活动的场所——教堂、上文所提到的村里的广场，当然，还可以是其他久而久之约定俗成的场所，这些都可能成为人们习惯性的聚集地，在这些场所中新闻发生的频率显然要高于其他场所。中国有研究者在研究后发现，传统中国的村落大多有这样的场所，在这些场所中，包括新闻传播在内的各种交往活动融合在一起，构成了人们生活世界中的重要事项，"在中国各处稍微有一定规模的乡村内，总有一处或几处公共的地方，常见的如相对平坦的空地、小卖部附近、大树下的阴凉地等，会被公民用作公共聚集的地方。村民们闲暇时从村内各处到这里集聚，可能是为了打发时光，可能是为了闲聊，也可能是为了打牌、赌博。

---

① 参见葛兆光. 思想史研究课堂讲录——初编：视野·角度与方法（增订版）[M]. 北京：生活·读书·新知三联书店，2019：37.
② 柏德逊. 中国新闻简史（古代至民国初年）[M]. 王海等，译. 广州：暨南大学出版社，2013：6.

但是，村民们经常把这些地方变成发表各种关于村落、国家等公共事务意见的场所"①。

其二，人，尤其是女人，在本地区的新闻传播活动中，占据了十分重要的位置，新闻就是在人与人之间发生流动的，处在人际网络之中的人构成了一个个新闻传播节点。有趣的是，在斯蒂芬斯的描述中，女性显然是更为重要的传播节点，"……没有她们，很难想象新闻该如何在共同体中传播"②。

显然，女性在新闻传播过程中的显著地位并不仅仅体现在祖鲁人的社会中，实际上，在自然生活世界的新闻传播中，女性都起着非常重要的作用。在《蒙塔尤》中，勒华拉杜里用相当的笔墨讲述了女性在新闻传播中的关键作用，女性社交具有很强的生活色彩，并且女性自身的性别特征使其无形之中构成了活力十足的新闻传播网络：

> 妇女，尤其是农妇之间的社交活动，在各种活动领域和各地都很活跃……奶酪交易使山乡里的小妇人们有了交换重要信息的机会，吕兹纳克的里克桑德·帕拉尔一心扑在奶酪生意上，但她同时也是职业信使，她一刻不停地往来于里姆和罗尔达之间以及阿克斯累太姆和塔拉斯孔之间……另一个以妇女聚会为主的聚会场所和闲聊地点是磨坊……这群女人叽叽喳喳地议论着……女人的闲言碎语从每个村子冒出来，叽叽喳喳到处传播，涉及的事各种各样……这类能说明女人这种强烈探秘而后广为传播的好奇心的例子多得无法一一列举……这个或那个男人有时也有不怀好意的好奇心，这一点当然也是肯定的。但是与女人的好奇心根本无法相比，女人的好奇心是奥克西坦尼女性的结构之一。只是后来进入了更为资产阶级化的文明时代，当人们专注地关心自己的私生活时，女

---

① 张振江. 流水·坊巷·人家——村落漳澎的人类学景观 [M]. 广州：中山大学出版社，2014：249-250.
② 米切尔·斯蒂芬斯. 新闻的历史（第三版）[M]. 陈继静，译. 北京：北京大学出版社，2014：16.

人的这种喜欢探秘的好奇心才日趋减退,至少在某种程度上得到了抑制。①

这倒不是说男人之间不传播新闻,男人之间的社交活动虽然也会涉及娱乐休闲,但更多与田间劳作、宗教活动或社会性和政治性事务有关,其所要接触和传播的新闻自然也与劳动、宗教和政治相关,"与妇女相比,男人的社交活动较为总体化。就在村子这个层次的总体而言,男人的社交活动在政治上也更为重要……更能说明问题的是那种堪称市政性的集会,到了星期天,一个地方的男人们聚集在街上或本村广场上的一棵榆树下……村子的广场在那时所起的作用,与19世纪什么都可以聊的咖啡馆很相似"②。因此,尽管在新闻传播类型上有着不同的特征,但男人和女人在自然生活世界中,很大程度上都可以被直接视为新闻传播的节点与载体。

其三,由于人的世界是有限的,新闻的内容,或者说新闻所涉及的对象经常是熟人之间的,是人可以直接接触到的生活世界范围之内的事实,或者即便超出了生活世界的边界,也并不会在空间上过于遥远(多数局限在前文所划分的"差序空间"中"劳动、礼仪、交往空间"的范围之内,偶尔会有其他村落和外部世界信息),不少新闻甚至直接是本村落内关于"死亡、出生、结婚、狩猎、丑闻和诉讼等重要信息",这些多多少少有些类似于今天我们看到的社会性、娱乐性和生活性的新闻。当然,关乎本地区/村庄/社群的重大政治性新闻,也会随着人们的日常性交往而得以传播和流动。

勒华拉杜里记述过蒙塔尤小山村人们夜晚的聊天活动,在14世纪前后,夜晚聊天是蒙塔尤重要的社交活动形式,聊天中显然伴随着新闻的传播:

---

① 埃马纽埃尔·勒华拉杜里. 蒙塔尤 [M]. 许明龙,马胜利,译. 北京:商务印书馆,2012:385-392.
② 埃马纽埃尔·勒华拉杜里. 蒙塔尤 [M]. 许明龙,马胜利,译. 北京:商务印书馆,2012:395-398.

在这种人数不定的夜晚聊天中，话题多种多样。要是彼此都信得过，那就会谈论异端问题；要是心思不在那上头，或是有可能把谈话内容传出去的外人在场，那就聊别的话题。纯洁派的老斗士，某个机灵的女信徒对宗教裁判所的戏弄，谋杀叛教者或者让娜·贝费那样的坏女人的计划，儿子的婚姻大事，畜群的健康状况，为畜群驱魔等等，诸如此类的话题胡乱穿插在一起。

……

夜晚聊天时往往要请一位纯洁派教士参加，他可以为大家提供一些关于宗教裁判所的消息。①

我们可以从这段文字中看到，人们聊天的话题是多种多样的，因此新闻的内容也是多种多样的，既有可能是宗教裁判所的消息，也有可能是孩子的婚姻大事，还可能是异端问题。我们前面所引用的勒华拉杜里的表述，"女人的闲言碎语从每个村子冒出来，叽叽喳喳到处传播，涉及的事各种各样"同样也显示出自然生活世界中新闻话题的多样性。但是这些话题具有浓厚的生活色彩，并且往往是有限地域范围之内的新鲜事儿。也因此，在传统的自然生活世界中，新闻传播经常以一种娱乐性、消遣性的面貌出现，是单调与重复日常生活的调味剂，人们热衷于传播新闻很重要的原因在于其能够给自身带来消遣和快乐，蒙塔尤妇女的聊天既满足着她们的好奇心，也调剂着她们的日常生活，而在祖鲁人中，新闻也常常带来欢声笑语，"当人们相逢在愉快的场合，新闻便打破平静，悄悄传开，引起纷扰和私语、争论和欢笑"②。

其四，新闻传播活动最为主要的表现形式是口语传播。不论是祖鲁人还是蒙塔尤的村民，自然生活世界中的人们主要是通过亲在性、具身性的交往来交流的。面对面的亲在性交往通过口语传播而得以实现，语言无疑是最为重要的自然性媒介，德国语言学家赫尔德认为，语言是人的一种自

① 埃马纽埃尔·勒华拉杜里. 蒙塔尤[M]. 许明龙，马胜利，译. 北京：商务印书馆，2012：375-376.
② 米切尔·斯蒂芬斯. 新闻的历史（第三版）[M]. 陈继静，译. 北京：北京大学出版社，2014：16.

然性的本能，是人与自然世界接触过程中人的自然反应，而后逐步发展成为人心理活动或人与人之间交往活动的载体，他甚至将语言诞生于人的社会性视作一条根本性的自然规律，"人本质上是群体的、社会的动物，所以，语言的发现对于人来说是自然而然、必不可免的"[1]。因此，在自然生活世界中，新闻传播活动主要就是通过亲在性的口语交流来传播的，就像法国学者贝尔纳·瓦耶纳所说的那样，新闻消息同其他交流活动一样散布在人们的日常交往中，"在结邻而居的群落里……交流是在个人之间直接进行的……交流的渠道就是周围的环境"[2]。

当然，伴随人际交往活动的口头传播并非自然生活世界中唯一的新闻传播途径，文字在传统社会的新闻传播中亦存有一席之地。文字的本质是符号，是用来表情达意、指代事物的方式。如果说口语化的新闻传播转瞬即逝，那么文字以符号的方式将表意关系实体化，从而突破了新闻传播在时空层面的限制。符号，或者更准确地说，是用以表征概念、范畴的文字符号构成了人们思考的基底，借助于此，原本不在个人直接感知范围中的远方世界得以进入个人的认知范围之内，按照伊尼斯的说法，"人思考的时候，用的是符号而不是物体，思考过程超越具体的经验世界，进入概念的关系，在这个观念的世界中，时间和空间均已放大。概念的关系就是这个世界创造的。时间的世界超越了记忆中的物体的范围，空间的世界超越了熟悉的地方的范围"[3]。英国学者汤姆·斯丹迪奇曾以西塞罗遗留下来的900封信为基础，考察了古罗马时期的新闻传播活动：

> 在这个动乱频仍的时期，罗马广袤领土的命运在极大程度上维系在它的统治精英成员的个人关系上。社会流言和政治新闻交织混杂；无休止的结盟、谋算和策划维系着广泛的关系网；了解最新的事态发展，在连续不断的阴谋诡计中选对边，这对当事人来说有可能关系到他的生死存亡。

---

[1] 赫尔德. 论语言的起源 [M]. 姚小平，译. 北京：商务印书馆，2009：96.
[2] 贝尔纳·瓦耶纳. 当代新闻学 [M]. 丁雪英，连燕堂，译. 北京：新华出版社，1986：3.
[3] 哈罗德·伊尼斯. 帝国与传播（中文修订版）[M]. 何道宽，译. 北京：中国传媒大学出版社，2015：41.

在罗马城内，这类消息通常在广场（Forum，是当时政治和商业活动的中心）上，或在罗马人之为喜爱的叫作"convivia"的宴饮上众口相传。但身在城外的人，无论他们是在偏远的行省任职，还是在乡村别墅里逍遥，也可以通过写信来参与信息的交流。

……

从西塞罗的信中可以看到，他有时会在乡间别墅居住一段时间，但每当他在乡下居住时，他都天天写信给住在罗马的阿提库斯，并恳请他回信，哪怕没有多少事好说。西塞罗与人交往其乐无穷，对首都的消息如饥似渴。每日一信意味着西塞罗的信使可以给西塞罗带回阿提库斯的回信。[①]

斯丹迪奇对古罗马时代的上述描述，对于有文字传播的古代社会而言，也是具有共通性的。在中国的传统社会中，文字与书信就是文人与统治阶层传播信息与新闻的手段之一。这从古代中国遗留下来的书信以及其他史料中就可看出。中国学者李彬曾考察唐代的新闻传播史，在他看来，传统社会中文字是士人之间传播与沟通信息的重要通道，"士人传播的内容，一般不外乎经籍、诗文、政事与时务四个方面，即隋文帝所说的'明古知今，通识治乱，究政教之本，达礼乐之源'和隋炀帝所说的'笃志好古，耽悦典坟，学行优敏，堪膺时务'之属。其中，政事与时务多属新闻，与现实密切相关"[②]。

但并不像口语那般人人皆可言说，在传统社会中，文字是少数人享有的特权，往往只有那些相对富有的精英阶层才掌握识文断字的能力。就历时性来看，文字的历史要远远短于口语传播的历史，而且即便是文字出现之后，文字也依然只是世界上一小部分人生产、阅读和控制的东西，多数人仍旧是目不识丁的文盲，人们在日常生活中最主要的传播手段依然是口

---

① 汤姆·斯丹迪奇.从莎草纸到互联网：社交媒体2000年[M].林华，译.北京：中信出版社，2015：33-39.
② 李彬.唐代文明与新闻传播（修订版）[M].北京：中国人民大学出版社，2014：174-175.

语,①"在以印刷新闻为标志的现代新闻业（modern journalism）诞生之前，人类的新闻信息分享、共享活动，尽管还有书写新闻（书信新闻）的形式，但最主要的是通过人际交流的方式得以实现，面对面的直接传收互动是人们之间的主要信息交流方式"②。与此同时，处于自然生活世界中的绝大多数人所能接触到的世界的边界，往往就是他所处的生活世界的边界，也即典型的"熟人社会"，而在熟人社会之中，"如果是面对面可以说话时，被预先约好的意义所拘束的记号，不但多余，而且有时会词不达意引起误会"③。因此，对处于自然生活世界的人们来说，真正居于主导地位的是口语新闻传播，借助文字传播的新闻往往只是口语传播的补充方式。

我们需要简单总结一下媒介、新闻与自然生活世界中的时间/空间的关系，以作为本节的小结：自然生活世界中，新闻传播赖以发生的媒介包括口语、文字等，④但最为主要的媒介是口语，口语为有限时空之内新鲜事儿（被表述出来即是"新闻"）的传播提供了路径和渠道，借助于错综交织的人际网络，地方性的新闻会流向地方的每一个角落；处于补充性地位的文字新闻，超越了时空限制，超越了人们的直接经验范围，将更为广远的外部世界中发生的事项带到人们的眼前与生活世界，这种超越狭窄地方性的传播方式显然代表了未来新闻传播的发展方向，但由于历史社会条件的约束，多数停留在统治阶级或作为精英阶层的知识分子的圈层之中，在自然生活世界中的整体性地位并不显著。

四 地方性新闻及其对心量扩充的有限性

有一点必须明白，在研究新闻与自然生活世界之间的关系时，我们

---

① 韩琦、米盖拉. 中国和欧洲：印刷术和书籍史 [M]. 北京：商务印书馆，2008：192.
② 杨保军. 新闻主体论 [M]. 北京：人民日报出版社，2016：46.
③ 费孝通. 乡土中国（经典珍藏版）[M]. 上海：上海人民出版社，2013：14.
④ 按照现有的史料及记载，可能还包括烽燧、旗鼓、布告、露布等，参见方汉奇. 中国新闻传播史（第三版）[M]. 北京：中国人民大学出版社，2014：1-4. 除了上述可能用于新闻传播的方式之外，还有非洲的鼓语等，参见詹姆斯·格雷克. 信息简史 [M]. 高博，译. 北京：人民邮电出版社，2013：11-13.

不能脱离自然生活世界及其所处社会形态的整体状况,这也是前文花费大量笔墨交代自然生活世界时空、秩序及人之心灵特征的原因所在。自然生活世界是与不发达的生产力和社会形态紧密联系在一起的,隐含在"自然生活世界"这一话语背后的重要潜在含义是:人的生活世界是受自然与必然约束的,传统习惯、风俗与自身的自然能力共同塑造着人们的日常生活世界,人们在习俗、传统、自身的自然能力面前属于被压抑状态,进而,人常常处于一种没有"自我"的状态,或者说,自我是被压抑出来的"他者"。

在这种情况下,人显然缺少自我意志与主张,甚至于人因自身认识能力的不足而缺少理性,其生活更多的是在一种自发状态下的自然运转,①许多生命活动并不是在理性的规约下有序运转,而是以混沌的、混合化的、整体性的面貌呈现出来。前文曾做过一个比喻,即在生活世界的时空图纸之上,基于关键性时间节点与空间层次而划定的空白间隙经常被辛苦的劳作涂抹成灰色,这种说法有待进一步补充,在灰色之上也经常会混杂一些五彩斑斓的其他颜色,其他原本被别的娱乐活动涂抹的区域也绝不仅仅是由单一颜色构成的,而是各种色彩混杂,这是因为人的各种活动尚未完全分离成专门性的活动,而是经常混杂在一起。

新闻显然与其他众多日常的生命活动交织在一起,这种与其他活动的交织至少体现在两个方面。首先,就新闻传播活动本身来说,在自然生活世界中,人的各种生命活动经常是重叠和互相掺杂搅扰的,多数生活情境下并不存在一种专门性的新闻活动,新闻本身是融合在各种日常生活活动之中,例如前文提到的在水井旁边洗衣洗菜的妇女、蒙塔尤小山村磨坊里边劳动边唠嗑的妇女,还有过去茶楼酒肆里边吃饭边打听新闻传播新闻的客人,对于他们而言,新闻传播活动往往都是与其他活动诸如劳动、吃饭、家务等相伴生的。与此同时,即便是专门的人际交流活动,新闻传播也往往是渗透于一般交流与之中而没有专门地位的活动,"日常交谈不像

---

① 按照通常的观点来看,"自发"是指人按照自己天然的状态去活动,"人的无意识或者下意识的行为动作属于人的自发性活动……人的自发性是指人没有对客观事物本质和规律的认识、没有明确的自我意识的一种精神状态和行为状态"。参见宋锦添.自觉能动性研究[M].北京:中国人民大学出版社,1986:76.

非日常交谈、讨论那样，往往不是有意识、有目的地组织安排的，而是由于无准备的巧遇或为了消磨时间而随意的谈话，谈论的主题往往天南地北、海阔天空，随意转变"①，新闻传播活动的发生往往就出现在这些聊天性的活动之中，例如蒙塔尤小山村的夜晚聊天活动，祖鲁人在愉快场合中的交流都存在新闻传播活动的发生，一如赫勒所说：

> 消息一直是以某种方式得以传递和传播，并一直在我们的日常生活中起着或大或小的作用。从闲谈开始，这是日常最古老的新闻广播形式。然后有从遥远的地方带来传说的旅游者，叙述某事的陌生者，以歌曲讲述故事的古代的和中世纪的吟游诗人。②

其次，人们也未必有专门的、明确的新闻观念。新闻作为一种连接人与现时世界的中介，本质上来讲体现为一种人的认识活动，尽管在今天我们已经能清楚地区分什么是新闻，什么不是新闻，但对于绝大多数处于自然生活世界的人们来说，可能未必有明确的和真正的新闻观念，在日常沟通与交流中也未必有意识专门将新闻与历史、传说、宗教等其他认识活动准确地区分开来，许多新闻可能会像逸闻趣事一样被审视和对待，一如有学者所说，"在缺乏理性或自觉反思性的混沌之中，新闻传播不可能成为独立的认识方式，它必然与原始宗教、巫术、神话、艺术以及日常生活的认识浑然一体"③。进一步来看，新闻观念的混沌不清直接导致了传播内容中的"新闻"与历史、故事等其他类型的内容掺杂混淆，例如，李东晓的《"唱新闻"：一种地方说唱曲艺的传播社会学研究》考察了浙江传统社会中"唱新闻"的状况，这一研究清楚地表明了在传统的自然生活世界中，作为一种特殊交往形态的"唱新闻"中不仅有"新闻"（news），而且还有民间故事、历史掌故、传说、戏曲以及日常生活中的逸闻趣事等各种各

---

① 衣俊卿.现代化与日常生活批判：人自身现代化的文化透视［M］.北京：人民出版社，2005：146-147.
② 赫勒.日常生活［M］.衣俊卿，译.哈尔滨：黑龙江大学出版社，2010：234-235.
③ 徐耀魁.西方新闻理论评析［M］.北京：新华出版社，1998：158.

样的内容类型。①

尽管新闻活动往往浸淫、穿插、混合在其他活动之中，但不容否认的是其在自然生活世界中的重要意义与价值，《圣经·使徒行传》中那句著名的"雅典人和住在那里的客人都不顾别的事，只将新闻说说听听"（For all the citizens of Athens and the foreigners who lived there liked to spend all their time telling and hearing the latest new thing）② 就已经显示出新闻在传统社会日常生活中的普遍性和重要意义，更不要说我们前文已经枚举的例证和更多分散在人类学、历史学等相关著作中尚待进一步发掘的相关例证。但我们仍然有必要在理论层面思考新闻与人之生活世界（包括自然生活世界）之间的内在关联，以及新闻在自然生活世界中的位置与意义。

我们这里有必要谈一下对"世界"这一概念的理解。海德格尔在《存在与时间》中就"世界"这一词语的不同含义进行了较为详细的解读：

> 1. 世界被用作存在者层次上的概念，因而指能够现成存在于世界之内的存在者的总体。
>
> 2. 世界起存在论术语的作用，其意思是指在第一项中所述的存在者的存在。也就是说，"世界"可以成为总是包括形形色色的存在者在内的一个范围的名称；例如在谈到数学家的"世界"时，世界就等于指数学的一切可能对象的范围。
>
> 3. 世界还可以在另一种存在者层次上的意义下来了解，这时，它不被了解为本质上非此在的存在者和可以在世界之内照面的存在者，而是被了解为一个实际上的此在作为此在"生活""在其中"的东西……
>
> 4. 世界最后还指世界之为世界的存在论生存论上的概念。世界之为世界本身是可以变为某些特殊"世界"的任何一种结构整体。③

---

① 引自李东晓. "唱新闻"：一种地方说唱曲艺的传播社会学研究 [J]. 新闻与传播研究，2020（08）：94-108.
② 参见新约 [M]. 南京：中国基督教协会，1997：261.
③ 马丁·海德格尔. 存在与时间（修订译本）[M]. 陈嘉映，王庆节，译. 北京：生活·读书·新知三联书店，2014：76.

在海德格尔的解释中，我们可以看出，通常意义上世界具有两个层面的意义：一是所有存在者存在于其中的总体（对应于含义1）；二是与个体经验、认知、遭遇等直接相关的，构成个体生存于其中的个体性世界，或者说是"我"或"我"与其他人生活于其中的个体世界（对应于含义3）。而世界的其他含义，可能都不过是这两个层面意义的延伸或"变种"。① 海德格尔在他所列举的第4条含义中已经谈到了作为总体的世界与"我"的个体世界之间的关系问题，这一关系不能被一笔带过，反而值得我们深思熟虑。作为总体的世界与"我"的个体世界之间的关系表现在以下几个层面：（1）"我"的个体世界嵌构在作为总体的世界之中，作为总体的世界更像是一片包罗万物的汪洋大海，而"我"的个体世界实际上是因为"我"被抛入而激起的以"我"为中心的涟漪与旋涡；（2）"我"的个体世界本身就构成了一种框架结构，在这一框架范围之内，是"我"能接触到的、经验到的、感知到的存在者的总和，而超出框架之外的，是处于晦暗状态、未知状态的包围与挟裹着"我"的个体世界的存在者整体，"我"的个体世界和处于晦暗状态的存在者整体/外围世界共同构成了作为总体的世界，换言之，"我"本身的经验、感知、认识、实践是"我"的个体世界形成的前提和依据；（3）"我"的个体世界与作为总体的世界之间是构成性的，其就在作为总体的世界之中，这种构成性关系之下的个体世界边界与范围是弹性的，"我"的个体世界本身是在与作为总体的世界打交道、相互碰撞的过程中形成的，外围世界可以通过多种多样的方式逸入、嵌构到"我"的个体世界之中。在这种意义上，作为总体的世界与"我"的个体世界之间的关系又可以被形容为"咬合性"的。

外围世界如何逸入"我"的个体世界？有两种方式可以确保外围世界的逸入：其一，"我"走出"我"所在的生活世界，让部分外围世界变成"我"的生活世界，这样"我"就直接拥有了关于所到世界的记忆。其二，令外围世界进入"我"的个体世界，即海德格尔所说的"去远"，使远处

---

① 含义2是指某个领域或范围内的存在者的整体，是含义1的延伸；含义4实际上是作为总体的世界与个体的生活世界之间的结构性关系，也即是对含义3与含义1两种含义的世界之间关系的描述。

的事物直接抵达"我"的面前，或者以中介/言语/表述的方式建立起"我"与外围世界的间接性关联。

人以直接体验、经验、在场的方式所感知到、认识到的世界终归是有限的，因而，扩充人之个体世界范围的任务最终必然落在间接性认知上。一如前文所说，新闻像历史一样，将并不在我们身边的、原本处于晦暗状态的现时世界带入我们的个体世界，从而扩大我们世界的边界和范围。在这种意义上，我们可以借鉴王汎森先生的说法（历史是一种扩充心量之学），① 将新闻视作一种扩展人之个体世界边界的认识方式，或者也可以直接说阅读新闻是为了扩充"心量"②，通过阅读新闻，我们可以知晓远在他方的人们正在经历的事情，进而将这些事情化入个人记忆，成为我们心灵资源库的一部分。

回到自然生活世界与新闻之间的关系，尽管新闻传播在自然生活世界中相当普遍，但人们的交往往往局限在窄小狭隘的地域范围之内，新闻传播在绝大多数情况下依赖的是口口相传的口头传播，这使人们借助于新闻这种方式了解到的经常是本地域范围内的琐碎事件，人们的个体世界往往依然停留在有限的、狭窄的范围内，而并未发生实质性的突破和改变，"在农业文明和自然经济条件下，只有少数人能走出日常生活世界，进入有组织的公共社会活动领域和自觉的精神生产领域，而绝大多数人口则被闭锁在直接的天然共同体中，停留在日常生活的层面"③。之所以如此，原因在于传统社会中人们的世界是相对封闭的，由于道路和交通技术的落

---

① "历史是一种扩充心量之学"是王汎森在北京大学人文社会科学研究院 2019 年 10 月 21 日举办的讲座中提出的，读历史是为了"扩充心量"原本是历史学家柳诒徵的说法，在 2019 年 10 月 21 日的讲座上，王汎森对这一说法进行了深入的阐释。参见 http://www.ihss.pku.edu.cn/templates/yugao/index.aspx?nodeid=134&page=ContentPage&contentid=3256，访问于 2020 年 10 月 9 日。

② 当然，阅读新闻所带来的心量扩充与阅读历史所带来的心量扩充并不完全一样，阅读新闻更多的是让人们了解当下更为广远之处所发生的事实，其所带来的多是现实感，而阅读历史更富厚重感，可以让人们有更加宏观和长远的视野。参见王汎森《什么样的历史造成了我们的今天？》，https://mp.weixin.qq.com/s/rsZyqM043Sr11SsZ_7jmmg，访问于 2020 年 10 月 9 日。

③ 衣俊卿. 现代化与日常生活批判：人自身现代化的文化透视[M]. 北京：人民出版社，2005：280.

后，以及农民的乡土情结，① 每个人的生命空间都是以生活事项为轴围绕一些稳定的地点而展开的。如果将人们的生活空间比作一个约略意义上的圆，那么承担衣食住等最为基本的生存功能的"家"就居于圆心位置，②"家"的外围，还有农田所在之地，是人们劳作的空间，在这些空间上，人与自然直接打交道，获取满足和维持生命需要的生活资料。与农田具有相当意义的，是一些重要的交往和礼仪空间，譬如邻居和同村人的家、西方的教堂、中国传统的祠堂，或者其他一些用以交往和议事的地方。村落之外则是活动频率越来越小的地方，往往会在赶集、庙会或探亲访友之类的事情时才会去。因此，传统社会人的生命场所形成了一种典型的、同心圆式的"差序空间"（见图3-1）。从同心圆的圆心开始，人们的活动频次越来越低，圆心处的"家"是几乎每天都要出入的地方，其频率近乎"always"；而劳动、交往和礼仪活动是日常生活中非常重要的组成部分，多数情况下就在家的周围发生，其频率则可以概括为"usually""often"；出入村庄之外的其他村落或市镇等地方的频次更少，只能用"sometimes"来形容；至于远方/外部世界，不少传统中国村落里的人们可能终其一生都未必有机会到达，因而，其频率是"seldom"，甚至"never"。

与有限的空间相对应的，是人们对世界想象的有限性。由于"知"的有限性，人们想象中的世界与世界的实然状态存在极大的差异。每个人眼中的世界都是有限的，其生存样态也是重复性的，每个人生活的推进是在参照父祖辈以及周围人的生命轨迹的基础上进行的，父祖辈以及周围人的生命轨迹为自我的生命进程提供了参照，自我的生命按照一种由经验与习

---

① 农民的乡土情结是传统社会人们生活空间相对囿限的重要文化性根源，斯宾格勒在《西方的没落》中谈到了农民安土重迁和深恋乡土的特征，"他生根在他所照顾的土地上，人的心灵在乡村中发现了一种心灵，存在的一种新的土地束缚、一种新的感情自行出现了。敌对的自然变成了朋友；土地变成了家乡"，"农民的住宅是定居的重要特征。它本身就是植物，把它的根深深地植在'自己的'土壤中"，参见奥斯瓦尔德·斯宾格勒.西方的没落（上册）[M].齐世荣等，译.北京：群言出版社，2017：156-157.
② 按照现象学的观点，家从来都是人们生命生活的核心，"我们的家屋就是我们的人世一隅"，"家屋就是我们的第一个宇宙"，参见加斯东·巴什拉.空间诗学[M].龚卓军，王静慧，译.北京：世界图书出版公司，2017：29.这种家的核心意义在传统的农业社会尤为明显，人们的衣食起居、生产生活皆要以"家"为中心，且从"家"往外延伸的世界半径是极为有限的。

```
          远方/外部世界
       其他村落、市镇
    劳动、交往和礼仪空间
         生活空间
         （"家"）
```

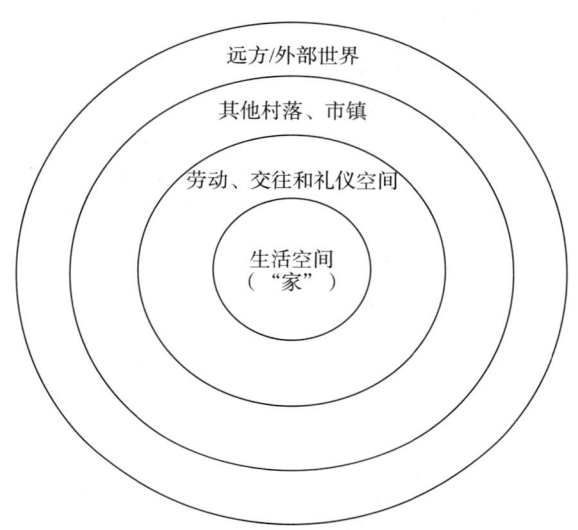

图 3-1　传统社会生活展开的"差序空间"

惯塑生成的固定生命模式渐次展开。① 并且，人的生命观呈现出一种"自我满足"的状态，他们会将眼光过度地集中在家庭和当下事务性活动之中，或者说陷入一种"死盯着实际事务的枯燥"②。在这种意义上，新闻的确以区域内的新鲜事实渗透到了人们的生活世界，并在一定程度上给生命中的时空间隙/空白涂抹上了新闻的色彩，但这种涂抹是带有"内卷化"色彩的涂抹（地域信息的内部流动），从整体上来讲其很少将外围世界的内容逸入人们的个体世界，更多的依然是在传统文化笼罩之下的内部循

---

① 传统中国社会时代之间的生活样态几乎是重复性的，按照费孝通的说法，代际的经验流传使人们的生活处于高度稳定的重复性状态中，"祖先们在这地方混熟了，他们的经验也必然就是子孙们所会得到的经验。时间的悠久是从谱系上说的，从每个人得到的经验说，却是同一方式的反复重演"，参见费孝通. 乡土中国（经典珍藏版）[M]. 上海：上海人民出版社，2013：21. 衣俊卿将这种世代间共享同一种生命经验的根源归结为"以过去为定向"的文化模式，过去的经验、习惯、风俗构成了人们日常生活得以展开的基本遵循，"日常思维基本停留在自在的水平，一代又一代的日常生活主体往往是靠自发的模仿、类比而自在地习得传统、习惯、风俗等日常生活规则和图式、解决问题的路数和生存方式"，参见衣俊卿. 文化哲学十五讲（第二版）[M]. 北京：北京大学出版社，2015：218. 当然，不仅仅是中国，现代社会到来之前，大多数文化（尤其是农业文化）中人的世界都是相对有限和封闭的。

② 奥斯瓦尔德·斯宾格勒. 西方的没落（上册）[M]. 齐世荣等，译. 北京：群言出版社，2017：164.

环，人们的世界依然是锁闭的、保守的，真正构成人之个体世界骨骼与框架的依然是从自然主义传统流溢而来的习惯、思维和行为规范。以地方性事务尤其是琐屑之事为主要内容的新闻，在客观意义上也不过是对传统社会日常生活秩序、日常思维方式、日常精神观念与日常伦理道德的加固。

尽管概括与总结往往意味着简化，以及对丰富性和复杂性的忽略，也蕴含着知识层面的风险，不过，若是非要总结自然生活世界中"新闻"的特征及其与人之间的关系的话，总结性的话语恐怕仍然逃脱不了"自然"这一概念本身。新闻根植于人的天性，是一种人的存在方式，但这种存在方式的样态及其与人之间的关系被烙上了深深的时代印记和历史印记。在自然生活世界中，不发达的生产力、以口语为代表的传统交往方式，以及人在与自然关系中所处的被动地位，都使这一生活世界类型之中的"新闻"带上了浓重的自然主义色彩和烙印。从"自然"的效应来看，自然意味着与人的本性天性最为接近，因为从根本上来讲人也是自然的，处于自然生活世界中的新闻已经具备了新闻之为新闻的一切要件，也已经包含了此后可能出现的各种新闻类型的雏形；但从其他方面来看，自然生活世界中新闻并未从人们的日常生命活动中分离出来成为一种专门的活动，而是弥散在人们的日常生活中与其他各种活动相互搅扰掺杂，在与自然关系中处于被动地位的人们，由于生活世界本身边界的僵硬、固化、狭窄与有限，接触生活世界以外的世界的机会显然极为稀缺，通过新闻逸入的外围世界也并不多见，新闻的内容必然陷入一种本区域范围以内的内部循环，在客观上巩固着传统的生活秩序与生活方式。

第四章
同一性、物化转向与现代新闻业

  生产的不断变革，一切社会状况不停的动荡，永远的不安定和变动，这就是资产阶级时代不同于过去一切时代的地方。一切固定的僵化的关系以及与之相适应的素被尊崇的观念和见解都被消除了，一切新形成的关系等不到固定下来就陈旧了。一切等级的和固定的东西都烟消云散了，一切神圣的东西都被亵渎了。人们终于不得不用冷静的眼光来看他们的生活地位、他们的相互关系。

——马克思《共产党宣言》

  大多数移民在家乡是农民。在他们那个小而封闭的村庄，生活曾经是，而且至今仍然是固定而平静的。习惯和传统提供了日常生活应急所需的一切。行为建立在面对面关系的基础上——也就是谈话和邻里间的闲话。在美国，他们很可能成为体力劳动者，或多或少参与到我们现代工业城市喧嚣的大都会生活之中。这里人们关系疏远，缺乏传统，人口流动快，所有事情都在变动之中，在这里，农夫抛弃了原来的习惯获得了"思想"。

——帕克《移民报刊及其控制》

  从传统走向现代是人类历史的一次重大断裂，其意味着人类社会在诸多关乎人之存在的方面发生了根本性的变革。这些变革自然也包括本书所要讨论的生活世界和新闻活动。现代究竟意味着什么？现代这一历史范畴与生活世界有着怎样的关联？又与新闻有着怎样的关联？在人类社会从传统走向现代的过程中,生活世界和新闻都有怎样的变化?两者之间又会产生怎样的关系脉络?本章我们将把研究的眼光从传统转向现代,考察与剖析上述问题。

一 历史的结构性与整体的现代性

人类社会本身呈现出时间性的结构,这种结构划分即不同的历史时代。我们所要谈论的"现代"(modern)是与传统社会相区别的时代,是一种历史的断裂,而"现代性"(modernity)则是现代社会与传统社会相区别的基本特性。关于"现代"及"现代性"存在多种不同的理解与解释,因为作为一个时间性的概念,"现代"一词可以用来形容所有与传统不同和对立的事物,其指代的对象可以是政治层面的,可以是社会层面的,可以是经济层面的,还可以是审美艺术层面的,也可以是哲学与精神层面的,[1] 正如刘小枫所说,"现代现象是人类有'史'以来在社会的政治-经济制度、知识理念体系和个体-群体心性结构及其相应的文化制度方面发生的全方位秩序转型"[2]。

当然,我们似乎需要先对不同的理解角度予以交代,从而为我们提出一种"整体的现代性"思想提供论证的前提。在哲学与艺术层面,现代性的发生或可追溯至文艺复兴。文艺复兴在人类思想史上开启了一个崭新的历史阶段,"由于文艺复兴是自觉的,且把自己视为一个新的历史周期的开始,它完成了在意识形态上与时间的一种革命性结盟"[3],此前(即中世纪)人们的精神领域被宗教所束缚,无论是艺术还是哲学,往往都围绕着神灵与彼岸世界展开,宗教似乎是艺术与思想作品的永恒主题,文艺复兴意味着这种思想禁锢状态的解除,人们开始以一种自觉的姿态将眼光从天

---

[1] 中国学者汪民安在其《现代性》中总结了现代性的多个层面,在他看来,现代性事实上就是现代社会的主要特征,包括从马基雅维利到霍布斯再到洛克建立起来的政治层面的现代性、以资本主义和市场经济为代表的经济层面的现代性,还包括笛卡尔理性主义奠定的哲学层面的现代性等。参见汪民安. 现代性 [M].南京:南京大学出版社,2012:3-4.

[2] 刘小枫. 现代性社会理论绪论 [M].上海:上海三联书店,1998:3.

[3] 马泰·卡林内斯库. 现代性的五种面孔 [M].顾爱彬,李瑞华,译. 南京:译林出版社,2015:21.

国、神灵与彼岸世界转向了人之自身及其所处的世俗世界，艺术作品开始凸显人的价值与意义，哲学思想开始将思考的出发点从神转向人，进而反抗权威与传统。因此，某种意义上可以说，从天国复归世俗，重新发现并重视个体的价值与意义构成了现代性在精神观念层面的核心内涵。

就政治层面而言，处于文艺复兴时期的马基雅维利是现代政治思想的奠基人，① 他所关心的是君主的实际政治手段，以及如何通过种种手段达成自身的政治目的，这一政治理念已经将政治的根基移置到了善恶判断之外，显然不同于古代哲学家以道德与理想为基准的政治哲学，正是在此意义上，马基雅维利成了现代政治思想的先驱。② 马基雅维利之后，霍布斯和洛克进一步发展了现代意义上的政治思想，霍布斯认为人的天性是亘古不变的，其主要表现在三个方面：竞争（求利）、猜疑（求安全）、荣誉（求名誉）。③ 这些天性就是人的自然权利，而个人自然权利的部分让渡构成了君主存在的基础，君主存在的目的在于保护人的自然权利，防止人人互相战斗状态的发生。洛克更进一步，他认为君主的权力不应当是绝对的，立法、执行和对外三种权力之间应当处于相互制衡的状态。这直接奠定了以权力分立为主要特征的现代政治体制的思想基础。这些思想在启蒙运动时期又为伏尔泰、卢梭和孟德斯鸠等人发展，形成了包括自由、平等、民主等理念在内的政治价值体系，并在英国、法国、美国等国的政治实践中逐步完善，从而建立起现代意义上的民主政治体制和国家治理方式。

就社会层面而言，现代性表现为社会基本单元的个体化。传统社会是基于家族关系、血缘关系和宗法关系而建立和组织起来的，个人并不是独立的个人，而是具有人身依附关系的个人，而现代社会则意味着个人人身依附关系的解除，人与人之间的关系因契约而得以建立，"在社会维度上，现代性体现为个人物质利益和人格独立为基础的市民社会，以及由此产生

---

① 列奥·施特劳斯，约瑟夫·克罗波西. 政治哲学史（第 3 版）[M]. 李洪润等，译. 北京：法律出版社，2009：281.

② 费代里科·沙博. 马基雅维里与文艺复兴 [M]. 陈玉聃，译. 上海：上海三联书店，2017：115.

③ 托马斯·霍布斯. 利维坦 [M]. 黎思复，黎廷弼，译. 北京：商务印书馆，1986：94.

的'人把人当成工具'的交往方式和物化生存方式"①。

就经济层面而言,现代性无疑表现为资本主义经济方式的出现和扩张。马克思和韦伯都对资本主义与现代社会之间的关系有过论述。在马克思看来,资本主义的出现彻底瓦解了传统的封建社会,"生产的不断变革,一切社会状况不停的动荡,永远的不安定和变动,这就是资产阶级时代不同于过去一切时代的地方。一切固定的僵化的关系以及与之相适应的素被尊崇的观念和见解都被消除了,一切新形成的关系等不到固定下来就陈旧了。一切等级的和固定的东西都烟消云散了,一切神圣的东西都被亵渎了"②。韦伯也有过类似的论述,在资本主义的作用下,"那种田园牧歌式的状态在激烈的竞争压力下崩塌了,大量的财富被制造出来","资本主义当初仅仅只是联合了萌芽中的现代国家,就一度摧毁了中世纪管制经济生活的那些旧模式","革命的起因在于一种新精神的作用,那就是现代资本主义精神"③。当然,尽管马克思与韦伯在现代社会产生的根源上有不可弥合的分歧,但两人都认为资本主义是现代社会的主要标志。

我们暂且先不评判马克思与韦伯观点的矛盾之处,真正应该做的还是回过头来重新审视与理解现代性这一历史概念本身。以上所述的经济、政治、社会与思想观念等层面,皆是现代性在特定社会领域的表现。当然,"现代"所适用的场合又绝不限于以上几种领域,反倒是有多少个社会领域,我们就会看到多少种现代性的身影。

从本质上讲,现代性是一种时间性的概念,是人以自觉的方式对自身所处历史阶段的特征进行的把握,也是人对人类社会形态及人本身的存在样态的历史性区分。因此,当我们理解现代性时,首先要做的是把它当作一个历史概念来理解。但问题似乎也随之而来,人是多方面的人,人的本质不是单一性的,人活动于社会的各个领域,社会的各个领域又有着各自的历史性和历史时代。既然如此,那么对人类社会形态进行把握的现代性

---

① 韩庆祥. 现代性的本质、矛盾及其时空分析 [J]. 中国社会科学, 2016 (02): 9-14.
② 马克思恩格斯选集: 第1卷 [M]. 北京: 人民出版社, 2012: 403.
③ 马克斯·韦伯. 新教伦理与资本主义精神 [M]. 马奇炎, 陈婧, 译. 北京: 北京大学出版社, 2012: 62-66.

概念与各个子领域之间的现代性之间存在怎样的关系呢？

阿尔都塞在对黑格尔进行批判时提出，"只有认真研究社会整体的结构，才能在其中发现历史概念的秘密，在这种历史概念中，社会整体的'生成'得到了思考"，并由此延伸出了理解整体历史与每一种层次上的历史之间的辩证关系，"这些时代中的每一个时代以及这些历史中的每一个历史的特殊性，或者说它们的相对自主性和独立性是建立在整体的某种联系的基础之上的，因而是建立在对整体的某种依存性基础之上的"①，"只有把历史时代看做我们所考察的社会整体存在的特殊形式，才能赋予历史时代概念以内容。在这种存在中，暂时性的各个结构层次互相发生冲突，因为整体的各个'层次'根据整体的结构彼此之间保持着一致、不一致、联系、分隔和结合的关系"②。阿尔都塞对历史与社会及其诸多子领域之间关系的理解可以概括如下：（1）社会可被划分为不同的子领域，如经济、政治、哲学、艺术……这些子领域共同构成一个统一的社会整体，各个环节与子领域处在一种有着特定次序的结构关系之中；（2）社会有其整体的历史性，社会因其形态的变化可以被划分成不同的历史阶段；（3）社会不同的子领域有其各自的历史性，并且每一领域的历史皆有自身的节拍划分（连续发展、革命、断裂等）；（4）子领域的历史性有自身的独立性，这种独立性由其对社会整体的依存性所决定。

在理解现代性这一问题上，阿尔都塞的观点是有启发意义的。我们之前所讨论的政治、经济、社会、哲学与艺术等层面的现代性，皆有各自不同的表现，并且很难在时间上取得一致，此即不同社会领域历史的独立性。与此同时，这些单独的领域又并非完全独立，也并非与其他领域了无关系，他们实质上都是现代社会整体结构中的一个环节，且其相对独立性是建立在其对作为整体的现代社会的依存性的基础之上的，因为其不可避免地要在与其他领域的相互关联、相互作用中发生变化，正如汪民安所说：

---

① 路易·阿尔都塞，艾蒂安·巴里巴尔. 读《资本论》（第2版）[M]. 李其庆，冯文光，译. 北京：中央编译出版社，2017：104-108.
② 路易·阿尔都塞，艾蒂安·巴里巴尔. 读《资本论》（第2版）[M]. 李其庆，冯文光，译. 北京：中央编译出版社，2017：119.

如果非概念化的现代性进展了几个世纪，它的内容必定负荷累累，它的禀赋必定多种多样，它的经验必定丰富繁复。因此，可以区分现代性的多个层面：它既是一种独特的然而又是复杂的历史进程（我们有时将这个现代进程称为现代化），这个进程是非人格化的物质层面上的，它包括政治、经济和技术层面上的逐步现代化，这个进程迂回曲折，但它最后还是汇合成一个相近的目标……这种（现代化的）历史进程除了包含它丰富的所指外，还展现出某种独一无二的气质和禀赋，诸如创新的时间意识、对未来的乐观、成熟感、进步信念、超人式的力的奔腾、发展主义和唯科学主义……这种物质化的现代性历史同以笛卡尔为发端的某种主体性观念并驾齐驱……这个现代性的物质化进程绝不单单是自己孤独地前行，它毫无疑问将现代人挟裹其中……不过，层面上的区分只是叙述的权宜之计，人们往往从整体上将现代性的几个层面关联起来。确实，现代性必须被视作一个历史化的复杂的即便是内部矛盾重重的悖论系统。[①]

在汪民安的这段叙述中，我们可以清晰地看到，现代性是一个整体，它绝对不是支离破碎的、分散在不同领域的意义碎片。它的各个部分、各个层次既相互独立又相互依存、相互作用，各有各的特征但又最终统一于现代性这一历史概念之中。本书所要详细讨论的新闻和生活世界都在现代性所呈现出来的结构脉络之中，也处在一种与其他层面、其他领域相互矛盾又相互作用的处境之中。但在讨论新闻、生活世界与现代性的关系之前，我们还有必要再做一些更为根本性的工作。

二 现代性和同一性：韦伯与马克思之争

阿尔都塞反对经验主义的史学观点，在他看来，历史的发展并不是线性的，其展开也不是像编年史学家所做的那样依照时间的顺序渐次展开，在历史的演变过程中，存在这样一些特定的事实，这些事实具有真

[①] 汪民安. 现代性 [M]. 南京：南京大学出版社，2012：46-48.

正地影响历史结构与社会结构的意义,"我们可以把历史上出现的一切现象中影响现存结构关系并使之发生变化的事实确立为一般意义上的历史事实"①,这样的事实往往是改变其所在领域历史走向的革命性事变,也是历史结构中真正意义上的节点。这意味着阿尔都塞承认在历史的整体变革中会出现决定性的因素,尽管他最终走上了"多元决定论"的道路。②

寻找那种影响历史结构与社会结构的历史事实,显然也是我们理解现代性的关键。到这里,我们要重新回到马克思与韦伯之争。在由种种复杂环节与子领域构成的社会整体的历史演变中,显然存在一个特定的历史节点,使"现代"成为一种不可逆转的历史方向与潮流。在从传统走向现代的历史进程中,一般来讲,资本主义的出现就是这样一个转折节点。但在资本主义起源及如何理解资本主义上存在不同的解答。马克思与韦伯的分歧便出现在资本主义这一问题上。

韦伯认为,清教徒的勇敢、谦逊、理性、节制、禁欲主义等精神气质正是现代资本家和商人身上所必备的因素,在清教徒的价值准则和资本主义精神之间有一种内在的契合性,清教徒身上的气质恰好有效地破除了传统主义,也即传统社会中人们生存生活的普遍观念,"人并非'天生'渴望赚越来越多的钱,而是简单地要过一种自己已经习惯的生活,并为了这一目标去赚需要的钱而已"③,而清教徒在宗教的约束下,往往会保持强烈的工作责任感和节约精神,"集中注意力的能力和极为重要的工作责任感,在这里经常与计算最高盈利可能的厉行节约以及能够显著提高工作表现的自我约束能力和节俭精神结合在一起。这种结合为'为了劳动而劳动'、'劳动是一项天职'这一资本主义必不可少的观念提供了最为有利的基础,

---

① 路易·阿尔都塞,艾蒂安·巴里巴尔. 读《资本论》(第 2 版)[M]. 李其庆,冯文光,译. 北京:中央编译出版社,2017:104-108.
② 在这里,笔者是认同阿尔都塞对历史时代的解释的,并且认为他对整体的历史与各个领域、环节的历史之间的关系的阐释充满智慧之光,但这并不意味着笔者认可他的"多元决定论",相反,在后面的论述中,笔者将重新回到马克思与韦伯之争,尝试提出另一种理解现代性的思路。
③ 马克斯·韦伯. 新教伦理与资本主义精神[M]. 马奇炎,陈婧,译. 北京:北京大学出版社,2012:54-55.

即宗教教养最有可能破除传统主义"①。因此，在韦伯看来，新教伦理是资本主义得以滋生的源头和土壤。

　　韦伯的这一观点似乎很难经得起仔细推敲，尽管在他之后有无数的支持者为他的核心观点提供论证与支撑，如国内学者金观涛理解现代性所沿用的即韦伯的思路，他主张在认识现代性本质这一问题上，"我们必须从扩大的马克思典范转向广义的韦伯典范和自由主义政治哲学"，其理由在于，"人的任何行动都是在某种价值观支配下发生的，并受到道德和正当性框架限定；当某种社会行动缺乏价值动力或不存在道德上终极的正当性时，其充分展开是不可能的"②。这种将价值、观念视作资本主义起源的观点的核心问题在于：其错误地将一项非必要条件视为必要条件，但实际上并不是因为先有了某些观念或精神，比如节约、克制、理性、禁欲主义，而后才有的资本主义，而是说因为先诞生了一种新兴的、咄咄逼人的、前景可观的生产方式（财富创造方式），而后资本家才会将更多的钱投入生产中去从而创造更多的价值与财富。也就是说，要先有一种现实存在的价值创造机制，诸如观念等其他因素才有可施展的对象与空间，否则理性、克制、节俭等观念必然处于一种无处安放之境况。韦伯在《新教伦理与资本主义精神》中想要与马克思的历史唯物主义对话，不过他的论述并不够有效。他想要表达出并不一定是资本主义生产秩序导致了相应精神的产生，反而有可能是资本主义精神导致了生产秩序的出现这样一种观点，列举了本杰明·富兰克林出生地马萨诸塞州"资本主义精神（根据我们赋予它的意义）的出现早于资本主义秩序的出现"，并试图借此推翻唯物主义的说法。但这里的问题是，出生于18世纪的本杰明·富兰克林已经处在一个资本主义的时代，并且就连韦伯自己也清晰地指出当时资本主义已经在美国有所发展，甚至在南方诸州的发展相当迅速。韦伯所举出的例子所能做到的只是证明新教伦理

---

① 马克斯·韦伯. 新教伦理与资本主义精神 [M]. 马奇炎, 陈婧, 译. 北京：北京大学出版社，2012：57.
② 金观涛. 历史的巨镜 [M]. 北京：法律出版社，2015：7-8.

与资本主义扩张和发展之间存在一种正相关的关系，却并不能证明新教伦理与资本主义内在的运作机制有根本性的牵连，无法有效佐证新教伦理是资本主义诞生的根源这样一种论点，更不用说以此来攻击唯物主义了。

　　韦伯可能误解了马克思，或者我们可以说，马克思对资本主义的阐释远比韦伯眼中的马克思更为深刻。马克思对资本主义生产方式的论述集中体现在《资本论》中，在这一兼具哲学、社会学和历史学意义的经典经济学著作中，马克思并没有用过多的笔墨讨论上层建筑与经济基础之间的关系，而是把讨论的问题集中在了对资本主义内在规律的揭示上。我们有必要回过头来重新阅读和理解《资本论》中所要表达的观点。马克思在深刻剖析商品流通过程之后发现，货币是商品流通过程的最后产物，而这一商品流通的最后产物是"资本的最初的表现形式"①。按照政治经济学的观点，资本是用于获取剩余价值的本金或财产，也即货币，而货币转化为资本是通过一种流通形式实现的，也即 G-W-G′（货币-商品-货币），其中 G′=G+ΔG，ΔG 就是超过原有价值额的剩余价值（surplus value），正是这种流通使货币有效地转化为了资本，也正是对剩余价值的追求构成了资本无限扩张的基本动力，"货币在运动终结时又成为运动的开端。因此，每一次为卖而买所完成的循环的终结，自然成为新循环的开始……作为资本的货币的流通本身就是目的，因为只是在这个不断更新的运动中才有价值的增殖。因此，资本的运动是没有限度的"②。马克思将剩余价值的产生归结为劳动者的剩余价值，ΔG 并非源于交换，而是源于劳动者所投入的超出维持自身及家人生活所需的剩余劳动，"价值增殖过程不外是超过一定点而延长了的价值形成过程"③。至此，马克思揭示出了资本主义运行的一般规律和基本形式，而这种规律与形式实际上就是所有资本现象、资本活动最为根本的内核，正是韦伯所说的资本主义精神得以作用的前提和基础，没有了这种一般的资本扩张形式，韦伯所说的新教伦理或者说资本主

---

① 马克思. 资本论：第 1 卷 [M]. 北京：人民出版社，2004：171.
② 马克思. 资本论：第 1 卷 [M]. 北京：人民出版社，2004：177-178.
③ 马克思. 资本论：第 1 卷 [M]. 北京：人民出版社，2004：227.

义精神从根本上讲就是无处安放的。[①] 而这种资本扩张形式并不单独出现在基督新教所覆盖的地域,其产生缘由也与新教伦理无关,而是一种商品经济演变的自然结果。

马克思所揭示的资本主义运行形式是潜藏在所有资本活动背后的统一性形式。与此同时,我们需要高度重视马克思在揭示资本主义运行过程时所提到的"抽象""同一""无差别",因为在这些概念中蕴含着资本主义与封建主义、现代社会与传统社会之间的根本性区别。金观涛认为,诸如博兰尼、布罗代尔等从市场经济发展的无限制和生产力水平的超增长角度对现代性进行界定的方式,属于扩大的马克思典范,而马克思及扩大的马克思典范的最大问题在于"只给出现象的描述,而不能回答超增长的本质"[②]。金观涛所没看到的是(也或许是他不愿意承认),马克思在《资本论》中已经触及了现代社会的基本机制,也已经解释了超增长的本质和动力,并且马克思的解释比韦伯及"广义的韦伯范式"更具解释力。尽管马克思可能并没有对此进行直接表述,但他著述的字里行间已经深刻地体现了现代社会的基本机制和现代性的本质:同一性。之所以用"同一性"来概括现代性的本质,是因为相较于传统社会,现代社会最为核心的特征在于其是在一整套系统的规则与标准之上建立起来的,规则与标准的本质是确立一种同一性尺度,同一是标准的标准、规则的规则、尺度的尺度。现代性不是凭空而出的现代性,而是对传统的彻底颠覆、瓦解以及对秩序的重建,瓦解与重建意味着破除原有的结构,破除事物原本的浑噩状态、自发状态,抵达具有同一性、同质性的最小单元,而后在最小单元的基础上通过复制、扩散的方式建立全新的秩序。这实际上正是传统社会走向现代社会的一般过程,也是现代性的最核心特征。

英国生物学家理查德·道金斯在其经典著作《自私的基因》一书中提

[①] 我们有必要区分作为理念的理性与作为机制的理性。理性的确是一种理念,但理性同时也构成了一种机制。作为理念的理性意指克制、冷静、分析、负责等,而作为机制的理性的本质就在于计算,计算意味着以一个统一的标准来衡量与判断,因此作为机制的理性就是同一性,而资本主义正是与这种机制相呼应和契合的最佳对照物。作为机制的理性实质上为作为理念的理性提供了扩张的动力和条件。

[②] 金观涛.历史的巨镜[M].北京:法律出版社,2015:7.

出了"复制基因"（replicator）概念，用来形容能够自我拷贝和自我复制的事物，"某一个关键的时刻到了，一个非凡的分子偶然地形成了。我们可以称之为'复制基因'。它并不是那些分子当中最大的或最复杂的分子。但是它具有一种特殊的性质——就是能够复制自己的拷贝"①。基因以模仿、复制的方式实现自身的繁衍，其模仿与复制的前提在于存在一种统一的"模板"与标准，复制基因就是这样的模板与标准，当一个复制基因产生后，便会出现大量与复制基因完全一样的基因。资本主义的诞生就像是一种"复制基因"，以一种模板、标准、同一性的方式出现，而其一旦诞生，就会利用周围已经出现的便利条件以一种自我繁衍的方式逐渐增殖和扩散。

  有必要交代的是，资本主义的同一性实质上是建立在多种同一性因素基础之上的模式同一性和机制同一性，而这些同一性因素在马克思的政治经济学理论中已经有了充分的阐释。（1）劳动的同一性。资本主义的生产依赖于劳动，劳动的目的在于制造商品，不论是谁、依赖怎样的方式、使用怎样的劳动工具，只要创造出的商品是能够用于交换以获取货币的，都是有效的劳动，也都是无差别的劳动，"随着劳动产品的有用性质的消失，体现在劳动产品中的各种劳动的有用性质也消失了，因而这些劳动的各种具体形式也消失了。各种劳动不再有什么差别，全都化为相同的人类劳动，抽象人类劳动"，"体现在商品世界全部价值中的社会的全部劳动力，在这里是当作一个同一的人类劳动力，虽然它是由无数单个劳动力构成的"②。（2）货币的同一性。资本的出现是建立在商品流通基础之上的，作为商品流通媒介的货币，本身就是同一性，是其他一切商品的价值尺度，"其他一切商品只是货币的特殊等价物，而货币是它们的一般等价物"，"货币形式只是其他一切商品的关系固定在一种商品上面的反映"③。（3）资本运作方式的同一性。资本活动、资本运作都是价值增殖过程，也就是投入资本，通过生产商品并用于流通获取剩余价值的过程，这一过程与方式，

---

① 理查德·道金斯.自私的基因［M］.卢允中等，译.长春：吉林人民出版社，1998：16.
② 马克思.资本论：第1卷［M］.北京：人民出版社，2004：51-52.
③ 马克思.资本论：第1卷［M］.北京：人民出版社，2004：109.

是任何资本活动、资本运作所共享的同一种过程与方式。(4) 资本运作动机与目的的同一性。资本之所以会出现，是因为有一个世俗化的逻辑起点——创造财富与价值增殖，所有的资本运作都基于这一同一的心理基础，并且正是在这一心理基础之下，资本家才会缩减成本、延长工人劳动时间与压榨工人的剩余劳动。(5) 市场的同一性。劳动、货币、资本运作方式、动机与目的的同一性最终共同汇聚于市场之中，各种因素共同嵌构于同一化的市场，每一个市场都遵循相同的交换逻辑，市场之间相同的交换逻辑使得市场具有原生性的扩张动力，以至于"自然似乎已经打算好，要用相互依存关系，将地球上所有居民统一到一个巨大的商业家庭之中"①。

　　这多个层面、多种因素中所包含的同一性，结合起来形成了一种具有扩张性和生命力的模式同一性。但这种模式同一性要想幻化成一种所向披靡、爆炸性自我复制和增殖的历史性、物质性力量，需要佐以一种重要的社会条件：社会基本单元的同一化，或者说社会最小单元的变革。传统社会中，家庭或家族往往是社会生产、生活的基本单元，但资本主义生产方式是建立在以个人（individual）为单位的自由劳动力基础之上的，因为"只有当生产资料和生活资料的占有者在市场上找到出卖自己劳动力的自由工人的时候，资本才产生"②。就历史现实来看，社会单元的个体化与文艺复兴、宗教改革、启蒙运动之间有密切关联，文艺复兴凸显了个人的价值和意义，并使个人逐步世俗化，而宗教改革则解除了个体与宗教机构之间的束缚性关联，启蒙运动进一步确立了天赋人权、自由平等民主等价值理念，③ 再加上现实层面的圈地运动等将农民与土地之间关系切断的剥削

---

① 迈克尔·佩罗曼. 资本主义的诞生——对古典政治经济学的一种诠释 [M]. 桂林：广西师范大学出版社，2001：72.
② 马克思. 资本论：第 1 卷 [M]. 北京：人民出版社，2004：198.
③ 从逻辑上来看，天赋人权、自由、平等、民主等价值理念的确立都对社会单元的个体化起着至关重要的作用。天赋人权是指每个人生来所享有的权利是上天赋予的，其所呼吁和保护的是每一个个体的权利；自由将意志主体归结为个人，其核心意涵是指每个人都可遵从内心的意志，按自我意愿行事；平等则牵涉到人与人之间的关系，意味着每个人都拥有同等的权利与义务，也意味着个人地位的抽象化与同一化；民主则关系到个体与国家和政府之间的关系，依然是社会单元同一化的一个方面。

活动，从而在多方面推动着社会单元的个体化。因此，传统社会走向现代社会的过程，实质上就是社会基本单元走向同一化的过程，这一过程的转折点在于资本主义的诞生，因为资本主义生产方式以自身的同一性整合社会基本单元的同一性，进而推动着历史彻底转向了另一个方向，或者说，其他层面的变革并不直接具备改造世界的力量，只有资本主义生产方式才能从根本层面推动世界的变化。当然，这并不意味着其他层面的变革不重要，其他层面的变革是资本主义变革的序曲与准备，正是在此意义上，马克思才会感慨，"单是这一历史条件（笔者注：指自由工人的出现）就包含着一部世界史"①。

我们尚需进一步解释同一性这一概念。"同一性"至少包含有三个层面的意义。

（1）寻找和发现最小单元（basic unit）。"同一性"意味着在不同的事物之间寻找共通的基础，这共通的基础即是为事物所共有的"一"和最小单元，而后再在这同一的基础上进行秩序的重建。同一性与近代还原论思想之间有着内在的一致性，寻求同一意味着人们开始以一种自觉的、科学的姿态去认识世界上的万事万物，笛卡尔是还原论的提出者，在他的思想中也蕴含着深刻的"同一性"思想，"把我所审查的每一个难题按照可能和必要的程度分成若干部分，以便一一妥为解决"，"按次序进行我的思考，从最简单、最容易认识的对象开始，一点一点逐步上升，直到认识最复杂的对象；就连那些本来没有先后关系的东西，也给它们设定一个次序"②，与此同时，以牛顿为代表的西方科学正是在还原论的思维方式影响下获取了巨大成功。寻找和发现最小单元即是还原，因此，还原论与同一性之间是一致的，还原论为现代自然科学奠定了方法上的基础，而同一性则构成了更广阔意义上的社会变革的前提和本质。

（2）抽象化（abstraction）与标准化（normalization）。在最小单元之上又有无数个标准化的、无差异的同一性单元，这些单元尽管是由各种因素组成的独立系统，但每一个同一性单元又都构成了一种标准（standard），成

---

① 马克思. 资本论：第1卷 [M]. 北京：人民出版社，2004：198.
② 笛卡尔. 谈谈方法 [M]. 王太庆，译. 北京：商务印书馆，2000：16.

为一个新的繁衍与增殖的起点。标准化的目的在于创立一个新的基本单元，并将这一基本单元打造成可以实现自我复制的模板和参照基准。正是标准化，构成了一走向多、实现大量与富裕的前提和基础。①

（3）复制（copy）。在同一性基础上的复制，是重建秩序的方式与方法，也是现代社会中从一到多的基本路径。一旦统一化的模板和基准形成，此后便会以复制为方法和动力实现增殖与繁衍。"同一性"解决的重要问题在于"一"与"多"的问题，现代社会的建立正是通过抵达"一"而后衍生出"多"。而复制，是以经济化和效率化的方式抵达多的最优方式。某种意义上，我们可以说现代性的根本动力机制便在于复制，不论是科学技术还是现代分工，在很大程度上都是复制的具体表现。因此，同一性中本身包含一与多的辩证关系，抵达一是实现多的前提条件，而在多之中永远体现着一的身影。

当我们揭示出资本主义与现代社会的同一性之后，再回过头来看阿尔都塞关于历史时代与历史概念的观点，会更加认同他的解释：历史是一个结构化的整体而非意义的碎片。历史的现代性断裂是有序对无序的断裂，是自觉对自发的断裂，也是同一对混沌的断裂。这种断裂是一种整体性的、各个层面的断裂。尽管各个层面的断裂各有其特征，但又总归是沿着同一个方向所进行的断裂。因此，现代性的各个层面并不是分散的、割裂的，而是同一种事物的不同方面，将现代性各个层面（包括理性、个人权利、资本主义生产方式）整合、连接起来统一成一个系统与整体的，并非别的，而是同一性。因此，在很大程度上，现代性就是同一性，同一性抹除了一切地方的、个体的、局部的差异，构建起一个统一的平台，而后在这一平台上，事物之间可以相互连通并重新组合，借助于资本主义这个现代社会的超级"复制基因"建构出全新的世界秩序与世界体系。

---

① "正是标准化的倾向——生产越来越完备的类型的倾向——为工业化提供了可能：因为技术进化的一般过程具有这种标准化的趋势，所以大工业才得以产生，而不是相反"，参见贝尔纳·斯蒂格勒. 技术与时间：爱比米修斯的过失［M］. 裴程，译. 南京：译林出版社，2019：79.

三 现代性与生活世界的物化转向

现代社会有着自身的结构与层次，并且，在一般意义上，本书所探讨的生活世界处于基础性的、奠基性的位置。在人类社会从传统走向现代的过程中，人们的生活世界也在不断发生变化，并且生活世界的特征在很大程度上构成了个体是否步入现代的重要乃至根本性标准。从传统走向现代，生活世界究竟发生了怎样的变化？这是本节所要回答的核心问题。我们已经在第三章中系统地介绍了传统生活世界，并将其命名为"自然生活世界"，在现代资本主义的推动下，生活世界的自然性将不断消减，逐步走向物化的生活世界。

在传统社会中，人们天然地处于自然的世界之中，人的日常生活是在自然的时空秩序基础之上组织起来的，循环时间、自然生活与劳动环境、人与自然的关系以及由人的自然性衍生出来的社会关系组建起了传统社会中人们的基本生活秩序。相较于传统的自然生活世界，现代生活世界的核心特征就在于，人之生活世界与自然的直接关联被切断，人的生活世界被改造，成为物化了的生活世界。"以物的依赖性为基础的人的独立性，是（笔者注：人的社会形式的）第二大形式，在这种形式下，才形成普遍的社会物质变换、全面的关系、多方面的需要以及全面的能力的体系"[1]，这段前文已引用过的马克思的经典论述，是对现代生活世界特征的最佳说明和写照，因此，现代生活世界从本质上来讲，是物化了的生活世界，是人以自身所创造之物搭建起来的全新的生活世界。对于现代社会生活世界的物化转向，同样要由建构起生活世界的基本层次与维度的物化来予以说明。

首先，作为人之生命与生活展开线索的时间的抽象化与统一化。传统的自然生活世界中，时间是一种具象化的可感知存在，人们从日月更替、四季变化、星辰位置以及早期的计时工具感知时间，时间并未完全从具体

---

[1] 马克思恩格斯全集：第30卷 [M]. 北京：人民出版社，1995：107.

的生活环境中分离出来,时间是人们生活与劳动事项的提示器,其往往与人们的生活活动和生命事项相勾连。与传统的自然生活世界不同,时间在现代社会中不再与自然现象直接相关,人们不必再通过日月星辰、草木枯荣来感知时间,而是通过人为制造的时钟来感知时间,"时钟是一种由能源驱动的机件,其'产品'是分和秒;就其本质而言,它把时间和人们的具体活动的事件分离开来了,帮助人们建立这样一种信念,即存在一个独立的、数学上可度量其序列的世界",以至于芒福德说"现代工业时代的关键机器不是蒸汽机,而是时钟"①。芒福德将现代与时钟勾连在一起的说法无疑是深刻的,因为精准的、客观的、分离性的时钟的出现,人类世界确立起一个同一的尺度,时钟是与同一性勾连在一起的,在这一点上,中国学者郑作彧的说法极为透彻,"(笔者注:时间对资本主义的)重要性同时表现在两方面:量化时间,这牵涉到劳动力的价值估算;质化时间,这关系到所有劳动的同步化"②。时钟是物化的,是嵌入人们生活世界中的实实在在的物,是被人为制造出来的、以精密仪器方式出现的物,但这一物是同一性的表征,在其背后是统一的、抽象化了的时间,是一个统一的可以将人类社会与日常生活组织起来的时间。统一与抽象化的时间与传统的自然时间完全不同,是现代性发端的迹象与征候,因为统一的时间、抽象化的时间就是"同一性"的表现,在统一与抽象化的时间中,"人类活动被协调到机器时间的共同节拍中,并且调整到一个标准化的、可预言的精度"③。这也是吉登斯将时空分离机制视作现代性源泉的原因所在,在吉登斯看来,现代性最明显的特征就是时间从具体的生活情境中分离出来,机械时钟带来的时间的统一,使时间与空间发生分离,现代社会生活有了统一的量度与组织标准。④

---

① 刘易斯·芒福德. 技术与文明 [M]. 陈允明等,译. 北京:中国建筑工业出版社,2009:15-16.
② 郑作彧. 社会的时间:形成、变迁与问题 [M]. 北京:社会科学文献出版社,2018:40.
③ 芭芭拉·亚当. 时间与社会理论 [M]. 金梦兰,译. 北京:北京师范大学出版社,2009:127.
④ 参见安东尼·吉登斯. 现代性的后果 [M]. 田禾,译. 南京:译林出版社,2011:15-16.

其次，作为人之生命活动展开场地的空间的重新构造。在传统社会中，生活空间是自然性的，或者说，人们在很大程度上就生活在、劳动在自然环境之中。而在现代社会中，人们的生活世界被人通过人本身的力量进行了"改头换面"。在社会的结构层次之中，生活世界与人直接相连，处于基础的、奠基性的位置，社会其他层次与结构的变化，都将反馈到生活世界之中。现代社会对生活世界的改造最先也是最直观的体现，就在于生活空间的物化。工业革命与资本主义的扩张，使人类社会的基本形态有了重要改变，"在19世纪，物质生产方式发生了转变。这种变化在欧洲随处可见。工厂烟囱林立，从前的村庄变成了城镇和城市"[1]，城市化进程逐渐开启，越来越多的人走向了城市与大都市，人类逐渐由乡村主导的农业文明转向了由城市主导的工业文明。在农业社会中，城市是农村的延伸，而到了现代工业社会，乡村成了城市的延伸，"都市组织正在增生、扩张和侵蚀着农业生活的残余。'都市组织'并不仅仅是指城市中的建筑领域，而且指城市对乡村实现统治的全部症状。在此意义上，一栋别墅、一条高速公路、一个乡村里的超级市场，都属于都市组织的一部分"[2]。如果说在传统社会中，自然环境本身构成了人们最为重要的生活空间的话，那么在以城市为主导的现代社会中，人们更多生活于自己所重新创建起来的生活空间，楼房、马路、商场、公园、游乐场等，人们居住的住房、工作的地点、游乐的场所，莫不是凭借工业、资本、技术等力量为人类自身建立起来的空间与场所，因此，人从自然的空间之中抽离了出来，将自己置入了人造物的世界之中。人造物是技术的体现，也是海德格尔将现代技术视作一种"集-置"（Ge-sell，也有中文译者将其译为"座驾"）的原因所在，[3] 人通过以物的形式呈现出来的技术

---

[1] 玛丽·伊万丝. 现代社会的形成：1500年以来的社会变迁[M]. 向俊，译. 北京：中信出版集团，2017：97.
[2] 亨利·列斐伏尔. 都市革命[M]. 刘怀玉等，译. 北京：首都师范大学出版社，2018：5-6.
[3] 马丁·海德格尔. 存在的天命——海德格尔技术哲学文选[M]. 孙周兴，编译. 杭州：中国美术学院出版社，2018：93-108.

将自身与自然隔离开来，人之目力所及不再是日月星辰、蓝天白云与小桥流水，而是高楼大厦、机器设备，自然的世界被彻底地改造成了物的世界。

最后，生活世界的主要内容与人的社会关系的物化。在以农业文明为代表的传统社会，人们生活资料的获取依赖于家庭内部分工与劳动，每一个家庭都是复合型的经济单元，其劳动产品大多情况下可以满足家庭成员的衣食住行等基本的生活需要。在商业与资本主义蔓延的背景下，传统自然经济解体，人们不可避免地卷入统一的市场经济体系之中，其生活资料获取的渠道由自给转向商品交换，商品交换的前提在于分工，在于以自己的劳动产品换取他人的劳动产品。个人及家庭的生活资料演变成现代社会中的消费环节的终端，并且驱动着现代社会化大生产的展开，越来越多的市场出现，越来越多琳琅满目的商品出现，"展览商品，尽力招揽顾客的市场已经兴起，从17世纪起，这种风气从一个行业推广到另一个行业，加速了商品的销售……在农村地区，仍有定期赶集的习惯，但在商业城市里，天天都是赶集日。买与卖变成不仅仅是货物从生产者手中转到消费者手中的一种非主要的交易，它成了一切阶级全都关心的主要事情之一"①。在现代社会中，商品越来越成为人们日常生活中的主要内容，成为生活世界各项活动的焦点。并且，这种以物的面貌呈现的商品掩饰着人与人之间的社会关系，马克思将这种物对人的社会关系的掩饰称为"商品拜物教"，"商品形式在人们面前把人们本身劳动的社会性质反映成劳动产品本身的物的性质，反映成这些物的天然的社会属性，从而把生产者同总劳动的社会关系反映成存在于生产者之外的物与物之间的社会关系"②，因此，以商品形式出现的物不仅构成了人们生活世界的主要内容，而且支配与表征着人与人之间的社会关系，甚至于商品背后的物化逻辑也支配着家庭、亲情、友情与爱情，"资产阶级撕下了罩在家庭关系上的温情脉脉的面纱，把这种关系变成了纯粹的金钱关系"③。物化的逻辑与同一性的逻辑相一

---

① 刘易斯·芒福德. 城市发展史：起源、演变与前景［M］. 宋俊岭，宋一然，译. 上海：上海三联书店，2018：407.
② 马克思. 资本论：第1卷［M］. 北京：人民出版社，2004：89.
③ 马克思恩格斯选集：第1卷［M］. 北京：人民出版社，2012：403.

致，或者说，物化是将事物统一、抹平为物的过程，是同一性的表现，其必然会成为现代资本主义社会的基本特征，[①] 其最终的结果也必然导致人本身的物化，在这种情况下，生活世界的方方面面都会被物化的逻辑所渗透、包围，乃至支配。

同一性中蕴含着矛盾性，现代性是矛盾的现代性，生活世界的物化便是现代性在生活世界中生动的、典型的、现实的体现。对于现代生活世界而言，作为同一性表现方式的物化，是生活世界运行的最为基本的特征与逻辑。在资本主义、工业革命等因素的作用下，人类社会的物质财富急剧增加，这深刻地改变了人的生活世界，人处在了一个由自身所创造的全新的物化生活世界之中。与此同时，物成为一种非人化的、异己的力量，人也开始被物所包围、为物所牵引、受物所绑缚，被物的逻辑所支配和牵引。

四 同一性与作为系统的现代新闻业

在讨论现代新闻业与物化生活世界之间的关系前，我们还有必要梳理现代性与新闻业之间的关系。像政治、经济、文化等其他领域一样，新闻也是一种独特的社会领域，尽管一如我们前文所一再强调的，不论是在任何情况下，新闻的本质（关于最新世界的表述）及其最为本然的特性（连接人与现时世界的中介）都不会发生变化，但是从传统到现代，新闻在许多层面也发生了深刻的断裂与转型。换言之，现代性深刻地体现在社会的

[①] 卢卡奇在《历史与阶级意识——关于马克思主义辩证法的研究》一书中深刻地指出，"就他（笔者注：指工人）的命运而言，对于整个社会结构有典型意义的是，这种自我客体化，即人的功能变为商品这一事实，最确切地揭示了商品关系已经非人化和正在非人化的性质"，"正像资本主义制度不断地在更高的阶段上从经济方面生产和再生产自身一样，在资本主义发展过程中，物化结构越来越深入地、注定地、决定性地沉浸入人的意识里"，"根据自然规律，人们相互关系的任何形式，人使他的肉体和心灵的特性发挥作用的任何能力，越来越屈从于这种物化形式"，这些表述从根本层面揭示了现代资本主义社会人、人的社会关系以及人的生活世界物化的基本事实。参见乔治·卢卡奇. 历史与阶级意识——关于马克思主义辩证法的研究 [M]. 北京：商务印书馆，2009：160、161、170.

每一个独立领域之中,[①] 新闻也不例外。这是由现代性的整体性决定的。社会是一个犬牙交错的整体系统,不同部分之间相互依赖,呈现出一种整体的结构,其中一个部分的变化一定会引发与之相关部分的变化,现代性正是通过这种方式传达至社会的每一个领域的。与此相应,现代性的整体性不仅仅体现为作为总体的现代社会层面的整体性,而且体现为每一个以"现代"为名的社会独立领域之所以被称为现代,是因为构成这一系统的各个因素的现代性转变,共同构成了这一独立领域的整体转变。

  现代新闻业的诞生就是如此。社会整体从传统转向现代的历史过程为新闻活动的现代化进程做了多方面的准备,在不同方面、不同因素的结构性互动中,现代新闻业最终得以成形。我们有必要从不同的方面剥开新闻活动从传统走向现代的面纱。

  就技术层面来看,印刷术的诞生可以视作现代新闻活动得以产生的基础性动力机制。15世纪后半叶古登堡印刷机的发明,与现代性的核心特性存在根本层面的契合。现代性的内核即是同一性,我们此前解释了同一性所具有的三个层面的含义:寻找和发现最小单元、抽象化与标准化、复制。印刷术的运作机制恰好与同一性相契合,印刷术需要寻找到字符中最小的物理单元,[②] 然后将其排列组合,形成标准化的印刷模本,而后再对标准化的印刷模本进行复制,从而生产出大量的印刷制品,"技术媒介的第二个属性是它容许象征形式有某种程度的复制性。以书写为例,印刷机

[①] 在这里,笔者同意衣俊卿的观点,他认为现代性是作为个体生存和社会运行内在的多维度的文化机理或微观权力机制,弥散于现代社会的各个方面,"现代性作为理性化的文化精神和社会机理不是偶然地、单维度地附着于现代社会的某些领域或层面,更不是作为单纯的、无形的精神气质漂浮于社会或时代的天空,而是内在地、深层次地,甚至是'致命地'渗透到现代社会和现代主体的每一个方面或每一个向度,体现在价值规范层面、文化精神层面、主体意识层面、制度安排层面、社会组织类型等各个方面"。参见衣俊卿. 现代性的维度 [M]. 哈尔滨:黑龙江大学出版社,2011:28.

[②] 拼音文字是由一些最小单元(如元音字母 a、e、i、o、u 和辅音字母 b、m、n、p 等)排列组合而成的,拼音文字的这种特征契合了活字印刷技术的特性,拼音文字所做出的字模规模较小,易于处理,成本亦低,重复利用率高,这是任何非拼音文字系统所不具备的得天独厚的条件,因此,拼音文字可以有效地将活字印刷的功效发挥得淋漓尽致。参见史蒂文·罗杰·费希尔. 阅读的历史 [M]. 李瑞林等,译. 北京:商务印书馆,2009:192.

的发展在这方面的决定性作用是它容许书面信息以前所未有的规模加以复制"①。"印刷术的发明……提供了一种统一的、可重复的商品,第一条组装线,以及第一次大规模生产"②,印刷术通过对"一"的还原与复制,抵达了"多",而这种复制造成了一种文化意义乃至社会意义上的革命。也正是在这种意义上,印刷术的发明标志着本雅明所谓的"机械再生时代"的开始。"15 世纪中叶之前,欧洲各地都没有印刷所,然而到 1500 年,每一个重要的都市中心都有印刷所。印刷所给数以百计的城镇增加了一个新的文化元素","分散的读者能够同时看到完全相同的形象、地图和图标,这本身就是一场革命"③,不少社会领域的变革皆可追溯到机器印刷或须以机器印刷为参照系,如宗教改革、文艺复兴、近代科学文化变革,这也是爱森斯坦将印刷术视为欧洲从中世纪走向现代最为重要的技术的原因所在。印刷术所带来的革命性影响,当然波及了新闻传播活动,"活字印刷术使人类进入大批量生产时代。很快,世界各地都开始用印刷机为广大读者制造大批量新闻"④。斯蒂芬斯的描述显然是确切的,因为在古登堡印刷术诞生后的一两个世纪中,德、法、英等欧洲国家陆续出现了以印刷方式传播的专门性的新闻纸或定期出版的现代报纸。⑤ 而在新闻传播媒介本身的演进变化中,印刷术构成了依赖机器与技术进行复制以传播新闻的范式的鼻祖,此后出现的广播、电视乃至我们至今所使用的计算机都深刻地

---

① 约翰·B. 汤普森. 意识形态与现代文化 [M]. 高铦等,译. 南京:译林出版社,2012:183.
② 马歇尔·麦克卢汉. 谷登堡星汉璀璨:印刷文明的诞生 [M]. 杨晨光,译. 北京:北京理工大学出版社,2014:219.
③ 伊丽莎白·爱森斯坦. 作为变革动因的印刷机:早期近代欧洲的传播与文化变革 [M]. 何道宽,译. 北京:北京大学出版社,2010:26,31.
④ 米切尔·斯蒂芬斯. 新闻的历史(第三版)[M]. 陈继静,译. 北京:北京大学出版社,2014:58.
⑤ 根据学者考察,德国在 17 世纪以前就有不定期出版的印刷新闻纸,1605 年或 1609 年出现了现代意义上定期出版的印刷报纸;法国在 1485 年出现了第一张印刷新闻纸,1631 年出现了第一份持续发行的定期印刷刊物《公报》(La Gazette);英国在 1622 年出现了第一份定期出版的印刷报纸《新闻周刊》(Weekly News From Italy, Germanie, Hungaria, Bohemia, the Palatinate, France, and the Low Countries)。可分别参见吴景薇. 德国新闻传播史 [M]. 北京:人民日报出版社,2017;陈继静. 法国新闻传播史 [M]. 北京:人民日报出版社,2017;陈力丹,董晨宇. 英国新闻传播史 [M]. 北京:人民日报出版社,2015.

体现着复制的基本逻辑。在这种意义上,古登堡印刷机的出现为新闻活动从传统走向现代提供了基础性的动力。

古登堡印刷术所引发的传播与文化层面的裂变与当时的欧洲社会变化之间相互呼应。① 文艺复兴解放了人们的思想,宗教改革进一步将人的精神与教会之间的束缚关系切断,在这种背景下,人们的思想从宗教转向世俗,个体的权利、价值、意义开始得到重视,而从 14 世纪中期开始在西欧泛滥的黑死病造成了农奴制实质性的取消,"有 1/3 共两千多万的西欧人口死于黑死病。黑死病造成一个意想不到的结果,即当疾病过去需恢复生产时,有田无人耕种的现象极为普遍。很多领主开始放弃劳役制,改用土地出租的方式吸引劳动力,大量农奴转为租地农民……货币地租逐渐成为主流,劳役地租折算成货币,为人口的流动创造了条件,农奴也开始从人生束缚的状态下逐渐摆脱出来"②,社会最小单元走向个体化的进程逐步开启。社会最小单元个体化的进程在逻辑层面为新闻传播提供了稳定的读者群。但若要真正滋生孕育出新闻市场,仍需具备一项重要的条件,即社会公众的读写能力,"大众报刊市场的诞生……一个关键要素显然是大众读写能力的先期提高"③。按照卡洛·齐博拉的推测,到了 16 世纪末,西欧较为发达地区的成年人中文盲率已经低于 50%,具备读写能力的人数已经十分可观。④ 教会在读写能力的普及中起到了十分重要的作用,义务教育

---

① 古登堡印刷术的发明与当时的文艺复兴与宗教改革之间的关系较为复杂,总的来说是一种相互促进的作用,一方面,文艺复兴与宗教改革为古登堡印刷术的诞生提供了时代背景与社会条件,按照李彬的说法,"印刷术绝非一项偶然的技术发明,而是社会运动的结果与时代精神的结晶","如果说文艺复兴为印刷术提供了一个充满生机与活力的时代氛围,那么宗教改革则为它开辟出一片广阔的生长沃土"。参见李彬. 全球新闻传播史(公元 1500—2000 年)[M]. 北京:清华大学出版社,2005:66. 另一方面,古登堡印刷术又放大了文艺复兴与宗教改革的效果,为文艺复兴尤其是宗教改革提供了巨大的助推力,印刷媒介对于文艺复兴在 15 世纪末和 16 世纪初的扩散与传播起着十分重要的作用,并且在宗教改革中成为路德、加尔文等宗教改革者推广自己宗教思想的最为重要的武器,参见项翔. 近代西欧印刷媒介研究——从古腾堡到启蒙运动[M]. 上海:华东师范大学出版社,2001,第三章、第四章.
② 钱乘旦. 世界现代化历程·总论卷[M]. 南京:江苏人民出版社,2010:169-170.
③ 丹尼尔·C. 哈林,保罗·曼奇尼. 比较媒介体制:媒介与政治的三种模式[M]. 陈娟,展江等,译. 北京:中国人民大学出版社,2012:147.
④ Carlo M. Cipolla. *Literacy and Development in the West*[M]. Middlesex:Penguin,1969:p60.

经由教会推动在西欧和北欧的社会中已经非常普遍，德意志部分地区在17世纪就实行了义务教育，在英国，"1526年，在沙特尔的一次主教会议上规定，每个教区必须有一所学校，'可以由神父或执事来教识字和教义'；1529年的坎特伯雷会议要求'所有的学校由堂区神父……教男孩学识字和阅读'"①；在瑞典，教会甚至以法律的方式规定了人人应当具备读写能力，《瑞典教会法》明文规定，每个人都要"学会阅读和用自己的眼睛去看上帝在他的圣训中的嘱咐和命令"②。在这种情况下，现代新闻活动的诞生有了基本的市场条件和受众基础：同质的、原子化的、个体化的、具备读写能力的读者与受众。

  印刷术的技术支撑、稳定的受众基础为新闻的商品化奠定了基础。实际上，印刷术的诞生就起源于盈利的动机，古登堡发明印刷术也并非为了改变世界，他本人是印刷商，而他创造出活字印刷术的目的不过是扩大生产和提高利润，③ 其印刷事业可以视作资本主义运作方式，尤其是依赖技术而运行的资本主义与内容产业的首次完美结合。而这次完美结合的间接影响之一在于为此后所有的资本、内容与技术的结合提供了一个可供参考的"模板"。按照安德森的观点，报纸其实只是书籍的一种"极端的形式"，是"单日的畅销书"，报纸与资本、技术的结合显然是资本与技术扩张的自然结果。④ 哈贝马斯认为，现代报刊业实质上是信息交流与资本主义结合的产物，"它（笔者注：指报刊业）最初的组织形式是小型手抄行业。当时，这个行业的算计遵循的是早期资本主义轻度的利润最大化这样

---

① 埃尔顿. 新编剑桥世界近代史：宗教改革 1520—1559 年 [M]. 北京：中国社会科学出版社，2018：445.
② Egil Johansson, "The History of Literacy in Sweden," In H. Graff, ed., *Literacy and Social Development in the West* [M]. Cambridge：Cambridge University Press.
③ 参见 John Man. *The Gutenberg Revolution* [M]. London：Random House，2010；Albert Kapr *Johann Gutenberg: The Man and His Invention* [M]. London：Routledge，1996；S. H. Steinberg. *Five Hundred Years of Printing* [M]. Courier Dover Publications，2017.
④ 安德森在《想象的共同体——民族主义的起源与散布》中将报纸视作书籍的一种形式，认为其是一种大规模出售，但只能短暂流行的书. 参见本尼迪克特·安德森. 想象的共同体——民族主义的起源与散布 [M]. 吴叡人，译. 上海：上海人民出版社，2003：34.

一些传统原则。出版商的目的纯粹是做生意"[1]，而印刷术所带来的规模化生产，使得报纸生产开始以企业的方式运营，报纸和报业也由此被嵌入统一的市场经济与资本主义世界之中，成为现代社会的组成部分。进一步来说，报纸的商业化与新闻的社会化大生产是同步的。永不停歇并以周期更替方式出现的时间、规模化的受众共同导致了一种现代性的新闻需求特征：关于新闻的需求是以一定规模出现并且持续不断的，一旦需求得以暂时性的满足，人之目光便会向前投射，期待下一次需求满足的出现。在这种语境下，都市社会对新闻的需求，市场经济对最新社会经济状况信息的需求，都使得新闻逐渐从一种嵌构在日常生活中的自在活动剥离出来，成为一种专门的职业性活动。事实上，也正是永远处于待满足状态的新闻需求催生了定期出版的现代报纸。[2]

在 17 世纪初定期出版的现代报纸的出现，可以视作现代新闻诞生的决定性标志。这是因为，现代新闻活动作为现代社会的一部分，遵从现代社会的一般运作逻辑并且共享现代社会的核心特质。一旦新闻活动具备了现代社会的基本逻辑与特征，便可视为其完成了从传统走向现代的根本性转型。商业化报纸的出现就是这样一个转型的拐点。做出这一论断的依据在于商业化报纸[3]与现代社会共享同一套运作逻辑，即两者都是受同一性逻辑支配的产物。前文已经介绍了现代社会的基本运作逻辑，此处不做赘述。而商业化报纸的基本逻辑在于：将一条条基本的新闻消息（最小单

---

[1] 尤尔根·哈贝马斯. 公共领域的结构转型 [M]. 曹卫东等，译. 上海：学林出版社，1999：218.

[2] 按照斯蒂芬斯的界定，大约在 17 世纪初出现的报纸存在三种早期印刷新闻所没有的属性：首先，报纸是定期、多次发行的（至少每周一次）；其次，因为期数多，每期报纸都包含各种消息；最后，报纸都有前后一致、容易辨认的标题或格式，也就是说，它有一些独立的特征，不因刊登的个别消息而改变。这些特征是现代报纸区别于早期印刷新闻纸的关键之处。米切尔·斯蒂芬斯. 新闻的历史（第三版）[M]. 陈继静，译. 北京：北京大学出版社，2014：101.

[3] 这里所说的"商业化报纸"与通常所认为的商业报刊时期不同。按照传统的划分方式，西方报刊的历史可以划分为三个阶段，即官报时期、政党报刊时期、商业报刊时期，并且认为商业报刊时期开始于 19 世纪中叶。这种划分方式存在一定的问题，定期化报纸的出现在很大程度上与获取利润有关，这从早期报刊的出版者多为印刷商人即可看出，因此，商业化是现代定期出版报刊的主要特征，而政党报刊更多像是现代社会特定历史时期的插曲，或者说商业化报刊的某种变形（其目的是攫取政治利益）。

元）排列组合成一套内容产品（标准化），然后借助于印刷技术实现大规模印制（复制），基于此形成的产品会被纳入统一化的市场之中，并最终成为被人们消费的对象。以定期出版的商业化报纸为分界线，人类的新闻传播活动形成了两种差异显著，也可以说是截然不同的景观：此前是自然的、自发性的、带有随机性和任意性的新闻活动，此后则是遵从同一性逻辑，被纳入现代的时间轨道、市场轨道、资本轨道、供求轨道之内的现代新闻活动。

现代社会本身是一个呈现出结构性与层次性的统一整体，与之相应的每一个子领域都是有着自身结构性与层次性的统一整体。正如我们刚刚所讨论过的那样，在真正意义上的现代新闻（即定期出版的商业化报纸）诞生之前，由于社会整体的现代化进程，新闻活动中的一些要素与环节已经开始向现代转变，例如作为新闻生产技术的印刷术的出现、现代受众的出现，但在真正能够将所有上述要素统一起来的整体结构出现之前，这些都只是新闻要素的部分现代转型而非现代新闻活动（即现代新闻业）的整体诞生。定期出版的商业化报纸就是将上述要素统一起来的整体结构，其不仅仅将技术、受众、新闻内容等有机结合起来，形成了完整统一的结构，而且在新闻的现代性与社会整体的现代性之间建立起桥接，定期出版意味着源源不断地生产—销售—盈利—再生产，这是资本增殖方式在新闻领域的典型体现，也是新闻的现代性与社会整体的现代性之间相互嵌构的接合点。在这种意义上，新闻活动的样态取决于人类社会生产方式与生产关系的变革，现代资本主义生产方式的诞生，构成了现代新闻传播活动的根本性前提和基础。也正是在这种意义上，现代新闻呈现出两种属性，其一方面是被纳入人类生产和流通环节的经济基础的一部分，另一方面又因其内容的特殊性而从属于上层建筑，而其上层建筑功能的发挥取决于其本身经济基础层面的基本属性。

当然，定期出版的商业化报纸的出现，虽然意味着人类新闻传播活动整体迈入历史的"现代"阶段，但并不能说明新闻活动在每一个方面都已经步入了现代阶段。因为，现代新闻业是一个包含多种要素在内的系统和整体，按照阿尔都塞的说法，每一种要素都存在自身的相对独立性，这种相对独立性取决于其对整体的依附程度，诸如印刷技术、受众市场的独立性体现为某种超前性，而新闻观念的形成则多多少少呈现出了迟滞性，一直到 20 世纪前后，以客观性为核心的现代新闻观念[①]才得以形成。

五　离场：现代性、分工与表述的物化

前文对现代性及其与生活世界、新闻之间的关联分别进行了较为充分的阐述。从本节开始，我们将把讨论的重心转回到现代新闻与生活世界的关系上面。我们在第三章中谈到过自然生活世界中新闻活动的基本要件："有待充实与满足的心灵""生活世界中的时空空白""关于世界最新变化的表述""世界最新变化的表述者"，并且指出，这些要件实际上也是所有人类新闻活动的基本要件。在这里，我们需要结合历史的变化对这一判断做出进一步解释：要件从不改变，但要件之间的关联方式会发生变化。相较于传统社会口口相传的自发性新闻活动，现代社会的新闻活动则集中体现为报纸、广播、电视等大众传播方式，而两者之间的核心区别在于"世界最新变化的表述者"的离场与缺席。

现代性与离场是一对紧密相连的概念。与传统社会自给自足的经济活动不同的是，现代社会是分工高度发达的社会。尽管从人类诞生之日起，分工就已存在，但传统社会的分工更多是地域的分工和家庭的分工，现代资本主义和工业社会的到来与发展，则造就了一种更为广泛的经济与社会

[①] 关于新闻客观性的形成时期，可参见迈克尔·舒德森. 发掘新闻：美国报业的社会史 [M]. 陈昌凤，常江，译. 北京：北京大学出版社，2009. 有学者认为，客观观念是西方新闻专业主义的核心，是一条总的、重要的新闻伦理规范和原则，是现代新闻的精神象征。参见王阳，杨保军. 西方现代新闻观念的理解框架与核心构成 [J]. 兰州大学学报（社会科学版），2018，46（06）：37-45. 确实如此，客观性可以视作现代西方新闻观念的主要标志，客观的逻辑与现代性的逻辑存在内在的一致性，客观与主观任意性、随意性相对，意味着一种统一化、标准化的尺度，并且最终也可落实为一种同一化的新闻生产标准，这一点在塔奇曼的《作为策略性仪式的客观性》一文中有着十分鲜明的体现。因此，客观性中蕴含着同一性，在这种意义上，客观性与现代性之间存在内在一致性。关于塔奇曼对客观性的论述，可参见 G. Tuchman. Objectivity as Strategic Ritual：An Examination of Newsmen's Notions of Objectivity [J]. American Journal of Sociology，1972，77（4）：660-679.

意义上的分工。涂尔干认为,"只有在各个社会成员之间已经构成联系的前提下,分工制度才能得以实行"①,也就是说,分工实质上是在原有社会环节之间壁垒打破,社会个体之自由得以确立的条件下形成了全新组合关系。按照此逻辑,分工是现代社会的必然组合方式,普遍意义上的分工也自然是现代社会与传统社会相区别的重要特征。分工是同一性逻辑的延伸,分工本身基于社会最小单元的个体化,并且同一工种内部依赖同一套逻辑进行社会生产。与此同时,分工是社会交换的前提,社会的连接与整合是建立在分工的基础之上的,在这种意义上,一与分之间存在一种辩证法,一与分相互对立,又相互构成彼此存在的前提和基础。依照吉登斯的观点,现代社会出现了越来越多以分工为基础的"专家系统",而分工本身就是现代性的结果与集中体现,"与象征标志一样,专家系统也是一种脱域机制,因为它把社会关系从具体情境中直接分离出来。两种类型的脱域机制都假定,时间从空间中的脱域是时—空伸延的条件,而且它们也促进了这种脱域"②,分工使人们不用从事某种具体的工作便可享用该工作的成果。

新闻业构成了现代社会中专门从事新闻传播活动的具体职业。按照黄旦在《传者图像:新闻专业主义的建构与消解》中的说法,以职业或专业形态出现的现代新闻业存在一些基本特征:第一,报刊的主要功能是传播新闻,同时还要干预和推动社会;第二,在性质上,报刊是一个独立专业,因此,它必须是自主的;第三,报纸的目的是为公众服务,并反映民意;第四,报纸的运转是靠自己的有效经营,尤其是广告收入;第五,报纸的约束机制是法律和职业道德自律,尤其是后者。③ 用更简洁的语言来概括这些特征,即现代新闻业是一种专门性的职业机构,其有着自身的运行体系并以向大众传播新闻为业。以传播新闻为业,意味着新闻业所面临的不是单一的个体,而是数量相当大的新闻受众,这也使其无法以面对面的具身方式实现新闻的在场传播,而只能通过其所生产出来的工业化产

---

① 埃米尔·涂尔干. 社会分工论 [M]. 渠东, 译. 北京: 生活·读书·新知三联书店, 2000: 233.
② 安东尼·吉登斯. 现代性的后果 [M]. 田禾, 译. 南京: 译林出版社, 2011: 15-16.
③ 黄旦. 传者图像: 新闻专业主义的建构与消解 [M]. 上海: 复旦大学出版社, 2005: 32.

品——报纸实现新闻信息的扩散（一对多，典型的工业社会运转的基本逻辑），因为，"在今天，凡发生的事情都不能仅仅由那些直接知晓此事的人所掌握，而新闻记者的任务就是要让此事去吸引千百万人的注意"[1]。与之相应，在现代社会了解他处和远方所依赖的象征形式，也不再首先依附于面对面的互动，而是越来越多地由大众传播的机制所中介。[2] 在此语境下，新闻虽然依然是关于世界最新变动情况的表述，但新闻被生产出来后，便经由媒介流入了受众的生活世界，由此，表述者与新闻实现了实质性的分离，从场景化的新闻传播中抽离出来，在人们的生活世界中缺席。[3]

我们必须重视表述者的缺席这一现象。因为在这一现象中不仅潜含着现代新闻与传统新闻之间的深刻差异，而且也波及了现代社会中人的存在方式与世界的结构方式。我们需要将表述者缺席之效应与影响予以仔细揭示。

首先，表述者的离场与传播方式的变化有着直接关联。表述者在场，意味着表述者与聆听者（也就是通常意义上的新闻受众）处于同一个时空场景，或者说表述者就处在新闻受众的生活世界之中，两人之间可以通过语言表达来实现新闻的传递，不仅表述者可以说话，新闻受众同样也可以以言说者的方式进行交流。而缺席了的表述者在新闻受众的生活世界中仅留下了可以用来观看的报纸，新闻传播从一种交流性的、互动性的、聆听性的活动转向了一种静默的、孤独的阅读活动，因为"完成阅读最好是单独一个人在一个安静的地方，并排除其他活动"[4]。爱森斯坦在她的《作为变革动因的印刷机：早期近代欧洲的传播与文化变革》中的一段描述，就形象地说明了聆听型公众向阅读型公众的转变：

---

[1] 卡尔·雅斯贝斯. 时代的精神状况 [M]. 王德峰, 译. 上海：上海译文出版社, 2013：125.
[2] 参见约翰·B. 汤普森. 意识形态与现代文化 [M]. 高铦等, 译. 南京：译林出版社, 2012：14-16.
[3] 我们已经提到，通过文字方式传播的新闻，如早期的书信新闻、手抄新闻、新闻纸就已经实现了表述者与新闻之间的分离，但在自然生活世界，口头新闻而非文字新闻才是新闻传播的主要方式。现代新闻业诞生之后，新闻传播中表述者与新闻之间的分离才成为常态化的现象。
[4] 约书亚·梅罗维茨. 消失的地域：电子媒介对社会行为的影响 [M]. 肖志军, 译. 北京：清华大学出版社, 2002：118.

在18世纪,静默地细读杂志、小报或通信可以满足一窝蜂追求世俗生活的好奇心。事务缠身、知识丰富的人每天都要独处一段时间,不和同伴打交道,这是日益明显的潮流。

个人与星期日报纸的交流取代了上教堂的交流。人们容易忘记,牧师的布道曾经和闲聊如影随形;教友们上教堂谈论本地新闻、外国事务、地产交易和其他世俗的事情。然而在印刷术之后,新闻的采集和流布就交给世俗的机构去处理,且更加有效了。我们思考基督教世界的"世俗化"和"去神圣化"时,就可以注意这些问题。这是因为在一切地区(暂时回到18世纪以前去看),布道坛最终都要被报刊取代,"无任何神圣可言"的名言成为记者生涯的特征。与"狂热的猎奇之痒""普遍的新闻渴望"相对抗时,天主教卫道士和新教的福音传教者的努力甚至主日学校和其他守安息日的措施都收效甚微。月刊被周刊取代最后又被日报取代。越来越多的地方报纸办起来了。到了19世纪,原来上教堂闲聊的人常常可以通过在家里浏览报纸去获悉本地新闻了。①

在爱森斯坦的描述中,我们第三章谈到的自发性的、面对面的新闻传播活动,如水井旁的妇女聊天、蒙塔尤小山村的夜聊、祖鲁人的街头交谈、厄刻克拉底与斐多的对话,正在向不重要的新闻传播方式转变,而阅读报纸则成为越发重要的新闻传播方式。② 表述者缺席意味着表述者虽然不在交

---

① 伊丽莎白·爱森斯坦. 作为变革动因的印刷机:早期近代欧洲的传播与文化变革 [M]. 何道宽, 译. 北京:北京大学出版社, 2010: 77-78.
② 当然, 自发性的、面对面传播的口语新闻依然存在, 并且只要人类存在于世一天, 口语新闻就永远不会消失, 但在现代社会中, 口语新闻越来越成为一种补充性的、边缘性的获取新闻的传播方式, 而表述者缺席的大众传播在日益走向新闻传播舞台的中央。需要交代的是, 大众传播与口语新闻之间相对地位的变化经历了一个过程, 汤普森在《英国工人阶级的形成》中讲述过口语新闻向大众传播过渡时期人们的新闻收受方式, 那时人们对社会及政治的参与热情逐渐增高,"不识字的工人可能会步行数英里去听一次激进主义演讲, 正如他(或另一个人)去体验一次宗教礼拜。在政治动荡时期, 没有文化的人还会要求他们的工友朗读期刊上的文章; 在职业介绍所里人们还要读新闻; 在政治集会上大量的时间都用于读宣言或通过一连串的决议", 不过当时大多数工人已经有了初步的阅读能力, 每三个工人中就有大约两个可以阅读报刊。参见汤普森. 英国工人阶级的形成 [M]. 钱乘旦等, 译. 南京:译林出版社, 2001: 836-837.

流的语境，但依然可以实现传递信息的目的。这样，在表述者和收受者之间呈现出了一种逻辑上的时空间距，空间间距与人们对时间的渴求之间本来存在一定的矛盾，但矛盾被人们通过媒介的方式解决了，媒介使表述者从交流的语境中解脱出来，但媒介又以物的方式嵌入了接受者的生活世界。那些用来克服时空矛盾的媒介无一不在帮助甚至逼迫着表述者从交流语境中离场，文字、报纸、广播、电视等皆是如此。当然，也只有通过表述者的离场，或者说也只有通过表述的物化，表述才能抵达更多人的生活世界。保罗·利科对书写与其针对对象关系的分析，对于所有使交流从面对面情境中脱离出来的媒介都是适用的：

> 疏离不仅是我们为了理解而必须克服的障碍，而且是理解得以形成的条件……对话关系的那种狭隘性爆裂开来。此时，话语针对的对象再也不仅仅是你这第二人，而可以是所有人，话语因而成为针对所有人的话语……它的读者变得不可见。那些作者不认识的、看不见的读者，他们没有什么特权，但却成了话语的接受者。[1]

也就是说，正是通过刻意地建立起来的时空间距（也就是"疏离"），才使得同时面向多个人乃至所有人成为可能。对此，彼得斯补充道，"作者的表达一旦被'铭刻'为文字，该表达就超越了作者的意图、原有的受众和表达的情境。这样的脱理不'仅仅'（just）是一种疏离（alienation），而且还是一种'公正合理的'（just）疏离。文字将意义从面对面的狭隘环境和易逝地位中解放出来"[2]。面对面的情境中，在表述者与受众之间，意义是通过语言直接传递的，而离场的表述者将表述寄予在了作为物的文字之上，作为物的文字构成了人人皆可面对的对象，可以四处流动、撒播的

---

[1] Paul Ricoeur, *Hermeneutics and the Human Sciences: Essays on Language, Action, and Interpretation*, trans. John B. Thompson [M]. Cambridge: Cambridge University Press, 1981. 转引自约翰·杜翰姆·彼得斯. 对空言说：传播的观念史 [M]. 邓建国, 译. 上海：上海译文出版社, 2017: 219.
[2] 约翰·杜翰姆·彼得斯. 对空言说：传播的观念史 [M]. 邓建国, 译. 上海：上海译文出版社, 2017: 219.

对象。① 在此，在新闻表述者的离场与缺席之中，也即在新闻/表述的物化之中，我们再一次与马克思相遇，新闻/表述的物化，就像是社会中不可或缺的作为商品的物，作为物的商品遮蔽了人与人之间的关系，作为物的表述也同样在遮蔽着表述者与受众的关系，而这种遮蔽性关系构成了现代社会新闻活动中诸多问题的根源。

其次，表述者的离场与缺席在新闻的内容层面也造成了深刻的变化，进而造成了人与世界关系连接机制的深刻变化。我们在本书开篇即谈到，新闻是连接人与现时世界的中介，但"世界"却是需要作相对意义上的解释的，一如我们在第三章中所指出的那样，"世界"本身就有两重含义："我"的个体世界与作为总体的世界。传统社会中，人的个体世界范围是闭塞的和极其狭窄的，作为中介，新闻所呈现的世界可能也是小范围的、区域性的世界，其内容是闲言碎语、邻近趣闻、家长里短、本村消息，虽然也可能会有一些外部世界重要信息的逸入，但更多的是一些地方性逸闻和相关事务性消息，其中充满了个体的经验，因此，传统社会中，新闻的内容表现出一种与生活过于相关、过于紧密的个体性、特殊性和地方性。现代社会中，新闻以一种物化与同一性的方式得以展现，新闻要向更多人传递，要获得更多人的注意，其内容就必须从地方性与特殊性中抽离出来，经历诸如重要性、显著性、趣味性等标准与价值的筛选，转向普遍性与一般性，也即能够让更多人接受的内容。或者说，尽管现代新闻报道的内容与对象也指向一个个具体的、现实的地方与事件，但这些事件的影响却往往超出了地方性，这也是新闻业衡量新闻价值最为重要的标准之一，"对读者影响越多、直接影响越大、产生的影响越迅速，则新闻价值越大、读者越感兴趣"，"许多国际新闻和全国性新闻的直接影响和潜在影响都大大超过了地方新闻……越来越多的西方读者、听众、观众，增加了对国际新闻和全国性新闻的兴趣"②。当然，即便

---

① 法国学者贝尔纳·瓦耶纳曾阐释过文字的撒播性，在《当代新闻学》中，瓦耶纳认为，"文字的特点是能同时在精神上和物质上表现信息，便于无限制地传递、保存和复制。这样，用文字写出来的东西既可以脱离抄写者，也可以脱离阅读者，然而又能原封不动、一字不改地接触无数其他读者，并把他们联结起来"。参见贝尔纳·瓦耶纳. 当代新闻学 [M]. 丁雪英，连燕堂，译. 北京：新华出版社，1986：6.

② 徐耀魁. 西方新闻理论评析 [M]. 北京：新华出版社，1998：138-140.

是普通的地方事务，也往往具备某种一般意义层面上的代表性，因为现代新闻的公开性使得即便是任何个体化的事件也必须经历意义层面一般化的转化过程，经历一种对于公众之反响与回应的判断、共情与推测，① 公开即面向大众，面向普遍化的审视与注目，也即面对一般的检验与筛选。这是现代新闻内在的意义运行机制。每一名读者在报纸上所阅读到的、在广播中所收听到的、在电视上所收看到的，都是一件件具体的事件，"报刊对国家事务的不断报道，通过'意向、观念及符号等意义的给予'，超越'人的居住和经常性的活动'，从而使向来抽象的'天下国家'充满'真实的经验'"②，但这些事件的具体性背后却潜藏着一般性与普遍性，因为一如舒茨所揭示的，共同世界嵌入周遭世界是通过类型化的方式实现的，而类型化即一般化与抽象化。事实上，正是一般性与普遍性确证着世界的现状、价值与意义，也确证着人在世界中所处的位置，并提供着个体与历史、世界与整个人类相连接的通道。在这种意义上，通过现代新闻，通过一般化的机制，人的世界得到了拓展和延伸，人的心量、见识、视野也都可以从具体的生活世界中解放出来，③ 走向历史，人对总体世界的想象与总体世界的实际模样逐渐趋同和越发接近。

最后，表述者的离场与表述的物化正在制造着一个同一的、整体的、步调与行动一致的世界。我们需要进一步思索新闻、媒介、资本主义与世界之间的关系。这四者之间的关系应当是：新闻通过媒介的方式（成为报纸、广播、电视等产品）才能被物化，进而进入现代资本主义体系之中，并构成整

---

① 美国学者里夫斯的《美国民主的再考察》中有这样一段话，挺有意思，某种程度上可以表明现代新闻业通过一般性标准对报道内容所进行的筛选与过滤，"您怎么确定人们想知道哪些消息，他们应该获得哪些消息呢？我正在同《每日新闻》的总经理小艾伯特·舍曼交谈。'通过读者调查，'他说，'我们广泛地调查，非常非常认真地处理调查结果。我们首先确定哪些人是我们的读者。我们知道他们是受过良好教育的且相对富有——1/3 的人是大学毕业或超过大学毕业水平，有 16% 的人年收入超过 2.5 万美元。然后，我们问他们想看什么，并且尽力满足他们'"，引自里夫斯. 美国民主的再考察 [M]. 吴延佳，方小良，译. 北京：商务印书馆，1997：9-10.

② 卞冬磊. 古典心灵的现实转向：晚清报刊阅读史 [M]. 北京：社会科学文献出版社，2015：137.

③ 汤普森有一句话说得很好，其中也蕴含了新闻扩充人对整体世界认知的意义，他说，"印刷机也可以成为用于丰富人类心灵的乘法口诀表。印刷术使人类的心灵成倍地丰富"，参见汤普森. 英国工人阶级的形成 [M]. 钱乘旦等，译. 南京：译林出版社，2001：862.

个资本主义的重要组成部分,而其在资本主义中最为显著的作用与意义,正是建构起了同一化的、整体性的、节奏与步调一致的世界。

媒介是新闻得以物化的方式和动力。广义上的媒介不仅包括报纸、广播、电视等,而且也包括铁路、公路、船只等交通和交往方式,马克思对广义上的交往与交通方式变革所带来的影响有过不少论述,在他看来,"电报已经把整个欧洲变成了一个证券交易所;铁路和轮船已经把交通和交换扩大了一百倍"[1]。我们需要区别报纸、广播、电视等狭义层面上的媒介与铁路、公路、船只、电报等广义层面上的交往媒介,广义的媒介更多地构成了人类社会的一种基础设施,而狭义的媒介则是广义的媒介的延伸,其直接延伸并嵌入了人们的日常生活之中;广义的媒介在不同空间与地点建立直接性的物理连接,而狭义的媒介则在不同空间与地点建立想象性的意义连接;广义的媒介作为基础设施制造物理层面的同一性,而狭义的媒介由于其结构性及复制性建立意义层面和关系层面的同一性。当然,不论是广义的媒介,还是狭义的媒介,其背后都深刻地蕴含着资本的逻辑。对于新闻而言,其物化间接依赖广义的媒介,但直接诉诸和呈现于狭义的媒介。

以物的形态呈现出来的新闻,或者说被大量复制的新闻,被卷入资本主义流通市场,进而抵达无数个体的生活世界,并制造出两种世界层面的同一性。其一,新闻本身是对世界最新变动情况的表述与呈现,每一种新闻产品(报纸、广播电视节目)都并非仅仅只有一条,而是汇聚了来自各地的大量新闻,这些新闻的汇聚共同构建起了一种世界的图景和意象,[2]

---

[1] 参见马克思恩格斯全集:第10卷[M].北京:人民出版社,1962:653.
[2] 美国新闻学家约斯特曾对报纸对世界的建构有过一段生动的描述,在他的描述中,我们可以看出,报纸上的内容本身就构成了一个世界,即类似于李普曼所说的拟态的世界,"报纸的报道内容呈现了一个关于世界及其世事的连续而永久的画面,也提供了关于人类及其行为的画面,描绘了人世间的喜剧、悲剧、罪恶、美德、英雄史诗、献身、进取心、发现、灾难、善行、悲痛和欢乐等变幻莫测而无以诠释的生活万花筒……这就是新闻业———一种依赖于日常事实的行业,一种反映人类生活万象并呈现每个人的观点的行业。它将整个人类更加紧密地联系在一起,使人们对人类各民族有更加清晰的认识"。参见卡斯珀·约斯特.新闻学原理[M].王海,译.北京:中国传媒大学出版社,2015:15. 不仅是报纸,电视等其他现代媒体也是一样的,电视建构并为人们呈现着世界的面貌,"在美国,差不多每个人都看电视……电视为他们提供了了解今天世界正在发生的事情的最广泛的视野"。参见托马斯·戴伊.谁掌管美国[M].梅士,王殿宸,译.北京:世界知识出版社,1980:118.

作为总体的世界被剪切、呈现、拼贴成一种拟态的世界（李普曼语），处在世界任何一个角落的人，只要能接触到新闻产品，便可共同面对同一个被"生产"出来的世界。这样的世界呈现于每一个通过新闻了解世界的人的面前，从而在人与人之间建立起可供认知、交流、想象的对象。其二，以物的形态出现在人们生活世界中的新闻，是同一的新闻，这同一的新闻无形中引导出了同一的生活方式，阅读/收听/观看新闻在不知不觉中成为人们生活中的一种习惯、一种重要的生活元素，尤其需要重视的是，在人们收受新闻的活动中呈现着同一性，人们不仅面对着同一个世界，体验着同一种生活方式，而且受同一种资本主义逻辑所支配，受同一种性质的时间所支配，而这种资本主义逻辑、现代时间逻辑所支配的同一化的世界节奏、生活步调，在安德森《想象的共同体——民族主义的起源与散布》的一段话中有极为生动的体现：

> 尽管报纸在其印行的次日即宣告作废——奇妙的是最早大量生产的商品之一竟如此地预见了现代耐用品容易作废的本质——然而也正是这个极易作废之特性，创造了一个超乎寻常的群众仪式：对于作为小说的报纸几乎分秒不差地同时消费……这个群众仪式的意义——根据黑格尔的观察，报纸是现代人晨间祈祷的代用品——是吊诡的。它是在沉默的私密中，在头盖骨下的巢穴中进行的。然而每一位圣餐礼的参与者都清楚地知道他所奉行的仪式在同一时间正被数以千计（或数以百万计）他虽然完全不认识，却确信他们存在的其他人同样进行着。更有甚者，这个仪式在整个时历中不断地以每隔一天或半天就重复一次。①

在这种意义上，象征着同一性的新闻活动成了一种生活的仪式，一种通过对世界的呈现构建起生活秩序的仪式，就像凯瑞所说，作为呈现在我们眼前的文本的报纸，"是对现实的一种呈现，它为生活提供了一种整体的形

---

① 本尼迪克特·安德森. 想象的共同体——民族主义的起源与散布 [M]. 吴叡人, 译. 上海：上海人民出版社，2003：34-35.

式、秩序和调子"[1]。

如果需要总结我们在本节讲述的内容的话，我想用这样一句话作结：现代性在新闻活动中的发生，是与表述者的离场同时进行的。在表述者的离场中，体现着现代新闻与同一性的辩证法，也体现着物化生活世界中的新闻与传统生活世界中的新闻的核心区别所在。表述者的缺席中蕴含着新闻的物化转向，而物化了的新闻遵循着同一性的逻辑，并制造着同一化的世界。

六 现代生活、新闻与时间的隐喻

当我们想要描述现代性时，我们常常会引用波德莱尔的一句话，"现代性就是过渡、短暂、偶然，就是艺术的一半，另一半是永恒和不变"[2]，波德莱尔对现代性的形容是妥帖的，这话不仅可以用来形容艺术，而且可以用来形容社会、形容生活，因为它的的确确是对现代性的极佳概括。现代性的两面，也就是时间的两面。现代性是永恒、同一、不变与多变、过渡、偶然的结合体，时间也是永恒与流逝、同一与过渡、不变与变化的结合体。因此，如果要为现代性找到一个喻体的话，那么，时间无疑是最贴切的了，因为时间之中包含着最早的同一性的雏形，其是同一性在现实中最为直观的体现。[3] 从某种意义上来讲，时间构成了现代社会的统摄之物，也构成了现代生活的统摄之物。在本节中，我们想要探讨的核心问题是：新闻对于时间意味着什么？时间对于新闻又有着怎样的意义？

我们已经把世界区分为两个世界，即个体性世界与总体性世界。与这两种世界相应，便存在两种时间：一种时间是海德格尔所说的境域化的、

---

[1] 詹姆斯·凯瑞. 作为文化的传播——"媒介与社会"论文集（修订版）[M]. 丁未, 译. 北京: 中国人民大学出版社, 2019: 20.
[2] 波德莱尔美学论文选 [M]. 郭宏安, 译. 北京: 人民文学出版社, 2008: 439-440.
[3] 这里的时间是后文会加以详细解释的"总体性时间"，是均匀的、无差别的时间，钟表出现以后，时间开始得以抽象化和标准化，时间拆分出最小的单元（秒），并且由此组合成同质化和均匀的单元，时间的流逝仿佛就是每一秒、每一分、每一小时、每一天的复制过程，这或许是最早完全体现同一性的物理过程了。

时机化的、处境化的个体生活时间,这种时间与个人命运际遇、经验经历相关,其也总是在相关经历和际遇中呈现自身;另一种时间则是作为外在秩序的、客观的、统一的、无差别的、物理性的、均匀的、与个体无关的总体性时间。[1] 从时间的角度来说,传统向现代的历史转变过程是总体性时间的发现过程。现代性在时间层面意味着总体性时间在人类世界中占据了支配地位,在人们的日常生活中也逐渐占据了支配地位。在传统社会中,人们所处的生活世界是自然生活世界,时间也是典型的自然时间,对于人们而言,时间是模糊和不精确的,是与生活空间紧密联系在一起的,是在个体与自然的相遇之中显示出来的,"农业时代的时间和空间,伴随着一些独特的东西,比如地理位置、种植与养殖的气候、人的族群,等等"[2],人们对时间的感知往往要通过自然事物的变化如日升月落、季节更替、潮起潮落来获得,自然时间是循环往复的,而非均质和无差别的,虽呈现出一定的规律,但这些规律总是将差异化现象作为自身在人们生活世界的表象,于是自然生活世界中人的时间观念也表现为循环时间观,人的时间总体上偏向于境域化、时机化、处境化的个体生活时间。机械时钟的发明标志着总体性时间的诞生,也意味着现代性的诞生,"人类的时间世界不再与潮涨潮落、日出日落和季节变化相联系。相反,人类创造了一个由机械发明和电脉冲定时的人工的时间环境:一个量化的、快速的、有效率的、可以预见的时间平面"[3]。我们前文说过,现代时间显示着同一性,是抽象化与统一化的结果。因此,现代的抽象化与统一化时间,即被抽象出来的无处不在、无所不包的时间,"当时间逐渐被抽象化后,时间成了一种容器,在时间中,任何事件都可以被容纳进来,无论这种容纳是否相

---

[1] 阿格妮丝·赫勒受海德格尔的影响曾将时间划分为生活时间和世界时间,在她看来,世界时间是一种客观性的时间,其不是存在性的:它同人无关,同单个的存在者无关,也同民族无关;它是一个没有实际意义的思辨性时间概念。这一概念没有功能,它似乎也没有用途,除了在空间物理学上。与世界时间不同,生活时间是个人经验的时间。参见阿格妮丝·赫勒.现代性理论[M].李瑞华,译.北京:商务印书馆,2005:244-245.
[2] 亨利·列斐伏尔.空间与政治(第2版)[M].李春,译.上海:上海人民出版社,2008:71.
[3] Rifkin Jeremy. *Time Wars: The Primary Conflict in Human History* [M]. New York: Henry Holt and Co., 1987: 12.

关，也不管这些事件之间有无联系，在这一过程中，历史获得了一种扁平化的处理"①。总体性时间的影响是重大的，它是总体性世界得以连接、通达，并得以成为有机整体的重要前提，也是个体性世界得以嵌入总体性世界的纽带与中介，更是现代社会人们生活方式、生活秩序与生活习惯的典型特征。

自然生活世界中的新闻传播活动往往是具身性的现场交流，"最新世界变化"的表述者就嵌构在人们的周围世界之中，表述者及其表述是出现在人们生活世界中的境域化、时机化、处境化的人与事物，在这种情况下，含有时间意味的"最新"也常常是一种相对意义上的、境域化和时机化的时间状态，或者更准确地讲，是一种约略意义上的"最新"，是相对于接受者知晓状态的最新与新近，其既与旧的、以往、过去相对，又带有很明显的未知、不知之意。这是传统社会或尚未被同一性规训的自然生活世界中新闻时间性的典型特征。现代新闻业的出现将表述者从具体传播语境中解放出来，成为一种专门的新闻生产者。专门的新闻生产者离场的一个直接的重要结果在于，新闻的表述、生产与传播不再直接对某一个具体的个体负责，而是对一种抽象化的总体负责，对被想象勾勒出来的总体的大众负责。用更为明确的话语来说，职业新闻生产者的职责在于对最新的世界变化形成表述，而不在于与接受者交流（因为传播与交流已交给媒介负责了）。职业新闻工作者与时间之间出现了一种矛盾和紧张感，他们所要做的是紧紧追着被时间不断推向前去的世界，去表述、去记录。由此，及时成为评判现代新闻业的重要元素，②"及时观念是现代新闻时间观的核心，最直接的表现是新闻报道的快速观念，快速的诉求是无限接近当下与

---

① 辛明尚．重启时间之思：时间性一种或一种时间性［J］．中国图书评论，2020（05）：47-56．

② 及时性在现代社会中被视作评判新闻价值必不可少的标准之一，徐耀魁在《西方新闻理论评析》中总结了及时性成为评判新闻价值标准的主要原因：其一，新闻是"高度易腐的商品"（曼切尔语）、"'陈腐'的新闻缺乏吸引力"（德弗勒和丹尼斯语）；其二，新闻媒介有义务让读者、听众、观众随时掌握事态的发展；其三，及时性是西方民主的内在要求。参见徐耀魁．西方新闻理论评析［M］．北京：新华出版社，1998：138．

现时"①，职业新闻工作者也成了专门追逐时间的人。这种专门性追逐的对象，不是充满相对性的境域化时间，而是一种普遍的、同一的、均质的、共同的总体性时间，或者从某种程度上来讲也可以说是社会学意义上的"社会时间"，因此，就像有学者所说的那样，"现代新闻时间观念是个社会时间的范畴"②。在此，就新闻与时间的关系而言，传统与现代之间出现了裂痕与区别，传统新闻中"新"所包含的时间性意义，具有更多的相对性，与接受者的生活世界高度关联；现代新闻中"新"所包含的时间性意义，则转向了抽象化、统一化、绝对化的总体性时间。

当然，职业新闻工作者之所以总是不断地在追逐时间，原因有多种。一个重要的原因在于资本主义本身的运行机制。资本主义竞争的本质就是时间上的竞争，因为按照马克思的说法，劳动时间是衡量价值的尺度，"一切商品（包括劳动）的价值（实际交换价值），决定于它们的生产费用，换句话说，决定于制造它们所需要的劳动时间"③，将生产商品所需的劳动时间缩短至社会必要劳动时间以下是企业获取利润的根本方式，甚至于时间变成了衡量所有事物的最终尺度，"劳动、价值、资本、剩余价值、人的自由与全面发展等都必须纳入时间的视域"④，当时间成为衡量一切的尺度时，对效率的追求自然成为资本主义内在的运行机制。这一运行机制也延伸到现代新闻业中，市场上往往不止一家新闻机构，不同新闻机构内容竞争的主要方面之一便是时效性的竞争，"独家"与抢先发表是新闻机构获得市场与读者/受众的重要手段，也是新闻机构获得自身商业利益的手段。这直接导致了新闻生产短周期和快频次的时间性特征，新闻生产是一条生产线，需要在很短的时间之内运用有限的人力资源去完成新闻的生产，⑤ "报刊企业的第一个特点是生产——出售周期极短……仅以日报为

---

① 杨保军，王阳. 论新媒介环境下新闻传播的"时效统一"原则 [J]. 当代传播，2018（03）：4-8+18.
② 王阳. 媒介学视野下西方现代新闻时间的生成逻辑 [J]. 新闻记者，2019（08）：26-36.
③ 马克思恩格斯全集：第 30 卷 [M]. 北京：人民出版社，1995：84-85.
④ 王海锋. 穿越时间的幻像——论马克思《1857—1858 年经济学手稿》中的时间观 [J]. 内蒙古社会科学（汉文版），2009，30（06）：59-63.
⑤ 参见赫伯特·甘斯. 什么在决定新闻 [M]. 石琳，李红涛，译. 北京：北京大学出版社，2009：6.

例，从搜集新闻到加工、印刷、发行、销售，不得超过二十四小时（除去不可避免的停顿时间，其实不足二十四小时）"①。因此，在很大程度上，正是资本主义的运行节奏与新闻业自身职业特点的结合，使职业新闻工作者总是马不停蹄地紧跟时间、追逐时间。

另一种重要原因在于我们已经讨论过的、永远处于有待充实与满足状态的心灵。不论是传统社会还是现代社会，心灵的待充实与满足状态都是人之为人的根本特征与内在规定性，人的心灵总是朝向未来开放的，人们在生活世界中也总是通过各种事项在填充生活时空空白的同时来充实与满足心灵。人的心灵永远处于待充实与满足状态，意味着人的心灵是弹性的，人的个体性世界外部边界越宽广，人的心灵世界就会被越多的内容所填充，当人的个体性世界随着传统向现代转换的过程而不断扩大时，人的心灵世界也处在一种内时间加速与内空间拓展的转换过程，换言之，人的心灵世界是弹性的，仿佛一个旋涡，旋涡的半径与人所能经验、感知、想象的半径成正比，而旋涡流动的速度会随着半径的扩展而不断加速。在传统社会，人直接处于自然的生活环境中，人的生活世界往往是有限的、封闭的，生活节奏是缓慢的，生活呈现出一种相对静态的节奏，心灵的满足与填充也处在一种慢节奏的韵律之中，这也是古代会被视作静态世界的重要原因所在。② 而当人们的个体性世界的边界和范围越来越大时，人会越发寄希望于外界新的信息来满足待填充的心灵世界，世界本身是无限的，并且世界本身也处于一种变化状态之中，人每向前一秒，世界也都会向前推进一秒，变动的世界与人的心灵成为现代社会中一组充满张力的元素，变动的世界变成了有待认识的对象，而人的心灵则成了积极主动寻求认识的主体，至此，时间朝着一种加速的方向不断演进，"在个人的一生当中

---

① 贝尔纳·瓦耶纳.当代新闻学［M］.丁雪英,连燕堂,译.北京：新华出版社,1986：41.
② 例如,米德认为,相较于现代文化的动态性,古代文化是一种静态的文化,"古代文化的世界观从本质上看是一种静态的世界观——是一种根本不承认任何一种真正具有创造性的变迁或者宇宙进化过程会发生,抑或具有现实性的世界观"。参见乔治·赫伯特·米德.心灵、自我与社会［M］.霍林桓,译.北京：华夏出版社,1999：316.

可以实现的事物,总是比不上这个世界所提供的选项数量的增长速度;或是用布鲁门贝尔格(Hans Blumenberg)的话来说,所知觉到的世界时间(Weltzeit),与个人的生命时间(Lebenszeit),在现代社会当中已经产生了极大的张力。在这种情况下,生活步调的加速自然就成为解决这个问题的方案"①。而加速与对"新"的渴望,正是现代社会中人典型的心理和心灵特征。美国学者伯曼对此有深刻的体察,"无论哪个阶级的人们,若要在现代社会中生存下去,他们的性格就必须要接受这个社会的可变和开放的形式。现代的男女们必须要学会渴望变化:不仅要在自己的个人和社会生活中不拒绝变化,而且要积极地要求变化,主动地找出变化并将变化进行到底"②。另一位美国学者贝尔在其《资本主义文化矛盾》中也较为深刻地揭示出了这种求新求异的心灵特征:

> 当代社会的独特特点不仅是它的大小和数目,也是它不断增长的相互影响——既是身体上的(通过旅行、更大的工作单位和更高的居住密度),也是心理上的(通过大众媒体)——这种互相影响将我们跟那么多其他人直接地、象征地联系起来。不断增长的互相影响不仅导致了社会差异,也作为一种经验模式导致了心理差异——导致了求变求新的欲望,对感性的寻求,文化的类并,所有这些都鲜明地标志着当代生活的节奏。③

心灵的旋涡(对当下世界的渴望与热情)、资本主义本身对时间与效率的强调,使职业新闻工作者总是在与时间赛跑,而新闻业对时间的追逐又会进一步刺激人们的心灵,使人们更加贪新骛奇,更加期望获得关于世界变动的信息,就像凯瑞描述的那样,"像所有被发明的文化形式一样,新闻形成并反映了一种特有的'对经验的渴望',废弃史诗、英雄与传统,

---

① 哈特穆特·罗萨. 新异化的诞生[M]. 郑作彧, 译. 上海: 上海人民出版社, 2018: 36.
② 马歇尔·伯曼. 一切坚固的东西都烟消云散了: 现代性体验[M]. 徐大建, 张辑, 译. 北京: 商务印书馆, 2013: 123.
③ 丹尼尔·贝尔. 资本主义文化矛盾[M]. 严蓓雯, 译. 北京: 人民出版社, 2010: 95.

偏爱独特、原创、新奇和新鲜,即'新闻'的愿望"[1]。于是,新闻反过来又成了搅动心灵旋涡的动力和促使人追逐时间的动因。

在不断地和永无止境地对时间的追逐中,新闻成了时间的物象。一方面,新闻被用来表征时间的变化,每日出版的内容及其对时间的追逐反映着世界的流变;另一方面,新闻追逐时间这一行为本身又似乎成了永远不会变化的事实,时间向前流淌的不变性赋予了新闻一直追赶下去的合法性。在这里,现代社会中新闻与时间都显示出了自相矛盾的一面,时间永远是变化的,但变化本身又是不变的;新闻永远都在追逐时间与变化,但新闻本身也是一直不变的,是构成人类世界中永恒的存在。因此,尽管在现代社会流动是典型的世界观,并且"想用某种模式框住人们的生活和思想是根本不可能的"[2],但时间与新闻本身依然是搭建起世界与人之生活的模式、条件与恒定要素,时间及其追随者新闻事实上已经将人框在了一种特定的生活状态之中。当然,作为物象的新闻与作为矛盾复合体的时间又组合成了另一组矛盾,新闻永远反映时间,其仿佛一种社会意义上的时钟,打卡般将时间记录为一个一个的固定项,于是,新闻成了时间的制度性安排;与此同时,时间又永远高高在上,因为新闻只不过是一种时间层面的消费品,时间要么将新闻丢入历史世界的沉寂之中,要么将新闻变成一种共同的集体记忆,成为可以被念想的历史本身,这是时间对新闻做出的唯二的判决与宿命安排。

以上论述在很大程度上就是我们想要揭示的时间与新闻之间的辩证法。不过,我们在对新闻与时间的考察过程中不能少了人与世界的维度,因为上述辩证法也是人与世界的辩证法。新闻的时间性是重要的,因为在现代社会中,人在很大程度上是通过新闻来确证社会的时间性以及总体性世界的时间性的,新闻构成了世界时间性的一种确证方式,或者更加肯定地说,新闻是世界时间性的体现。如果没有新闻,人与世界将陷入失联的

---

[1] 詹姆斯·凯瑞. 作为文化的传播——"媒介与社会"论文集(修订版)[M]. 丁未, 译. 北京:中国人民大学出版社, 2019:20.
[2] 王亦高. 新闻与现代性:从"永恒"到"流变"的世界观转向[J]. 国际新闻界, 2010 (10), 66-72.

状态，人似乎又会步入"不知有汉，无论魏晋"的孤岛状态。不过，新闻所搭建起来的自我与世界的时间性关系折射出了传统与现代的另一大裂痕，传统社会中自我的时间性是在人的生命际遇中得以验证的，由于并不存在总体性时间对个体生活的规约，个体的世界是封闭的，总体性世界无法有效呈现在个体眼前，故而个体对总体性世界是一片模糊的，个体根本谈不上被卷入总体性世界之中，更不可能确证个体与总体性世界的共时性，因此，自我处在一种地域性的时间逻辑自洽之中；到了现代社会，自我对世界的知晓与总体性世界趋于吻合，自我也因连接的建立被嵌入总体性世界之中，自我被总体性世界所挟裹，挟裹的本质是一种连接的共时性状态，诸多的个体被各种媒介（包括广义上的媒介和狭义上的媒介）联结起来，一如卞冬磊在其《古典心灵的现实转向：晚清报刊阅读史》中所揭示的那样，"报刊重构了人的社会世界，使人们可以与更多匿名的同时代人交往"①。进一步来说，按照凯瑞的逻辑，人不只在新闻中获得了与世界的连接通道，而且在同一的世界中扮演起了特定的角色，加入了某种特定的仪式，"当读者通过报纸了解世界的时候，他们就投身于变幻不定的角色或不同的舞台中心……传播的仪式观并不在于信息的获取（虽然从中也获取了信息），而在于某种戏剧性的行为，在这种戏剧性行为中，读者作为演出的旁观者加入了这一权力纷争的世界"②，因此自我与世界被嵌入一个共时性的结构之中，在媒介中个体感知到自身与总体性世界的共同存在，在新闻中，个体进一步确证着自身与世界的共在性，并通过观看新闻这种形式投入现实世界之中。

七 现代性与新闻在生活中扮演的角色

生活世界与新闻之间关系考察的一个重要方面，在于判断新闻在人们生活世界中的位置。从传统到现代，不仅是人们所处周遭世界逐渐物化，

---

① 卞冬磊. 古典心灵的现实转向：晚清报刊阅读史 [M]. 北京：社会科学文献出版社，2015：185.
② 詹姆斯·凯瑞. 作为文化的传播——"媒介与社会"论文集（修订版）[M]. 丁未，译. 北京：中国人民大学出版社，2019：20.

而且生活世界的时空秩序与面貌也在发生深刻变化，可以说，现代化造就了一种有内在逻辑与规则的、层次与结构分明的、秩序井然的社会生活形态。在这种全新的生活形态与生活世界中，新闻处于怎样的地位？新闻对人们的生活有着怎样的意义与价值？这些问题是在本节中我们所要解答的一些基本问题。

物化生活世界的一个显著特征在于空间功能的专门化，以及双重中心化。前文我们已经提及，传统的自然生活世界呈现出以家为中心的差序空间格局，家本身既是生产的中心，又是消费的中心，生产与消费活动都围绕着家展开。生活世界从传统走向现代，在空间层面的意义上，可以视作从单一中心向双重中心转化的过程，也即早先以家为中心的空间结构逐渐转向"家—工作地点"式的双重中心空间结构的过渡与转变。[①] 在现代社会中，消费与生产构成了人类最为基本的两大活动，而生产也逐渐成为人类社会的一个支配性范畴，在人们的生活世界中，象征着生产场所的工作地点被分离出来，成为与家相对应的另外一个生命活动中心，人们的生命活动围绕着家与工作地点两个中心展开。家是消费的基本场所，而工作地点是人进行社会性劳动和从事生产的基本场所，在家与工作地点之间是消费延伸性场所、生产延伸性场所和移动空间。其中，消费延伸性场所与生产延伸性场所是家和工作地点的延伸，分别负责承担部分消费（包括休息、闲暇等活动）和部分生产功能，移动空间是人从某一地点抵达另一地点所要乘坐的交通工具中所对应的社会空间（见图4-1）。

---

① 发生这一转变的重要原因在于家庭角色的转变，传统社会中家庭本身就是一个独立的、自给自足的经济单元，而在现代社会中，家庭的职能开始分化，原本附属于家庭的生产职能从家庭中脱离出来，"城市生活的需求改变了家庭的组织方式，也改变了家庭为成员提供的服务。总的来说，家庭作为经济单位不再那么重要，而作为社会支持的源泉却更重要了"，参见丹尼尔·约瑟夫·蒙蒂，迈克尔·伊恩·博雷尔，林恩·C.麦格雷戈.城市的人和地方：城市、市郊和城镇的社会学［M］.杨春丽，译.南京：江苏凤凰教育出版社，2017：24.涂尔干对这一现象也有较为深刻的论述，他将该过程称为个人生命活动从家庭向外转移和扩散，"在家庭失去了它以前的统一的和不可分的性质以后，同时也失去了自己绝大部分的效力。今天，每隔一代，家庭就分散了许多，以至于个人生活的很大一部分都是在家庭作用范围之外度过的"，参见埃米尔·涂尔干.社会分工论［M］.渠东，译.北京：生活·读书·新知三联书店，2000：29.

```
         消费延伸性场所        生产延伸性场所
              ┌───┐            ┌──────┐
              │ 家 │            │工作地点│
              └───┘            └──────┘
                     移动空间
```

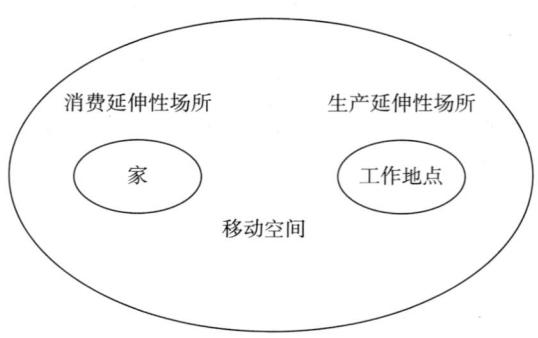

图 4-1　现代社会生活世界空间结构

对于人的生活世界而言，空间永远与生活的时间分布密切关联。人们日常生活中的大部分时间是在家与单位中度过的，单位与工作相连，意味着不得不从事的生产性活动（compulsory productive work），单位是个人承担自身社会责任的场所，工作是维持家庭生活所需物质资料的来源。在现代社会形成之后，周末制度、八小时工作制或十小时工作制确立之后，工作时间之外人们的大多数时间是在家庭中度过的，家是消遣、消费、休息、娱乐的主要场所。在传统社会中，新闻往往是与其他交往交流活动交织在一起的，而到了现代社会，新闻则日趋成为一种专门性的活动，[①] 与特定的空间与地点相关联，而其中最为重要的地点就是家了。家是人们读报、听广播、看电视的最为重要的场所。我们前面已经谈到，阅读报刊本身就往往是在较为私密的场所中进行的，人们订购日报、周报及其他杂志的原因之一就是消遣和打发家庭时光。广播尤其是体积较小的收音机出现之后，广播的收听也往往是在家庭中进行的（另一个重要的广播收听场所是车上）。电视就更不用说了，因为电视本来就被视为一种家用媒介（罗杰·西尔弗斯通语），"人们在家里看电视、讨论电视，也会忽视它的存在。看电视可能是一个人看，也可能是与家人或朋友一起看。电视是家庭文化中的一部分……电视也是我们融入消费文化的一种方式，通过它既构

[①] 实际上，只要人与人之间需要交往，依赖口语传播新闻的现象就会一直存在。只是在现代社会，媒介越来越多地渗透在人们的日常生活中，对于更广阔的现时世界的了解越来越依赖于专门的职业新闻传播活动，新闻在人们的日常生活中逐渐成为一种专门性的活动，人们需要专门的时间来读报、看电视、听广播以了解外部世界的变化。

造了我们的家庭生活,也展现了我们的家庭生活","我们再也不能只把电视看作家庭生活的必要补充了,没有在电视机或者没有荧幕上反映、表现的家庭生活,我们已经很难想象家庭生活了"[1],"对一个家庭来说,电视如同家庭的一扇面向外部世界的虚拟窗口,成为家中的'他者'。作为一名'他者',它像家庭中一位必不可少的成员,按照家庭成员的共同意志传递外部世界的最新信息"[2]。在这种情况下,家庭以及人们在家中的时光构成了现代新闻传播活动得以展开的重要时空间隙,这也是现代社会在新闻收受层面不同于传统社会的地方。

当然,除了家庭时光这一集中化的新闻收受行为,还有一些零散的新闻收受空间场所,例如报刊亭、咖啡馆、交通工具等,这些消费延伸性场所和移动空间时而也会成为新闻传播活动发生的地方。实际上,现代新闻活动发生的空间场所,与诸如报纸、广播、电视等现代媒介嵌入日常生活的处所存在根本上的一致性,现代新闻的传播不再依赖于具身化的表述者,而是依赖物化了的媒介,所以只要有现代媒介存在与嵌入的时空间隙,都有可能存在新闻传播活动,而我们所列举的诸如报刊亭、咖啡馆以及交通工具(诸如公交车和火车等)正是现代媒介经常嵌入的地方。有必要专门交代的是作为移动空间的交通工具,以铁路和汽车为代表的交通工具的诞生,在很大程度上重塑了世界的时空秩序,火车与汽车本身构成了一种封闭的空间,其介于家与其他地点之间,既是家的延伸,又与家存在一定的对立,在鲍德里亚看来,"汽车乃是工作地点和家宅间的无人地带(no man's land),单纯交通的空洞向度……汽车还不只是在一分为二的日常生活中,和家屋对立:它也是一个居所,却是例外的居所,它是一个拥有亲密感的封闭领域,又脱离了亲密性惯有的限制,具有强烈的形式自由,和令人目眩的功能性"[3]。对于依赖火车、汽车等现代交通工具的人们来说,人们在不同地方的空间切换被幻化成了一段独特的时间安排,"铁路消灭了旧有的空间与时间的观念……传统的空间-时间连续体,是旧式

---

① 罗杰·西尔弗斯通. 电视与日常生活 [M]. 陶庆梅, 译. 南京: 江苏人民出版社, 2004: 34.
② 曾军. 观看的文化分析 [M]. 济南: 山东文艺出版社, 2008: 157.
③ 让·鲍德里亚. 物体系 [M]. 林志明, 译. 上海: 上海人民出版社, 2001: 77.

运输技术的特点……这种最初嵌入自然之中的技术，在与其所穿越的空间的拟态关系中，使旅行者能够将空间感知为一个有生命的实体","由铁路所制造出来的空间-时间关系，似乎更抽象、更为令人迷惑","空间被铁道杀掉了，我们只能感觉到时间"①，对于人们而言，现代交通工具的发展最为重要的意义与结果之一便在于空间时间化。空间时间化的前提在于，交通工具本身是一种稳定性空间的延伸，在这一空间之中，人是相对自由的，人并不是非要将时间、精力、注意力投入自身的空间转换与移动之中，而是借助机器将自身从原本的任务之中解放出来，被解放出来的时间则可以进行诸如读报等其他活动，"乘坐公交车、机车是一种很新奇的体验。在人类历史上，普通民众第一次可以每天坐车时不用负责驾车了。眼睛、双手都空闲下来，可以在车上阅读了"②，"以前每次坐短途火车，我常常会买一份报纸。刚到英国的几年，我一直选择《泰晤士报》，除了因为其开页相对小，在狭窄的火车上容易铺展，当然还因为它是报业立场相对中立的老名牌"③，19世纪铁路兴起之后所产生的在火车上读报的习惯至今依然存在，有学者认为，火车上的读报行为是一种独特的现代性景观和活动，而这种活动是由火车的封闭性和封闭空间中人的陌生性共同造成的，"在英国，人们在火车车厢内的静默状态造成了一种永不消歇的尴尬，而这恰恰是铁路时代一种颇具普遍性的现象。阅读因此成为人们应付尴尬局面的对策"④。

在现代社会中，伴随着报刊、广播、电视等大众媒介在生活世界中的渗透与嵌入，职业性与专门性的新闻传播呈现出块状的、集中化的，并伴有零星散落（主要是家庭以外的新闻收受活动）的景象。职业新闻活动在生活世界中的分布特征与工业社会的基本特征密切相关。马克思在《共产

---

① 沃尔夫冈·希弗尔布施. 铁道之旅：19世纪空间与时间的工业化 [M]. 金毅，译. 上海：上海人民出版社，2018：60-61.
② 迈克尔·舒德森. 发掘新闻：美国报业的社会史 [M]. 陈昌凤，常江，译. 北京：北京大学出版社，2009：92.
③ 张悦悦. 在英国享受火车上的阅读 [J]. 决策探索（上半月），2011（11）：89.
④ 张杰. 火车的文化政治学 [M]. 北京：中国社会科学出版社，2018：176-177.

党宣言》中那段著名的话语①只是在形容从传统走向现代的过程，当我们拿这段话来形容现代生活时，需要相当谨慎和慎重，因为"一切固定的东西烟消云散"之后，新的固定的东西又建立起来了。在工业社会，日常生活实际上是秩序井然的，也是结构与层次分明的，人们需要服从统一的时间安排，遵从明确的规范、纪律与制度安排，福特资本主义所强调的统一、效率、有序在生活世界中有了相应的影响和投射。这也是鲍曼将工业社会和早期现代社会称为"固态现代性"的原因所在。② 在固态的现代社会之中，结构性、秩序性的力量是稳固的，它们塑造着生活的秩序和形态，为生活的各个部分画上边界，栽好围栏，而报刊、广播、电视等大众媒介则遵从边界，在早已被规定好的秩序中充当填充时空空白与间隙的角色。甚至有时候，新闻在填补时空间隙的同时，也在充当边界的角色，一如莫尔斯（Margaret Morse）所说，"早间新闻和重要时段的新闻在一天当中工作和休闲的边界线时段播出。早间新闻预示着从家庭的私人领域向工作领域的过渡……（晚间新闻）则帮助人们从一种现实过渡到另一种现实中去——从工作世界必需的全神贯注过渡到由黄金时段电视剧和娱乐节目组成的电视套餐所带来的全身心放松中。放松是筋疲力尽的工作之后不可或缺的"③。

当然，现代社会中，新闻传播在生活世界中的意义又绝不仅仅限于填

---

① 生产的不断变革，一切社会状况不停动荡，永远的不安定和变动，这就是资产阶级时代不同于过去一切时代的地方。一切固定的僵化的关系以及与之相适应的素被尊崇的观念和见解都被消除了，一切新形成的关系等不到固定下来就陈旧了。一切等级的和固定的东西都烟消云散了，一切神圣的东西都被亵渎了。人们终于不得不用冷静的眼光来看他们的生活地位、他们的相互关系。

② 鲍曼认为，从古典到现代，人类经历了非常深刻的变化，在旧有规则、秩序被打破的基础上，又建立起了一套现代社会的固定规则与秩序，现代社会中的人们正是在这一套规则与秩序之中生活，"对社会阶层而言，它的框架（一如已经解体的社会等级一样毫不妥协）浓缩了总体生活状况和生活的总体前景，并决定了现实生活计划和生活策略的范围。享有自由的社会个体面临的任务是，运用他们新的自由去寻找合适的位置，根据服从的原则，并在那里安定下来：在那个位置上，衷心地服从、遵守公认为正确的、合适的行为规则和行为方式。这些模式、规范和准则，是人们能够遵守的对象，是人们能够选择并作为稳定的确定方向的依据，是人们能够接下来得到指引的准绳"，参见齐格蒙特·鲍曼. 流动的现代性 [M]. 欧阳景根，译. 北京：中国人民大学出版社，2018：32.

③ M. Morse. The Television News Personality and Credibility: Reflections on the News in Transition [M]. Tania Modleski, 1986: 55-79.

充生命时空空白与间隙（尽管这的确是新闻传播重要的甚至最为重要的功能之一）。以报刊、广播、电视等形态出现的职业新闻活动虽然是从人们的日常生活交往中抽离出来而形成的一种专门的活动，但它又必然回归、嵌构到日常生活之中，与人际交流一道，成为人与世界交往的基本方式。这里，我们需要注意的是，人们在生活世界中阅读报刊、收听广播、观看电视的行为经常不是孤立的，对人的生活世界而言，新闻经常会引起生活的波动和搅动生活的涟漪，其要么成为生活中的谈资，要么成为公共议论/讨论的由头，要么引发生活中的进一步行动，新闻在很大程度上是贯穿社会交往与传播的重要线索，在某种程度上甚至也是现代社会公共领域和公共空间形成的前提性条件。哈贝马斯的公共领域理论中，新闻在现代社会资产阶级的公共活动中占据着关键性的位置：

> 到18世纪末，德国有270多个这样的固定读书会。它们大多有固定场所，使得他们能够阅读报刊，而且同样重要的是，也使得他们能够就阅读内容展开讨论……它们排斥妇女，禁止赌博，目的完全是满足资产阶级私人作为具有批判意识的公众建立公共领域的需求：阅读和讨论期刊……交换个人意见，促成自90年代起人们所说的"公众舆论"的形成。[1]

哈贝马斯的上述表述可以表明，新闻不仅是连接人与现时世界的中介，而且也构成了人与他人共同阅读、共同讨论乃至引发共同行动的对象。新闻在将人与现时世界连接起来的同时，也在客观意义上促进着个体与周围其他人关系的建立与连接，"随着这样一个阅读公众的产生，一个相对密切的公共交往网络从私人领域内部形成了。读者数量急剧上升，与之相应，书籍、杂志和报纸的产量猛增，作家、出版社和书店的数量与日俱增，借书铺、阅览室，尤其是作为新阅读文化之社会枢纽的读书会也建

---

[1] 尤尔根·哈贝马斯. 公共领域的结构转型 [M]. 曹卫东等, 译. 上海: 学林出版社, 1999: 83.

立了起来"①，而资产阶级公共领域正是在这样一种私人交往网络之上形成的，"其（笔者注：指公共领域）突出的特征，是在阅读日报或周刊、月刊评论的私人当中形成一个松散但开放和弹性的交往网络。通过私人社团和常常是学术协会、阅读小组、共济会、宗教社团这种机构的核心，他们自发聚集在一起。剧院、博物馆、音乐厅，以及咖啡馆、茶室、沙龙等等为娱乐和对话提供了一种公共空间"②。哈贝马斯的公共领域理论为我们理解现代新闻、公共领域及其与生活世界之间的关系提供了思路。公共领域是复数的人共同参与的世界，也从属于每一个参与其中的主体的生活世界，或者说，公共领域是复数的人生活世界的交连地带。在这一领域中，人获得了其现代社会公民层面的意义，人不仅仅是一种被哲学和理论分析的抽象性存在，而是活生生地存在于现实世界并投身于现实世界的复数性社会主体。人从来都是关注外部世界的。新闻活动作为一种独特的交往行为，体现了人对现实世界的关注，现代新闻业的出现，使复数的关注有了统一的对象与实体（以物化形式出现的新闻），正是统一的对象与实体在一定程度上构成了公共交往的重要条件。在这种意义上，我们可以认为，现代新闻不仅仅是用来填充生命时空间隙的材料，而且也是推动公共交往展开与形成的手段，是塑造现代社会公共领域的重要力量。而新闻在现代社会中的这种作用，正是传统社会中新闻所不具备的作用，于是，在公共性这一问题上，现代社会专门性的新闻活动与传统社会自发性的新闻活动再次展现出不一样的地方，自然生活世界中的自发口语传播很难通过物化的方式使人们面临同一对象与实体，而且其并非持续性的传播，无法形成共同关注世界变化的规模性人群，自然也就不能推动形成现代意义上的公共领域。

　　对于个体而言，公共领域从属于生活世界，或者说，公共领域就是从个体生活世界中派生出来的，是个体生活世界向公共交往场合的延伸。哈贝马斯从交往和语言角度对生活世界所进行的解释非常深刻，他在一定程度上吸收了胡塞尔和舒茨等现象学家关于生活世界奠基性作用的论述，在

---

① 尤尔根·哈贝马斯. 公共领域的结构转型 [M].曹卫东等，译. 上海：学林出版社，1999：3（序言）.
② 尤尔根·哈贝马斯. 关于公共领域问题的答问 [J].社会学研究，1999（03）：37-38.

他看来，生活世界由三个层次构成：文化、社会和个性。"'社会'这一术语可以被称为合法性秩序，通过这些秩序，社会团体约束着交往参与者并确保其团结与统一；而'个性'是一个主体拥有言说和行动的能力，这一特征使得主体可以理解他人并能确保他自身的独特性"[①]，人的交往行为是在生活世界，即文化、社会和个性三重因素作用下产生的，生活世界是一个天然的主体间性世界，与交往活动存在根本性关联，作为交往主体的人居于生活世界之中，其与生活世界存在一种语境性关系和调动性关系，生活世界仿若人与人之间相互交往、协商互动以及形成和维护社会规范的"知识源泉"和"信念储备库"，构成了人类一切交往行为的前提和基础。不过，当我们说公共领域是个体生活世界的延伸时，不能忘了人是单数性和复数性兼备的存在，在复数性之外，人还常常以单数性的面目存在于世界之中，这时，人并不与具体的其他个体交往，其交往对象反倒以世界的面貌呈现。在这里，我们可以从逻辑上区分出来新闻在人们的生活世界中所扮演的双重角色：（1）在纯粹的私人领域中，或者说人以单数性的面目出现时，新闻是填补个人生命时空隙与空白的方式；（2）在公共领域中，也即人展现自身复数属性时，新闻又是推动公共交往与公共行动的重要因素与动力。

八　现代新闻以及生活的同一与差异

如果从更广阔的视野来看的话，现代新闻活动对生活世界的意义恐怕还不仅是填充生命空白和塑造公共领域。作为现代社会这一整体系统中的一部分，现代新闻活动也在推动和改造着生活世界，在现代生活方式和物化生活世界的形成过程中，现代新闻活动发挥着相当重要以至于不可替代的作用。

前现代的生活方式是在人与自然、人与人的地方性关系中孵化和建立起来的，其根植于具体的、特定的、地域性的文化形态与历史习俗，不同

---

① Jürgen Habermas. *The Theory of Communicative Action Volume 2, Lifeworld and System: A Critique of Functionalist Reason* [M]. Boston: Beacon Press, 1987: 138.

地域之间处于弱连接甚至无连接的状态，世界的不同区域，人们的生活方式千差万别、各不相同。地方之间的生活方式是浑然不同的，在不同的生活方式之间存在器物、观念、价值、文化等各个维度的深层次区隔。自资本主义诞生以来，人类社会逐渐被编织、勾连成一个统一的整体，整个世界都被纳入资本主义体系中，世界开始被同一性的逻辑所支配，生活世界的各个部分开始被资本主义所肢解、接管和控制，生活本身也步入同一性的逻辑支配之中。我们前文所讲述的生活世界的物化，就是生活被同一性支配的明证。不过，前文对现代生活世界物化的讲述是简略的，我们仅仅谈论了生活资料被资本主义和市场经济所裹挟，但并未详加探讨生活世界在其内容层面是如何被同一性裹挟与支配的。

有必要对这一问题进行进一步探讨。存在于世界之中的人一项典型的心理特征在于不满足。不满足根源于人的时间性。海德格尔所说的向死而生是一种终极层面的真理，每个人从一出生便有一个死亡的终点在等待着自己。但死之前的生对于人而言却是连续性的，且这一连续性是有方向的、向前流淌的，每一个世俗意义上处于此时此刻的人，实际上都必须朝向未来。人的操劳是当下性的，但不是为当下计，而是为下一刻计，为使自己延续下去计，这是人的时间性一眼望去便存在的特征。如果时间是静止的，人便没有操劳的可能与必要，只要时间向前奔涌，只要人尚处于生的状态，人都要操劳，也都要为下一刻计，为未来计，也因此，不满足是世俗的永恒状态，也是生的基本状态。就处于现实生活中的人来说，不满足总是有其特定指向的，其立足当下，朝向未来，或者说，其总是指向当下的某种对象，并期待在未来达致对象的提升与改善。由此，不满足的对象总是处在一种价值序列之中，而这种价值序列所折射出来的，正是当下与所希冀的未来之间的反差与距离。

资本主义的有效运转本身就依赖于其对不满足心理的把握和价值序列机制的利用。人们对于另一种物品、观念、风格乃至整体生活方式的接受，其奥秘就蕴含在不满足心理与价值序列之间的关联机制之中。在日常生活中，我们之所以会选择得到一件物品，是因为我们对当前状况不满足，而得到了这件物品可以有效达到我们的希望，如我们可以利用这件物品的功能来满足自我的需要,这件物品就自觉地进入了我们的价值体系之中。我们之所以会希望用另一件物品来替代这件物品,是因为另一件物品在我们的价值序列之中处于更高的位置,这种价值序列中位置的差异使得我们对当下状况不满足,以至于希望通过得到这"另一件物品"来消弭不满足的心理。观念与风格同样如此,选择一种观念替代另一种观念,选择一种风格而放弃另一种风格,皆是不满足心理与价值序列机制的作祟。在前现代社会中,在日常生活中,"限于有限的资源和生产能力,人们往往要通过文化和生产体制对消费需求进行控制,即将日常消费控制在必需品范围"①,不满足的特性多处于被压抑状态②。资本主义发现了人的不满足特性,并且充分操控和利用了这一特性。现代社会将事物的所有属性都转化为功能,并且将这种功能有效地置入价值体系之中,资本主义对人的控制就体现在这样一种功能化与价值化的过程之中。鲍德里亚曾经深刻地对这一功能化过程进行过揭示:

> 所有的物品都希望自己是功能化的,就好像所有的体制都宣称自己是民主的。然而,这个包含现代性所有魅力的字眼,却充满了暧昧意味。它由"功能"这个字演变而来,暗示的是,物品本质的实现,存在与它和真实世界及人的需要间的准确[适应]关系。③

功能化深刻地揭示了资本主义对人心理的洞察与把握,那些原本可能无关紧要的属性也会被资本包装成为一种显著的功能,并由此被纳入价值体系之中。沿着鲍德里亚的思路,我们会发现,在现代社会中,功能化逻辑蔓延到社会生活的一切领域中,不仅物质层面会被功能化,而且精神观念层面也同样在经历功能化。《物体系》一书中对于功能化的揭示,是鲍德里亚在思想上的重要贡献,也是其对资本主义批判的起点。在鲍德里亚的思想体系中,关于功能化的论述与其消费主义理论深刻且逻辑自洽,或

---

① 汪和建. 生产控制的交换[M]. 北京:科学出版社,2018:76.
② 当然这种状态时时存在,因为它是人的一种本能性特征,只是在前现代社会中不满足主要反映在统治阶级身上,而被统治阶级的不满足特性普遍处于被压抑状态。
③ 让·鲍德里亚. 物体系[M]. 林志明,译. 上海:上海人民出版社,2001:72.

许唯一需要加以补充的便是对于人的不满足本性,因为正是人的不满足本性构成了鲍氏理论的前提和基础。资本主义的运转与人的特性是相吻合的,人劳动的特性是资本主义生产的前提,不满足性则是消费的基础,人的这两种特性构成了一种闭环,支撑着现代社会资本主义的发展。资本主义发现了人的不满足特性,并充分有效地激活了人的不满足特性,由此造就了不断变动的现代生活。

不满足特性与价值序列机制作用的发挥,依赖于另一种机制——见/看见(see)。在"见"之中,人们知道了较之当下不一样的、更好的事物,形成了价值排序,并激活了不满足的心理机制。当然,对于人们而言,"见"又可依赖在场/离场区分为两种类型,一种是置身于其中的在场的见,另一种是依赖媒介的缺席的见。"在场的见"是人本身亲眼见到与自身实际生活处境不相同的丰富生活意象,例如置身于现代壮丽城市之中的人们,置身于琳琅满目的商场中的人们,置身于鳞次栉比的博物馆中的人们,这些人的不满足心理被激活与调动起来,于是人进入现代社会所创造出来的虚幻的心理构境之中,这种心理构境激发着人们努力劳动以使自身的生活达至现代所许诺的生活。"缺席的见"依赖现代新闻媒介体系,其大大拓展了被呈现对象的传播边界,使得被呈现对象的可见时空范围大大提高了,现代新闻媒介通过对世界的描述,呈现着差异化的生活意象,激发着人们对新闻媒介所塑造的其他生活方式的想象,"报纸为读者呈现出一幅光彩夺目、魅力无限、永无止境的都市生活画卷"[①],这种构境也同样刺激着人的不满足特性,并激活人们的价值序列机制,从而推动人们为意象中的生活而操劳奋斗。当然,不论是"在场的见"还是"缺席的见",所见的都不只有丰富与光鲜,还有贫瘠与落魄,不论是现实的世界还是被呈现的世界,都天然地构成了一种相对于人而言的价值序列,在人们看来,只有丰富与光鲜才是值得追求的,而贫瘠与落魄是每个人都要设法避免或逃离的。

价值序列根植于心灵对外界事物的判断(主要是有用性与功能性的判

---

① 迈克尔·舒德森. 发掘新闻:美国报业的社会史[M].陈昌凤,常江,译.北京:北京大学出版社,2009:94.

断)。前现代社会的价值序列就是心灵对外界事物判断的直接结果。但心灵对外界事物的判断本身就是可以被渗透、控制与支配的,因为判断必然要依据其所知晓和了解的情况而进行。资本主义对价值序列的支配正是通过干扰判断项来实现的,其重塑了人们见的对象,重塑了事物及其功能的呈现方式,当然也重塑了世界本身,进而重塑了人们的价值序列。在现代社会中,资本主义通过对"见"的控制,也即对景观的建构,进而塑造着人的生活世界,一如德波所说,"从整体上理解景观,它不仅是占统治地位的生产方式的结果,也是其目标。景观不是附加于现实世界的无关紧要的装饰或补充,它是现实世界非现实的核心。在其全部特有的形式——新闻、宣传、广告、娱乐表演中,景观成为主导性的生活模式。景观是对在生产领域或由生产所决定的消费领域汇总所做出的选择的普遍肯定"[1]。当尚未被纳入现代社会体系的人,处于自然生活世界中的人,通过新闻见到现代生活方式时,匮乏贫瘠的现实生活与富足美好的现代生活之间就构成了一组价值序列,激活着人的不满足心理,并促使人从自然生活世界中走出,走向现代生活世界。当已经处在现代社会中的人,在新闻上见到比自身所处境况更好(处于被设定价值序列中更高位置)的生活资料与生活方式时,人的不满足心理亦会被调动起来,进而促使人更加操劳、更加努力、付出更多的劳动和精力以获取更好的生活资料与生活方式。现代新闻业正是世界景观的制造者之一,甚至可以说是最为重要的制造者,其将世界呈现在人们面前,这一世界背后的价值序列并不是像传统社会那样纯粹是心灵自发判断的结果,而是一种被安排、被塑造、被建构的价值序列。资本率先创造出一件生活物品、一种生活观念、一套生活方式,而后现代新闻作为一种"见"的机制将这件生活物品、这种生活观念、这种生活方式传播与扩散出去,在此,资本与现代新闻实现了合谋,资本负责提供"复制因子",新闻则以复制的方式负责扩散。

我们似乎并不能说是资本奴役了新闻。因为资本与现代新闻本来就是同一套体系的产物,二者同样深刻地体现着同一与差异之间的矛盾。资本永远追求差异,因为只有差异和不同才能激发与迎合人们不满足的心理,

---

[1] 居伊·德波. 景观社会 [M]. 王召凤, 译. 南京: 南京大学出版社, 2006: 3-4.

才能有效地刺激消费的欲望，进而控制与改造人们的生活，实现资本自身的增殖，所以，资本的逻辑是发现不同，制造不同，即便是没有不同，也要创造不同。但资本又永远依赖同一，资本主义生产是规模化的，其以同一的标准创造同质的商品，然后去塑造同一的生活世界。现代新闻也是如此，其也是统一与差异的统一体。新闻追求新奇并呈现差异，这是新闻的内在特性。但现代新闻却受同一性所支配，是以规模化、复制化的方式生产出来的，一如我们前文所交代的，物化的新闻意味着新闻以同一的面貌进入每一个人的生活世界之中。在现代性的逻辑之中，同一与差异统一于时间之中，同一意味着每个人诉求的达成，其既是肯定性因素，也是共时性的体现；差异则是否定性因素，其既是历时性与变化的表征，也是激活不满足心理的手段。同一永远会被差异所取代，而差异又永远会变成同一，"一个由纯粹的差异性（pure differentiality）构成的系统，即，一个完全由其构成元素组成的差异结构（differential structure of its elements）来界定的、没有对抗也无法穿越对抗的系统，会导致这样的结局——它所有的构成元素都完全等值的"[1]。

  同一与差异既是现代性的基本逻辑，也是现代生活的基本逻辑。现代性包含着变化与差异，生活世界的内容也是丰富多彩的；现代性的本质是同一性，生活世界也被同一性支配着，不只是生活世界的时空结构被同一性支配着，而且生活世界的内容也被遵从同一性逻辑的资本塑造和建构着，所以有学者将现代生活方式的特征概括为：（1）以消费主义为主导；（2）商品逻辑泛化；（3）丰富多彩、自由多样的高度同质化。[2] 而这样的一种生活，实际上是以"见"的逻辑为牵引的生活，现代新闻作为现代社会的一部分，作为同一性与差异性的统一体，也作为现代性的高度表征和体现，通过对"见"的作用，对世界图景、价值序列的塑造，对不满足心理的刺激，构成了现代资本主义的一部分，间接地塑造着现代人的生活方

---

[1] 参见斯拉沃热·齐泽克. 视差之见 [M]. 季光茂, 译. 杭州：浙江大学出版社，2014：59. 在这里，我们遇到了黑格尔，两百年前，黑格尔在他的《小逻辑》中就已经谈到了同一与差异之间的矛盾性关系，这一矛盾性关系正是对现代性的最佳表述。可参见黑格尔. 小逻辑 [M]. 贺麟, 译. 上海：上海人民出版社，2009：235-245.
[2] 程彪、夏登杰. 被生产的生活 [J]. 江海学刊，2010（06）：61-66.

式（当然，一如我们前文所指出的那样，以物的方式呈现出来的新闻，本身就是一种重要的生活资料，也是人日常生活中的一部分）。

至此，我们已经基本完成了对本章设想话题的全部讨论，就现代性、新闻与生活世界之间的关系进行了相应的分析。如果用寥寥百字来概括本章的核心思想的话，应该是这样的：现代性的本质就在于同一性，在同一性的统摄下，现代社会构成了一个结构性的系统，新闻与生活世界皆是这一系统中的一部分；现代性本身是矛盾的统一体，时间与空间的矛盾、同一与差异的矛盾、永恒与流变的矛盾等都深刻地反映在新闻与生活世界之中；作为人类社会各个领域与部分相交汇之整体的现代生活世界是其他领域与部分的投射与结果，而新闻作为现代社会重要的领域，作为人的基本存在方式之一，也在深刻地影响并形塑着现代人的生活世界。

第五章

现代生活批判：一种新闻的维度

> 我也悟到，人乃是一座桥梁，并不是目的：他庆幸自己的正午和黄昏，把它当作通往新的黎明的道路。
>
> ——尼采《查拉图斯特拉如是说》

> 人失去了文化传统，并且丧失了对终极目标的追寻，人仅仅生活在当下；但是，这一当下变得越来越空虚，它越少由记忆的本质所支撑，便会越少地孕育着已经发了芽的未来的可能性的种子。劳动仅仅变成了紧张和匆忙的努力，在浪费了精力之后是精疲力竭，两者都是缺乏沉思的。在疲惫倦怠之中，除了冲动性，对享受和感觉的需求外，没有其他。人们靠着电影和报纸生活，收听新闻，看图片，到处都生活在机械性的习惯之中。
>
> ——雅思贝尔斯《论历史的起源与目标》

我们已经对现代性、新闻以及生活世界之间的关系做了相应的描述。但实际上，在第四章中，我们并没有做出过多的价值判断，也并未就现代性、新闻及生活世界进行系统性的反思。在现代性语境下，新闻对人、对人的生活世界所造成的影响有着怎样的意义？这些影响又会将人带入怎样的生存境地？我们该如何从人的角度出发，重新思考现代社会中新闻存在的意义与价值，又该如何理解当下人所面临的生存困境，这些将会是本章我们尝试去回答的一些基本问题。

一 陷入当下：现代新闻与时间的后果

具有反思与批判精神的现代思想家，如马克思、尼采、胡塞尔、海德格尔都深刻地认识到现代社会所面临的种种危机，看到现代社会的变革、进步、繁荣、自由背后所蕴含的悖论与矛盾。这种矛盾与悖论实际上也深刻地体现于现代新闻活动对人的影响。前文我们已经提到现代新闻在时间层面的意义，不过我们并未将这种意义放在人的生命意义上加以审视。这里我们会详加讨论现代新闻的时间性对人所造成的影响，并将此作为从新闻的角度所进行的现代生活批判的开端。

在批判之前，有一个必须思考的问题：人究竟是怎样一种存在？这一问题之所以要清晰地予以说明，是因为如果我们不仔细地去思考人的特性、价值与意义，便无法为讨论现代生活提供相应的参考和依据。不同的思想家从不同的方面揭示了人的独特性，亚里士多德针对人提出了多种定义和解读，将人视为带有政治色彩的动物、通过言语传达善恶是非观念的动物等[①]；康德认为，人是目的而非手段，这是人的根本性特征[②]；帕斯卡尔断言人是"能思想的芦苇"[③]；马克思将劳动视为人的本质，认为劳动是将人与其他存在区别开来的关键所在；卡西尔则将人视作符号的动物[④]。这些说法都在一

---

① 在《政治学》一书中，亚里士多德提出，"城邦源于自然的演化，而人类则是一种趋向城邦生活的动物（就本性而言，人类也正是一种带有政治色彩的动物）"，"在所有动物中，只有人类拥有言语机能……人类不同于其他动物的特性就在于其对善恶和正义与否以及其他类似观念的辨认"，参见亚里士多德. 政治学 [M]. 张杨, 胡树仁, 译. 长沙：湖南文艺出版社, 2011：4-5.

② 康德在其《实践理性批判》一书中认为，"在全部造物中，人们所想要的和能够支配的一切也都只能作为手段来运用，只有人及连同人在内所有的有理性的造物才是自在的目的本身"，参见伊曼努尔·康德. 康的三大批判合集（下）[M]. 邓晓芒, 译. 北京：人民出版社, 2009：100.

③ 法国思想家帕斯卡尔认为，人是脆弱的，但拥有思想使人成为高贵的存在，"人只不过是一根芦苇，是自然界最脆弱的东西；但他是一根能思想的苇草"，"我们的全部的尊严就在于思想。正是由于它而不是由于我们所无法填充的空间和时间，我们才必须提高自己"，参见布莱士·帕斯卡尔. 思想录 [M]. 天津：天津人民出版社, 2014：174.

④ "人不再生活在一个单纯的物理宇宙之中，而是生活在一个符号宇宙之中。语言、神话、艺术和宗教则是这个符号宇宙的各部分，它们是织成符号之网的不同丝线，是人类经验的交织网……所有这些文化形式都是符号形式。因此，我们应当把人定义为符号的动物（animal symbolicum）来取代把人定义为理性的动物"，参见恩斯特·卡西尔. 人论：人类文化哲学引论 [M]. 甘阳, 译. 上海：上海译文出版社, 2013：43-45.

定程度上揭示出了人存在的独特性，并由此而延伸出观察与分析人类现象的角度。不过，较少有思想家从时间的角度来谈论人的独特性。[①] 从时间的角度思考人的独特性是必要的，因为，如果我们认可时间之于人这一存在具有根本性的意义，那么我们必须思考：人与时间之间的关系和其他存在、其他存在者与时间之间的关系是否存在不同，以及有何不同？

其他存在者是受时间支配的，时间向前流逝，存在者就不得不跟随时间向前流逝，它们永远与时间同步，永远对时间亦步亦趋，它们也根本不存在所谓的时间观念。例如桌子，这一很多哲学家（包括胡塞尔、维特根斯坦、罗素、海德格尔等）都会作为例子来讨论的事物，它与时间处于一种怎样的关联状态？桌子就静静地存在在那里，它并不会意识到自己的存在，因此它也就永远只是处于时间之中。动物也是如此，每一种动物，如猩猩、狗、马、牛、羊也都只是当下性地存在着，永远处于时间的支配之中，即便它们能感知时间，却绝无从时间中抽离的可能。只有人，只有拥有记忆能力和想象能力的人，才能从时间中抽离出来，在时间中自由飘荡。因此，对于其他存在者而言，时间是存在者之所以存在的主宰，而对于人而言，却可以从时间的主宰中逃离出来，摆脱主宰的支配（虽然人最终也要被时间所征服，因为死亡是人不可避免的时间性终结）；对于其他存在者而言，时间只不过是它们永远停留于其中的"当下"，而对于人而言，时间却意味着过去、现在和将来，也即构成海德格尔所说的世界向人绽开的方式。

模仿先前思想家们的说法，我们可以说，从时间的角度来看，人是具有从时间中抽离出来的能力的动物。这种抽离的能力对于人的诸多特质都是前提性的。其一，从时间中抽离出来，在某种程度上可以视作人之自我意识生成的前提。只有从时间中抽离出来，人才能够认识到自我究竟是谁，或者说，人才能够有机会形成自我意识。如果一种存在者，只是受着

[①] 海德格尔就此在的时间性进行过深刻分析，不过，他更多是从此在与自我、此在与世界的关系角度理解时间对于人的意义的。对于人与其他存在之间在时间层面的区别，海德格尔并未过多论及。

时间支配，只是一种当下性存在，那么它便永远无法实现自我的裂变，永远无法同自己形成对话，也永远无法形成自我意识。① 其二，从时间中抽离出来，其本质在于人之内时间意识的空间化和距离化，也即人可以以"我"的当下为基点来衡量过去、未来和"我"之间的距离（"我"就处在当下之中，"我"和当下没有距离），并且"我"可以在心灵的内时间之中闪转腾挪、自由切换。正是人在内时间层面的自由性保证了人思想的自由性，因为只有当下的"我"可以在心灵世界自由穿梭，可以无限制地抵达过去与想象未来时，人才可以意识到、想象到具体的内容和对象，否则意识的内容和对象便失去了存在的根本性维度，但这些都是以人从时间中抽离出来以及内时间的空间化为前提的。其三，从时间中抽离出来，在一定程度上是意义形成的前提。拥有从时间中抽离出来的能力的人可以在当下、过去与未来之间形成比较，人们对当下的体验，往往是在过去的体验或者对未来的想象基础之上得来的，在当下的体验与过去的体验、未来的想象之间，无形之中产生了一种比较的意义。于是，人可以对当下抱怨，可以对未来怀揣期待；可以对过去感到怀念，也可以对未来感到绝望。当然，我们前文所述及的人的不满足心理特质事实上也皆源于人在时间层面的可抽离性。其四，从时间中抽离出来，是人之否定性的前提。当人不再仅仅关注于当下，而是以更为长远、宽广的视野来思考问题时，人才能够去反思，才能够以否定的而非肯定的或者盲从的姿态面对当下，也才可以向其所面对的对象发出"不"的声音。

从时间中抽离、从当下中抽离，这种人与其他存在相区别的特性，绝不只是一种对于人之特性的事实性描述，其中蕴含了人应当如何的价值命题：我们离当下越近，或者说，我们陷入当下越深，我们便与其他存在越

---

① 中国学者赵汀阳从语言的角度揭示了自我意识形成的机制，"只有语言才足以形成智能体之间的对话，或者一个智能体与自己的对话（内心独白），在对话的基础上才能够形成具有内在循环功能的思维，而只有能够进行内在循环的思维才能够形成自我意识"，参见赵汀阳. 人工智能的自我意识何以可能？[J]. 自然辩证法通讯，2019，41（01）：1-8. 赵汀阳的说法是合乎逻辑的，不过，人若是要与自己对话，首先在意识中要有一个抽离当时当下的"自我"的出现，也即是一个意识到当下我的存在的"我"的出现，意识到当下我的存在的"我"的出现，即"我"从当下之中的抽离，从时间之中的抽离。

相似，便越缺失人之为人的独特性。①当下与琐碎、具体、庸常是伴随在一起的，而抬起头来，超越现下、走出当前，则意味着拥抱崇高、伟大与普遍，否则，康德不会说出"位我上者灿烂星空，道德律令在我心中"的名言，将脱离了当下、象征着永恒与崇高的"星空"与"崇高"并列放置在一起。从人类诞生以来，人就一直渴望走出当下，一直在实践意味着人之为人的抽离特性，诗歌、艺术、历史、文学、爱情乃至宗教等皆是人走出当下的努力与方式。但走出当下的努力也永远面临着种种阻挠与困境。在自然生活世界中，神灵与宗教从一开始是赋予人们爱与希望的方式，神灵与宗教所营造出的神圣的氛围和辉煌，是日常生活的反面，但神灵与宗教最终却又沦落为维持当下的手段和形式。人们通过诗歌、艺术、文学、历史等实现时间层面的抽离，但抽离又是短暂的，最终必然会复归当下。在当下之中，人往往是庸常的化身。

在自然生活世界之中，日常生活中的人也是庸常的，是束缚于当下并被生活琐事与生存俗务所捆绑的。现代思想家为人绘就了超越当下的蓝图，马克思描绘了每个人都可以自由全面发展的共产主义蓝图，尼采提出了从"末人"到"超人"的方向性进阶，这些主张都期望人走出当下，实践人的抽离本性，但现代社会在为人提供走出与实践的路径问题上却显得无能为力，反而常常构成走出与实践的阻碍。文艺复兴、宗教改革、启蒙运动等精神意义上现代性的涌现，将人从宗教的束缚中解放了出来，②这对于饱受压迫的人而言当然是件好事，但被解放出来的人并没有获得真正的解放，甚至于更惨的是，人被彻底地抛入世俗事物的当下性之中。在时

---

① 无法从时间/当下中抽离出来，是包括动物在内的其他存在者的特征，而人则会从当下中抽离出来，摆脱本能的束缚，中国学者高清海认为，人有本能的和自为的双重生命，人只能在有限和无限、短暂和永恒、理想和现实的否定性同一种生存，只有给自己找到"永恒"的位置，生命才有依托，"人除了本能生命，还有一个智慧生命，智慧生命的本性就是'超越'，它不会使人满足于生命本能，即使让人过得像娇养的'宠物式生活'那样舒心，人也仍然不会满足"，参见高清海.人就是"人"[M].沈阳：辽宁人民出版社，2001：19.
② 当宗教从世俗生活的舞台上退出的时候，也即是宗教不再痴心妄想主宰人的生活世界的时候，不再异化为剥削人的手段与工具时，对于宗教而言反倒是另一种意义上的好事，因为其在一定程度上纯粹化了，恢复了自身的神性与灵性，而这种恢复与纯粹，又将宗教与神灵放置回时间抽离的意义上，成为人心灵的寄托。

间的意义上，抽离性的天国从人的精神领域退出，人的精神生命中所剩下的是被祛魅的一切。随后，工业革命与技术时代开启以来，人从传统自然生活世界的繁重生存压力中解放出来，转入物化生活世界之中，开始承受劳动分工所带来的工作压力和为维持家庭生活而忙碌的生活压力，人从一种当下性中解脱出来，转入另一种当下性之中。从某种意义上来讲，现代社会的当下性是一种更为彻底的当下性，因为，在传统的自然生活世界之中，人的个体性世界毕竟是有限的，人所面对的当下性仅仅来源于周遭生活世界的当下性，而在现代社会中，人不仅要面对周遭生活世界的当下性，而且也要面对超越生活世界的外部世界的当下性。因为，外部世界以物化了的新闻的面目嵌入了人们的生活世界。因为，一如我们在前文中所分析的那样，新闻是当下与现时的表象，"我"周围的当下性由"我"周围的存在者自身来显现，而超越生活世界边界的现时外部世界则由新闻来表征，因此，新闻是当下的代名词，新闻即世界的当下性，或者更准确地说，是世界向"我"显示自身当下性的方式。

现代新闻业以报道当下为业，每一个新闻工作者都在报道当下，现代新闻持续不断地将外部世界的每一个"当下"带入人的生活世界，人的的确确被连接进了共同的世界、总体的世界，但人同时也被接入了一个充满当下性的共同世界和总体世界。与此同时，生活世界本身又不断地将自身从一个当下推向另一个当下，从一个日常推向另一个日常，这样，生活原本的当下性就与世界的当下性连接成了一体，时间也因此被压缩成了一个平面，时间开始慢慢变平了。当然，表面上看，新闻本来可以被当作人抽离当下的希望，因为，"新闻"中或多或少地含有超越的因素。一如我们前文所说，新闻中的"新"有两个层面的含义：一为时间层面上的"新近"（latest）、"最近"（recently）；另一则为心理体验层面上的"新奇"（novelty）。当新闻表现为"新奇"时，其或许会将人抽离出当下，因为新奇的即未知的，在人们的日常生活中，未知是当下的反面，因为当下是确定和已知的代名词，所以，未知与不确定是非当下的代名词。在这种意义上，新闻偶尔会有助于将人从当下中抽离。

但抽离意味着否定和创造，从当下中抽离出来归根结底是个人之事，我们并不能指望被动地接收信息就能实现脱离，也不能依赖对当下之事的知晓抽离当下，因此，必须对新闻带来的所谓"抽离"保持警惕性。一方面，这种抽离所涉及的常常只是一种知晓，其仍然只是在事实层面对新鲜事的感知，而较少地引发关于人生意义与世界价值等层面的思考和认知。也就是说，这种"抽离"常常只是有限的抽离。另一方面，见证不是抽离，只有当见证引发了超越当下的思考与感悟时，才是抽离。新闻所报道的那些具有真正的历史意义与历史价值的事实，固然会从时间的流逝中脱颖而出，但对于并不在新闻发生现场的人们而言，这些具有历史意义的新闻也不一定能够将人从庸常中抽离出来，因为阅读新闻、观看新闻、收听新闻的人往往只是一种旁观者而非参与者，通过观看新闻去见证历史，通常也仅仅是一种行为上的见证，所造成的也多不过是无意义的情绪积累，而只有当个人在看到具有历史意义的新闻时，会去思索自我、思索世界的价值与意义，人才能算是真正地从当下中抽离了出来。

我们需要揭示现代新闻的一种矛盾性，新闻之"新"的两种含义之间呈现出一种颇有意思的辩证关系："新近"与"新奇"在一定程度上存在一致性，在现代社会中，"新奇的"经常表现为"新近的"，"新近的"有时也表现为"新奇的"。但是，"新近的"未必就是"新奇的"，恰恰相反，我们所接触到的新闻很多情况下只不过是一种日常甚至庸常，现代新闻实际上存在一种将新奇化为日常的机制，不论是报刊、广播还是电视，现代新闻的出版、发行、播出都是连续的，连续性的报道所造成的结果不过是将新奇化为最近，化为每日的常规性报道，将人的心理上的短暂超越性体验与感受转化为纯粹的时间层面的流变。在这里，我们发现了现代新闻内在运行机制中的悖论，新闻确实在报道着"新"，但新闻又在肢解着"新"，周期性的生产使其对新闻事实的传播呈现出一种挤牙膏式的模式，一如我们在前文中所阐释的，新闻成了人们日常生活中每日消费的生活资料，在这种连续性的挤牙膏式传播中，新奇的意义被消解为了连续性的新近，进而转化为日常。

因此，现代新闻通常只是在维护着现代生活，而不是现代生活的否定性因素。这种对现代生活的维护体现在现代新闻本身就是嵌置于生活世界中的一部分，也体现在现代新闻将整体性的世界予以切割而将切割后的片段源源不断送入日常生活之中。以物的形式出现的新闻（报纸、广播、电视）是人们日常生活中的一部分，承载新闻的媒介与日常生活之间有着深度的契合性，在很大程度上我们可以认为，媒介是人们生活的延伸，"电视不仅仅是传输节目的简单相加，其在延伸性、扩展性、灵活性、无限性以及遍在性等方面皆与日常生活保持着一致"[1]，一方面电视等媒介被"严丝合缝而又强制性地融入日常生活中"[2]，如同有学者在论述电视节目与日常生活之间的关系时所指出的那样，"电视节目编排表对日常生活时间的建构，是长期作用的结果。电视节目时间表的安排，实质上隐蔽地包含了对日常事务和观众口味的迎合……电视节目就是通过串联起生活中可能有闲的时间为基本框架，搭建了电视节目的时间表。电视为何将人变为沙发上的土豆，就在于它是按照生活的规律安排好每日的时间进程，并辅之以不同的口味"[3]。由于嵌入生活世界的现代媒介对生活节奏的迎合与塑造、源源不断进入生活世界的新闻对人们生活时间的占据，表面上看，人们的工作时间变少了，人有了更多的象征超越的闲暇时光，但闲暇时光却被类似于例行公事的日常性新闻媒介占据了，人们更加忙碌了，也更加难以从当下和日常中抽离出来了。

另一方面现代新闻又通过表征外部世界拓展日常生活，使日常生活有一个世界性的尺度，当然，其所表征的外部世界在很多情况下也并非真正的具有历史意义的事实，而是远处的社会生活。在这里，新闻与媒介的一个重要作用在于通过制造日常生活的内在循环巩固和维护生活的日常性，通过新闻媒介，日常生活构成了一个意义循环系统，列斐伏尔曾深刻地讲述过新闻媒介对日常生活的维护和巩固：

---

[1] Stephen Heath. *Representing Television* (No.6) [M]. Center for Twentieth Century Studies, 1988.
[2] 罗杰·西尔弗斯通. 电视与日常生活 [M]. 陶庆梅，译. 南京：江苏人民出版社，2004：238.
[3] 卞冬磊，张稀颖. 媒介时间的来临——对传播媒介塑造的时间观念之起源、形成与特征的研究 [J]. 新闻与传播研究，2006（01）：32-44.

广播和电视从广播听众和电视观众的源头,用个性化(但很肤浅)的逸闻趣事、琐碎的事故、熟悉的家常小事,寻找听众或观众。广播和电视从一个心照不宣的原则出发:"每件事,换句话说,任何一件事,都可以变得有趣,甚至引人入胜,只要展示出来了,就是存在的。"通过从日常生活大背景下提取日常生活,凸显日常生活,使日常生活表现它的不一般的特征,用意义强化日常生活,这些表达日常生活的艺术现在已经变成了高度熟练的技巧。但是,即使通过播音员、编辑和制片人的处理,"演出"了一出伟大的生活和美好的生活,其实,它无非还是日常生活,而不会是什么其他的东西。①

列斐伏尔的说法是确切的,随便翻开以往的报纸和杂志,就会服膺上述判断与描述。这样被媒介所展示出来的新闻,在日常生活之中的处境必然会是新奇性的减弱与日常性的凸显,因为新闻以周期性的、挤牙膏式的方式向人们传播,必然会导致人们对新闻敏感性的降低:

日复一日,新闻、广告、意义表达,后浪推前浪,滚滚而来,翻来覆去,它们纯粹是奇迹,它们无法抗拒,它们让人昏昏欲睡,通过这样一个简单事实,它们其实大同小异。"消息"把观众淹没到了单调的新闻和时事性话题里,它们削弱着观众的敏感性,销蚀着观众求知的欲望。②

削弱人们的敏感、销蚀人们求知的欲望,是新闻自身意想不到但最后必然沦落至此的结果。日常生活是包容性的、扩张性的,其似乎可以将一切非日常性的事物都转换为日常性的事物,而这些日常性的事物又反过来会成为维护当下与日常本身的制度性存在。现代新闻正是这样一种存在,并且现代新闻也正是通过"新奇"与"新近"这两种意涵来实现对日常的

---

① 亨利·列斐伏尔. 日常生活批判 [M]. 叶齐茂,倪晓晖,译. 北京:社会科学文献出版社,2018:302.
② 亨利·列斐伏尔. 日常生活批判 [M]. 叶齐茂,倪晓晖,译. 北京:社会科学文献出版社,2018:301-302.

维护的。① 所以，不论是新闻的新奇性还是新近性，其最终结果都化为了现代社会的日常性。对于现代社会来说，日常是极为重要的。现代社会通过自身所建立起来的日常来维持自身的运转，因为在日常生活中，大多数人都可以找寻到自身的期待。对于生活在现代社会的普通人而言，日常是极为重要的，日常代表了他们生命所需要的安全、稳定、有序，是他们生命活动得以展开的基本的、可依赖的平台。与此同时，资本主义也期待维护日常，并且期望永远地将人困于当下，大多数人稳定、安全、有序的日常生活意味着现代社会制度本身的有序运转，也意味着现存社会秩序的基本稳定，统治阶级/资本主义依然可以有效地进行剥削与牟利，或者更为准确地说，资本主义正是通过塑造现代社会的日常来实现其自身的利益并维护其统治地位的：

> 公共运输和通信工具，衣、食、住的各种商品，令人着迷的新闻娱乐产品，这一切带来了固定的态度和习惯……由于更多的社会阶级中的更多的个人能够得到这些个人以好处的产品，因而它们所进行的思想灌输便不再是宣传，而变成了一种生活方式。这是一种好的生活方式，一种比以前好得多的生活方式；但作为一种好的生活方式，它阻碍着质的变化。由此便出现了一种当单向度的思想和行为模式。②

马尔库塞的说法显示了现代社会运行的实质，也显示出了两种生活世界

---

① 这里需要对"新近"与"新奇"维护日常的方式进行解释：（1）"新近"显然在维护着日常，因为新近是每一个当下的新近，每一个当下的新近在时间之中构成了一个连续性的存在，通过时间连续性地向前铺展，新近转化为日常，并且新近通过对生活的渗透与建构而强化着日常，每日的报纸、广播、电视中都有新闻，并且占据着一些特定的版面/栏目/时间节点，新闻通过上述媒介源源不断地抵达人们的生活世界，通过持续不断地对世界的报道构成了人们日常生活中的一种仪式，于是，新闻不仅在填充着日常生活的空间，其本身也象征着日常生活的有序运转，进而维护着日常生活本身。（2）多少有些出人意料的是，"新奇"也是日常生活的维护者。这倒不仅仅在于新闻总是有将新奇转化为新近的魔力，即便是那些最开始呈现出来的新奇，尚未被转化为新近的新奇，也在维护着日常，因为人们对新奇之新闻的观看，往往只是被动地观看，其并不会破坏日常本身，反而以一种对立面衬托与佐证着日常的意义。在这种语境下，世界上所有的非日常性事件最终都会被转化为日常，成为人们在日常生活中观看和欣赏的对象。
② 赫伯特·马尔库塞.单向度的人：发达工业社会意识形态研究［M］.刘继，译.上海：上海译文出版社，2014：11—12.

（即自然生活世界与物化生活世界）中人与当下/日常关系的不同，并且我们也再次看到了现代物化生活世界较之传统自然生活世界人陷入当下程度的加深。在现代社会中，人对当下的陷入不仅仅是由于外部世界当下性的持续性涌入，而且也因为现代社会导致了一种人对当下的深层次依赖。在传统的自然生活世界中，人常常为物资匮乏所担忧，饥饿、寒冷、贫困等是生活中较为经常的状态，当下的贫穷、凄凉状态反倒常常催迫人从当下之中抽离出来，走向诗歌、文学、艺术以及由神灵所构成的精神王国之中，因此，在传统自然生活世界，人的日常状态中孕育着对日常生活的否定胚芽，尽管人们处于当下但仍然存在抽离当下的动力，因为当下本身构成了抽离当下的动力。但在现代社会中，当下却反过来成为当下的维护者，当下不再蕴含否定自身的因素，因为当下的生活世界是物化了的，甚至是物质富足充裕的，是"比以前好得多"的，这种"比以前好得多的生活方式"是一种肯定性的力量，并且将否定性排除殆尽，"阻碍着质的变化"，于是，现代社会中的人成了一种肯定性的人、一种单向度的人、一种紧紧依附当下而难以从时间中抽离的人。人与其他存在之间的差别渐渐缩小，人渐渐地也成了一种只会跟着时间亦步亦趋的存在。与此同时，人们对世界的关注似乎只剩下了对时间、对当下、对下一刻的关注，人们试图以当下的世界来填充生活，但当下的世界却反过来将人吞噬，人开始被时间裹挟，被重重地吸附在当下世界之上，人的抽离性被湮没进了整体的当下性之中。

陷入当下从某种意义上来讲是由人之心理的不满足特性所造成的，人的不满足使人去接触新闻，去追逐世界、追逐新奇，人确实嵌入了共时化了的总体性世界之中，但是人也陷入当下之中，进入了一种整体的下意识乃至无意识状态。[1] 周期性的供应和同质化的内容充实着人们的当下，不

---

[1] 我们在前文讲到现代社会对人不满足心理的利用，并指出不满足总是使人朝向未来，这里需要解释的是，人的不满足心理特质中的确确包含着否定性因素，对当下的不满足有可能会使人抽离当下，朝向未来，但这里的"否定性"和"未来"都须予以辩证性的眼光加以审视，现代社会所形成的未来是可一眼望穿的未来，是不确定性在确定之中、在意料之中的未来，这种"未来"所具备的仅是线性时间层面的意义，即将来；与此同时，被现代社会和资本主义所利用了的不满足所创造出来的"否定性"，也并非真正的否定性，而仅仅是一种伪否定性，如同上文所说，从根本上来讲，这反倒是一种对整体性当下的深层次肯定。因此，在现代社会中，"不满足"这种原本潜含着否定性的心理特质，成了使人陷入当下的重要原因之一。

过，这并非用丰富和深刻来满足日常生活，而是用平凡和琐碎占据日常生活，其并没有将人带出日常生活的意义危机，反而造成了人之日常生活深度的丧失，让生活陷入新一轮的意义危机之中。这种对意义的追寻与意义的虚无，构成了一种死循环，越是追寻，生活与意义之间的裂缝越大，越是令人匆忙不迭、迫不及待，仿若在不停地同时间赛跑，"个人生活依然匮乏。用'全球'来填充个人生活这个窟窿、这个裂缝，用纸糊上这个空白，掩饰绝望。时间塞满了，生活似乎就要爆炸了。否则，个人生活是无聊的。'塞得满满当当的，却还是空空如也'"[1]。

我们需要对"陷入当下"做出进一步的解释，陷入当下并不与我们此前所做出的人永远朝向未来以及人的抽离性论断相矛盾，陷入当下是这样一种状态：人的目光紧紧地盯着眼前，眼前的事物占据着人的注意力，人们当然关注未来，但是这种未来却是窄视域的未来，是被当下所支配的未来，是总体性世界中事物的下一刻，是只要时间向前推进就必然会被碾成确定性的暂时的不确定性，也是一种总体性的庸常状态。因此，当下是没有方向的，或者说只剩下了一个方向，即被时间挟裹和被总体性世界支配的方向。人们已经丧失了想象力，因为所有的想象都已经被总体性世界规定好了，世界变成了同一个世界，向着同一个方向前进，世界的方向就是每个人的方向，不确定性一步步地消失了，即便还有不确定性，最终也会被人们转换为确定性。阿格妮丝·赫勒在谈及现代性时说过这样一段话，描述了在共时化了的总体性世界之中人们陷入当下与丧失抽离性的状态：

> 由于整个世界变成了现代的和同时的，整个世界共同享有"现时代"（present age）……（现在之未来）不是地平线上一个遥远的点；它不是某种要在很晚很晚才会发生的事——如果它会发生的话。填平沟壑就是接近。人们总是在接近。西西弗斯的工作就是接近。人们向未来靠近。这是漫长的旅程，旅程的终点在世界之外，但人们知道在旅程的终点将会是什么。没有想象需要点燃。目标是现在之未来，因

---

[1] 亨利·列斐伏尔. 日常生活批判［M］. 叶齐茂, 倪晓晖, 译. 北京：社会科学文献出版社, 2018: 314.

为它是圆满,是现在之"终结"。①

赫勒所描述的实际上是一种现代性在时间层面的文化表现。这种文化表现早在 20 世纪 30 年代就被西班牙学者奥尔特加·加塞特在其《大众的反叛》一书中进行了清晰的揭示,"现代文化的信仰是一种让人抑郁的信仰,它意味着明天与今天在本质上毫无区别,所谓进步只是沿着我们脚下的同一条道路一步一步地走下去"②,于是,在现代社会中,想象力丧失了,未来似乎没有了未来,人们越发沉浸在当下与日常之中,而越是陷入当下,就越无法抽离,人不再去否定而只剩下了肯定,以至于人最终沦落成了尼采所说的"末人","'末人'是平庸生活的享受者,没有崇高的追求——'末人'——他轻咳,享受自己的幸福"③,末人所关注的只是尘世的幸福,关注日常本身,并且他们在日常生活中也获得了(或者可以轻易获得)所渴望的幸福与快乐,而不再思考超越,其眼睛也只是盯着当下与眼前:

  人们还在工作,因为工作是一种消遣。但人们要设法做到这种消遣不至于伤人。
  人们不再变得富有,也不再变得贫困:两者都太辛苦了。谁愿意统治呀?谁还愿意服从呀?两者都太辛苦了。
  ……
  人们是聪明的,知道一切发生之事:人们就这样没完没了地嘲弄。人们依然在争吵,但很快言归于好——不然这是要坏了肠胃的。
  人们在白昼有自己小小的快乐,在夜里也有自己的丁点乐趣:但人们重视健康。
  "我们发明了幸福"——末人说,并且眨巴着眼睛。④

---

① 阿格妮丝·赫勒. 现代性理论 [M]. 李瑞华, 译. 北京: 商务印书馆, 2005: 254.
② 奥尔特加·加塞特. 大众的反叛 [M]. 刘训练, 佟德志, 译. 长春: 吉林人民出版社, 2004: 26.
③ 转引自孙周兴. 末人、超人与未来人 [J]. 哲学研究, 2019 (02): 107-117.
④ 弗里德里希·威廉·尼采. 查拉图斯特拉如是说 [M]. 孙周兴, 译. 北京: 商务印书馆, 2010: 18-19.

这不就是现代社会中人的日常生活的现实写照？人们去工作也去追求享受，人们通过新闻、通过媒介知道世界所发生之事，并为了所知之事而发生争吵，但人们又很快将这一切遗忘，陷入下一个当下之中，也陷入人们为自己所制造出的幸福之中。上帝的确死了，那个由人们的想象力编造出来的天国也烟消云散了，人们在现代社会彻底步入尘世，成了当下的囚徒，进入由新闻与日常生活中的其他要素所共同编造的当下世界之中，①并且难以从中抽离。

二 片面及庸常：现代新闻与精神的贫困

是否存在一个能够将人从当下、庸常和异化状态中解放出来的社会形态呢？早在一百多年前，马克思就对此做了展望与畅想——在物质财富极大丰富的共产主义社会中，每个人都可以自由而全面地发展，人不再是片面的和异化的人，而是完整的人。马克思的设想是美好的，其在揭示生活时间结构（将人的时间划分为工作时间、闲暇时间和从事较高级活动的时间，即用于科学研究及艺术创造的时间）的基础上，提出共产主义是缩短工作时间和增加自由时间（包括闲暇时间和从事较高级活动的时间）的社会形态。历史在很大程度上的确是在沿着马克思所指出的方向发展，在已成型的现代社会中，人们的工作时间相应地缩短到了一个相对合理的程度，②工作时间的减少意味着自由时间的增加，"时间实际上是人的积极存在，它不仅是人的生命的尺度，而且是人的发展的空间"③，而自由时间的增加，从理想的角度来说意味着人可以有更多时间使

---

① 新闻是当下的表征，也是当下的制造者，其所编造的当下世界，与日常生活合谋共同将人困锁在当下。尽管新闻不是导致人陷入日常与当下的唯一因素，却是现代社会中人抽离感丧失的最重要因素之一。
② 工作时间的合理化与正常化是现代化进程中阶级斗争的结果，在《资本论》第 1 卷，马克思曾考察了以英国为代表的资产阶级与工人阶级之间关于工作日界限问题斗争的历史过程，参见马克思. 资本论：第 1 卷 [M]. 北京：人民出版社，2004.
③ 马克思恩格斯全集：第 37 卷 [M]. 北京：人民出版社，2019：161.

自己走向全面的人。并且就整体而言，随着科学技术的发展及大规模应用，人类的物质生活开始逐步摆脱自然逻辑的束缚，相较于自然生活世界也有了相当大的提升，"人类的生活已经进入一个崭新的阶段，无论是在物质层面还是在社会层面，它都将焕然一新，有三项原则使这一新世界成为可能：自由民主政体、科学实验和工业制度。而后两项原则可以合并为一个词：技术"①。但是，物质条件的相对富足与自由时间的相对增加并未造就完整的人，相反，人依然是片面和异化的人，人的精神也越发贫困了。② 当然，精神贫困的原因是多方面的，如分工的越发精细化③、工具理

---

① 奥尔特加·加塞特. 大众的反叛 [M]. 刘训练，佟德志，译. 长春：吉林人民出版社，2004：50.
② "精神的贫困"已经成了现代性批判的核心主题之一，不论是西方马克思主义还是现象学，抑或是掀起重大思想浪潮的存在主义，都认识到了现代社会到来后人类精神层面的丧失。雅思贝斯在《时代的精神状况》一书中专门批判过现代社会的精神贫困，在他看来，"人所取得的惊人进步使他能够在很大的程度上支配自然，赋予物质世界以符合自己意愿的形式。但是，这些进步不仅有人口的巨大增长相伴随，而且有无数人的精神萎缩相伴随"。参见卡尔·雅斯贝斯. 时代的精神状况 [M]. 王德峰，译. 上海：上海译文出版社，2013：144. 中国学者柯小刚在解读海德格尔思想时有一段话，也富有意象地说明了现代社会精神的丧失，"在每一个德国小城，教堂的钟声仍然如几百年前一样准时敲响，然而古老的建筑里只剩下空间，没有了精神。钟声仍然在回响，但是一声一声不再敲入拾穗者的晚祷，而是成为机械钟表报时的附庸，报告现代早期火车到站的消息，惊醒城堡之梦，催促变形的格里高尔去上班"，参见柯小刚. 时间、存在与精神：在海德格尔与黑格尔之间敞开未来（修订版）[M]. 北京：商务印书馆，2019：3（自序）.
③ 现代社会高度发达的社会分工在很大程度上是人精神层面贫困的原因所在，在社会分工的语境下，每个人都只是熟悉自己的领域，只朝向自己的"一亩三分地"，这是人成为片面的人的关键所在，也是人在精神方面贫困的原因所在，人离完整的人的目标似乎越来越遥远。齐美尔曾经对此有过深刻的分析，"现代文明的发展通过那种可以称为客观精神的东西对主观精神的优势而形成了自己的特点，即在诸如语言和法律、生产技术和艺术、科学和家庭环境问题上体现出了一种总体精神，这种总体精神日渐发展，结果是主观的精神发展很不完善，距离越拉越大。如果我们纵观一百年来由于各种事物和知识，以及教育和舒适的条件而形成的文明，用它来跟同一时期的人的文明进步比较一下（哪怕跟最高的水平比较），就可以发现，两者之间的发展差异是令人吃惊的。在某些方面，如教养、关心体贴人和献身精神，人的文明与过去相比反而有所倒退。这种差异的主要原因是分工越来越细。因为分工越来越细，对人的工作要求也越来越单一化。这种情况发展到极点时，往往就使作为整体的人的个性丧失殆尽，至少也是越来越无法跟客观文明的蓬勃发展相媲美。人被贬低到微不足道的地步，在庞大的雇佣和权力组织面前成了一粒小小的灰尘"，参见格奥尔格·齐美尔. 桥与门——齐美尔随笔集 [M]. 涯鸿，宇声，译. 上海：上海三联出版社，1991：275-276.

性的高度发达与价值理性的相对缺失①等，在这多方面的因素之中，现代新闻活动至少也要为精神的贫困承担部分责任。

从新闻的社会意义来讲，新闻确实当得起人们对其所做的赞誉，新闻所发挥的社会监测功能、瞭望功能是如此重要，以至于连雅斯贝斯都称颂"没有新闻界，现代世界是不能生存的"②。精神生活的承担者是个体的人，新闻的确可以将外部世界带入人的生活世界，但新闻活动中并不直接蕴含精神生活，新闻也很难将人带入真正的精神生活，甚至新闻在很大意义上是在蚕食精神生活、销蚀精神生活。新闻对精神生活的蚕食首先源自新闻的本体特征。在第三章中，我们借用王汎森"历史是一种扩充心量之学"的说法，将新闻同样视作扩充"心量"之认识方式。从对人之认识范围的扩展角度来看，这种说法并无问题，其符合人之认识的基本逻辑。但新闻与历史是不同的，历史是对人类过往的总结与思考，而过往是立体化的，是整个世界在已经流逝的时间中的充分展开，相较于厚重的历史，新闻则是平面性的，是当下之世界的记录与描画，所以，历史带给人厚重感和深沉感，而新闻则带给人现实感。现实感是浅薄的近义词。人们或许会通过新闻与整个世界在时间上保持一致，但源源不断的新闻也在不断地占据人的视野和心灵。记录当下的新闻所带来的视域是狭窄的，新闻只是一些零碎的事实的记录，并且常常只不过是他处的日常。这种零碎事实、他处日常迎合了人们的好奇之心，也填补了人们生活中的时空空白。但是记录零碎事实、他处日常很难带给人真正的精神生活，其更多的相当于一种关于当下的精神鸦

---

① 从理性的角度来分析人之意义丧失与精神匮乏，是许多思想家进行现代社会批判的切入点（如韦伯、胡塞尔、海德格尔、维特根斯坦等），理性（主要是工具理性）的高度发达确实是人之精神与意义贫困的源泉所在，韦伯所提出的工具理性与价值理性之间的失衡所要表达的正是对人之精神生活和生活意义缺失的担忧，"虽然科学是现代社会最值得骄傲的成就，它极大地提升了生产力，为人类创造了前所未有的财富，使之在物质文明方面进入了一个崭新的时代。但是科学本身却不顾及世界的'价值'问题、生活的'意义'问题……这就使人们落入一个甚至比中世纪还不如的境地，那时的科学工作还有这样的使命感：寻找通向上帝之路，亦即探寻上帝对于这个世界的意义"，参见陈嘉明.现代性与后现代性十五讲[M].北京：北京大学出版社，2006：112.
② 卡尔·雅斯贝斯.时代的精神状况[M].王德峰，译.上海：上海译文出版社，2013：127.

片,① 一种永远对新奇、远方充满渴望与好奇的精神鸦片。零碎的事实、他处的日常以出版、广播、电视的面目出现在人们面前,并且常常与通俗的表达、零碎的思想、零碎的文化勾连在一起,形成现代社会独特的"文化产品"。表面上看,现代新闻业使人们变得知晓得更多、了解得更多,但实际上人们所了解的依然是零碎和浅薄的东西,人们依然缺乏深度思考的能力,人的精神生活依然浅显且单调、乏味。美国存在主义学者威廉·巴雷特直接将现代新闻事业归结为人类精神贫困的重要因素,在他看来:

> 通信设备几乎可以同时把地球上某一地的新闻传到任何一个地方。人们阅读日报的三四个版面、收听广播新闻,或是夜间坐在电视机前收看明早的新闻。新闻事业成了这个时期的巨神,而这些神们又总是恶魔般冷酷无情地对待着他们的仆人。新闻界既然正在成为一种精神的王国——正如克尔凯郭尔在一个世纪以前以惊人洞察力所预言的——便能够使人们越来越多地靠第二手信息处理生活。信息通常只是半真半假的报道,而且"广见博识"也替代了实在知识。更有甚者,通俗报刊的活动范围现在已经延伸到先前视为文化要塞——宗教、艺术和哲学的领域里了。每个人都装了一脑袋袖珍文摘四处乱逛。新闻事业越是有能力和现代化,它对民众心理——尤其是像在美国这样的国家——的威胁也就越大。把二手货和实在事物区别开来,这件事越来越困难,直到最后,大多数人都忘掉还有这么一种区别。技术成功本身为这个时期造就了一整套纯粹依靠外在事物的生活方式。至于那隐藏在这些外在事物背后的东西,即独特的和整体的人格本身,则衰退成了一片阴影或一具幽灵。②

---

① 马克思曾将宗教比作中世纪人们的精神鸦片,因为宗教将人们的心灵带入彼岸世界和美好天国,但这天国和世界却在不停地麻痹人们。结合前文的分析,我们也可以看出,在现代社会中,新闻也起着类似的作用。宗教的天堂与彼岸世界占据着人的眼光和心灵,现代社会中远处的世界也同样通过新闻占据着人的眼光,宗教将人的心灵困锁在空洞的彼岸世界,而新闻则将人的心灵与目光困锁在远方的现时世界,困锁在当下。宗教剥夺了人的思想自由,而新闻则剥夺了人的精神自由,并且还是通过让人心甘情愿的方式剥夺人精神的自由。
② 威廉·巴雷特. 非理性的人:存在主义哲学研究 [M]. 上海:上海译文出版社,2007: 32-33.

确实像巴雷特所说那样，在现代社会中，人的生活方式变得越来越依靠外在事物，这些外在的事物是嵌入整体人类物质生活世界中的一部分，是依赖技术与工业力量所创造与搭建起来的，也是纯粹世俗性的。现代社会中的人是世俗化的人，世俗化意味着人不再面向带有神秘色彩的精神王国，而是面向现实的、世俗化的现实世界。现实世界替代了精神王国，或者更准确地讲，关于现实世界的讲述取代了精神王国，这也是巴雷特将报道外部世界的新闻比作现代社会人类精神王国的原因所在。世界的世俗化即祛魅，一般认为，祛魅是理性与科学发展的结果。实际上，新闻也是世界祛魅的原因和动力。神秘的东西总是不可见的或无法解释的，现代科学的任务，就是要去解释原本无法解释的。与现代科学相应，现代新闻的任务是使原本不可见的事物可见，使原本居于远方的事物置于眼前。现代新闻的原则与现代科学的原则也相似，科学坚持事实至上、坚持真实客观、坚持解释的合逻辑性，现代新闻在自身的发展过程中也逐渐形成了真实、客观、全面的报道原则，人们通过新闻所看到的是真实的世界，也是当下的现实世界。面对当下的祛魅的世界，人越发生活在一个由科学、客观、真实、理性、技术所建构起来的清晰确定的世界之中。通过科学，人们解释了世界运行的内在规律；通过新闻，人们了解了远方世界的真实面貌。世界不再是充满神秘感的无限世界，而是有限和确定的世界，人类似乎可以触摸到世界的边界。确定性是意义的埋葬者，充满解释空间与想象空间的事物才是有意义的，确定性会在带来意义的同时彻底埋葬意义。自然生活世界中的人是弱小的，但其意义和价值至少可以安放在天国之中；现代社会中人的力量是强大的，人抛却了天国，并且永远无法以全然虔诚和纯粹的心灵再次接纳天国，[①] 人的意义与价值已经无处安放了，于是，"人不

---

① 世界一旦祛魅，一旦有另一种更有说服力和理性的关于世界的解释出现，人们从内心深处就会拒斥原有的缺乏逻辑自洽性的解释。与此同时，人也不会再重返原有之社会形态，因为传统社会或许可以给人们的意义提供一个安放之地，但传统社会会将人置入禁锢与枷锁之中。所以，人陷入了两难的境地，"如果我们可以回归到传统中去，我们会获得意义和人类生存，但却要以自由以及真实性为代价。现代性允诺了自由和合理性，但也可使我们的日程变得僵化不堪。而且，关于我们将持何种价值观，它强迫我们去进行选择，但又不给我们的选择提供任何基础"，参见大卫·库尔珀. 纯粹现代性批判——黑格尔、海德格尔及其以后 [M]. 臧佩洪，译. 北京：商务印书馆，2004：43.

仅成了一个被逐出家门的存在,而且也成了一个片面的存在"①,正是在这种意义上,尼采才会发出那个对现代人之生存意义的根本性追问,如果人失去了他迄今一向"系泊"的"锚",他不就要飘进无际的虚空里吗?

　　现代新闻活动对精神生活的侵害既体现在新闻内容层面的零碎所导致的思维肤浅上,又体现在现代新闻对世界的祛魅所导致的意义丧失上,与此同时,还体现在现代新闻业自身发生异化、偏离原本职责而不断迎合他者上。现代新闻业并不是孤立地存在于世界中的,而是受到方方面面的约束、牵制和影响,为了实现自身利益最大化,其不得不迎合政治力量、商业力量乃至社会公众,而这些迎合共同造成了现代新闻业肤浅、庸俗等可能性特质,新闻良性的道德品质经常只是在历史与非日常的语境中,也即社会遇到重大变故时才体现出来,而在日常状态下,新闻机构自身要存活下去,就不可避免地要向其他力量妥协,"这种职业最具灾难性的特征乃在于新闻工作的责任与精神创造性会由于记者们不得不受制于群众需要和受制于政治经济方面的大人物而受到危害。我们常常听说一个记者不可能始终保持精神上的正直。如果他要为他的产品找到市场,他就必须诉诸千百万人的本能。追求耸人听闻的效果,描写琐碎的事情,尽量避免他的读者在阅读时费脑筋——这一切都可能使他的写作平庸浅薄乃至低劣"②。最能体现现代新闻业之庸俗与肤浅的特质就是新闻产品的娱乐化,赫斯特19世纪末所开启的"黄色新闻潮"就是新闻产品娱乐化的最佳例证,"除每个工作日的报纸版面充满'愉悦大脑'之内容外,星期日报更是成为娱乐性内容的天下。每逢周日,读者都能从赫斯特报纸上享受到丰富的图文盛宴,如关于恐龙、外星人或某种医药良方的图文故事,百老汇名人及其演出消息,从最流行的小说中摘抄来的吸引人的短文,芭蕾舞演员、歌舞团女孩及其他衣着暴露的表演者的图文特稿等"③,这种在19世纪末的美国被运用得炉火

---

① 威廉·巴雷特. 非理性的人:存在主义哲学研究[M]. 上海:上海译文出版社,2007:36.
② 卡尔·雅斯贝斯. 时代的精神状况[M]. 王德峰,译. 上海:上海译文出版社,2013:126.
③ 樊亚平,丁丽琼. 不仅仅是"黄色新闻大王":赫斯特新闻生涯探析[J]. 新闻大学,2014(01):32-40.

纯青的新闻产品运作方式，在此后几乎成了现代新闻业牟利的基本方式，区别之处或许只不过是对这种方式运用的多少的问题。

娱乐属性是现代新闻产品必然具备的属性之一，现代新闻业在很大意义上也属于典型的娱乐工业。从某种意义上讲，娱乐是人之基本需要，但未必属于精神生活。在现代社会中，娱乐大有成为最高价值的趋势。现代社会是大众社会，而大众社会，按照阿伦特的说法是只需要娱乐而不需要文化的社会，在这样的社会中，人们并不追求象征永恒的精神生活，而只需要填补和占据时空间隙：

> 大众社会不需要文化，只需要娱乐，社会像消费其他商品一样消费者娱乐工业提供的玩意。供娱乐的产品是为社会的生命过程服务的，即使它们不是面包和肉那样的生活必需品。正如俗话说的，它们被用于"消磨时间"，严格来说，消磨掉的空闲时间并非闲暇时间（leisure time），那是我们从生命过程所必须的一切操劳中摆脱出来（free from），从而可以自由地追求（free for）世界及其文化的时间，而是多余时间，因而本质上仍是生物性的，是除去必要劳动和睡眠之后剩下来的时间。娱乐要去填补的空闲时间乃是受生物条件决定的劳动循环——马克思所谓的"人与自然的新陈代谢"——中间的空隙。①

阿伦特对娱乐的理解是深刻的。在现代社会中，人们日常生活的时间结构仍然可区分为工作时间和非工作时间。工作是劳累、匆忙的代名词，匆忙的劳作已经在剥削着人们的精神生活，② 原本工作以外的时间被视为

---

① 汉娜·阿伦特. 过去与未来之间 [M]. 王寅丽, 张立立, 译. 南京：译林出版社，2011：190.
② 尽管现代社会人们的物质生活呈现出相对富足的趋势，并且工作时间与非工作时间之间的结构逐渐趋于合理，但工作依然是繁忙和劳碌的，并且繁忙和劳碌的工作在现代社会中依然被视为精神生活贫困的原因之一，"心灵需要时间以便安静、持续地发展，而劳动却把生活变得匆匆忙忙，不容喘息……到处都有同样的忧虑，唯恐过分专一地献身于劳动会使我们赢得了世界却失去了心灵，唯恐劳动的胜利竟意味着一种生命力的降低，一种责任感的削弱，以及必然产生的一种精神生活的贫乏"，参见鲁道夫·奥伊肯. 生活的意义与价值 [M]. 赵月瑟, 译. 上海：上海译文出版社，2018：26-27.

人们心灵休憩和精神生活的希望。但当娱乐大量占据人之生命时空间隙时，精神生活在生命中的比重就大大降低了。并且娱乐将会造成一种肤浅的精神结构，"如果娱乐成为最高价值，同时还反对宏大叙事和深刻思想，这样就形成一种轻浮和软弱无力的精神结构，让人只关心鸡毛蒜皮的生活细节、个人利益、个人权利和个人感受，总之把视野缩小到个人"，"用小叙事代替宏大叙事，用娱乐代替思想，这样腐败的精神最终会导致社会的崩溃"①。更为重要且危险的是，娱乐常常以精神生活的面貌出现在人们的生活中，日常中所接触到的新闻产品往往给人以文化产品的错觉，但这些所谓的新闻产品更多不过是娱乐产品，是一种内核为娱乐产品的"伪文化产品"，或者人们通常意义上所讲的大众文化产品。② 那些充满了零碎事实、他处日常的新闻产品是庸常的代名词，③ 而非精神生活的代名词。在现代社会中，新闻变成了具有消遣性意义的消费品，人们快速地吸收新闻，也快速地将之抛诸脑后。与此同时，在消遣性的新闻产品中，人们将旁观世界视作一种享受，只是在看热闹、在消磨生命时光，人不再对生命发问，不再去质疑生活的问题。在那些充满零碎事实、他处日常的新闻产品中，我们看到了人类对自身的最不可思议的诅咒，人将自身贬低为一种纯粹的平庸、享乐与贪新骛奇的存在。并且，更为讽刺的是，人竟然将这

---

① 赵汀阳. 哲学原旨主义 [J]. 中国人民大学学报，2005 (01): 12-14.
② 大众文化并不提供真正的精神生活，其只提供注意力的消费品，面对大众文化产品，人变成了一个过滤器，人快速地吸收，又快速地抛却，这些所谓的文化产品可能不会在人的生命中留下丝毫印记。人们所接触到的新闻也是如此，每日都有新闻进入人们的生命视野，但它们也不过是短暂地填充人之生命空白的材料，在人们接收到之后便旋即被抛入脑后，在这种意义上，新闻是一种低层次的娱乐活动，也是一种大众文化产品，或者"伪文化产品"。赫勒对大众文化的消费性做过一个比喻，在这个比喻中，我们也可以看到新闻的身影，"一个人可以很多年都记得他曾经吃到过一次好牛排的餐馆，就像他很容易回想起一部令他入迷的侦探小说。但是正如一个人在回忆吃肉的情形时他的口腔中并不能感觉到牛排的滋味，他也很少能记得他在工作之余为了放松而读的一部侦探小说的内容"，参见阿格妮丝·赫勒. 现代性理论 [M]. 李瑞华，译. 北京：商务印书馆，2005: 177.
③ 梅洛-庞蒂曾说，"也许，任何社会新闻都不可能引发深刻的思想"，其实他应该把"也许"二字去掉，因为那些零碎的、只是把他处日常进行记录与移植的新闻确实只是庸常的代名词。在观看新闻中，人们调动的依然只是最基本的感官和最浅显的理解能力，人们既无法达到深刻，也无法获得心灵的慰藉。可参见莫里斯·梅洛-庞蒂. 符号 [M]. 姜志辉，译. 北京：商务印书馆，2003: 385-386.

种带有诅咒性质的"伪文化产品"视作其精神生活的重要组成部分。由此，充满娱乐意义的新闻通过占据精神与思想，驱逐了真正的精神与思想；通过伪装成精神生活，取缔了真正的精神生活。

在马克思对人的设想中，完整的人应当是全面发展的人，既有物质层面的富足，又有精神层面的充实，"完整的人意味着人具有健全的生命存在方式。健全的生命存在方式是指人的生存内涵和生存样式具有全面性和丰富性，这是与'片面'和'贫瘠'的生存方式相对而言的。片面和贫瘠的方式就是人的生存范式的抽象化，取消人的人性和自由个性，最后造成认识一种'抽象的存在'"[1]。在现代社会中，人是片面的，这种片面性充分体现在由现代新闻活动所导致的人的精神贫乏之中。现代新闻自身所蕴含的零碎浅薄、新闻与科学一道对世界进行的祛魅，以及新闻在资本主义语境下的娱乐化，都在一定程度上压抑、侵蚀着人的精神生活。人们显然不能将走入真正精神生活的任务寄托在新闻上，真正的精神生活是信仰、质疑、大地、星空等一切与永恒相关的东西，是对人自身的探寻，是对生活本身的抗争与否定，是诗歌与艺术，是人与一切真善美的事物的心灵交往，是同世界的对话和谈心，是生命意义的体现，是对公共性命题的思考。当现代新闻活动成为嵌入人们日常生活中的一项常规性活动时，新闻，即便是那些严肃性的甚至具备历史意义的新闻（更何况那些掺杂了更多零碎、娱乐及商业化元素的新闻产品），也不过仅限于填充人们时空间隙与心灵空白的材料，人们或许会偶尔有那么一瞬，被新闻产品中的内容唤起真正的精神生活，但很快又会被现代消费节奏消解掉（在这时，新闻既是真正精神生活的催生者，却又几乎在催生的同时将真正精神生活埋葬），于是，新闻非但不能承担走向真正精神生活的使命，反而常常会走向真正精神生活的对立面——伪精神生活。因此，当现代人扬扬得意地把报纸、广播、电视当成精神产品时，他们已经越来越远离完整的人、越来越成为片面和异化的人，就像是一种纯粹自发和物化的存在，无意识地停

---

[1] 舒心心，穆艳杰. 试析马克思视野下"完整的人"及其理论意义 [J]. 东北师大学报（哲学社会科学版），2014（05）：58-63.

留在日常生活之中。而这种状态就是雅斯贝斯在《论历史的起源与目标》中所描述的机械地存在于当下的状态：

> 人失去了文化传统，并且丧失了对终极目标的追寻，人仅仅生活在当下；但是，这一当下变得越来越空虚，它越少由记忆的本质所支撑，便会越少地孕育着已经发了芽的未来的可能性的种子。劳动仅仅变成了紧张和匆忙的努力，在浪费了精力之后是精疲力竭，两者都是缺乏沉思的。在疲惫倦怠之中，除了冲动性，对享受和感觉的需求外，没有其他。人们靠着电影和报纸生活，收听新闻，看图片，到处都生活在机械性的习惯之中。①

三 走向公共？现代新闻与公共生活批判

新闻是人认识世界的窗口，是连接人与现实世界的中介，也是现代社会中总体性世界和共同世界得以形成的基本条件和重要前提。当我们对新闻的性质做以上描述时，似乎自然会延伸出的一个重要判断就是新闻是人们走向公共生活的前提和条件。这种推论本身不存在逻辑层面的问题，在一般意义上新闻也确实可以被视为公共生活的必要条件，但是在现代社会中，新闻实际上只是公共生活得以展开的必要非充分条件，我们需要在现代社会的背景下对这一结论，也即对"新闻是人们走向公共生活的前提和条件"予以价值层面的深入细致思考，否则，我们很容易过分拔高和美化新闻及新闻业在人类社会生活中的意义。

以西方新闻理论的通常逻辑来看，新闻确实是公共生活和公共交往的前提，② 其不仅构成了公众所共同面对的对象，为公众提供可供讨论的话

---

① 卡尔·雅思贝斯. 论历史的起源与目标 [M]. 李雪涛，译. 上海：华东师范大学出版社，2018：129.
② 现代新闻的生产和分发机制为人们提供了共同的认识对象，从而为人提供了共同讨论的话题。这一点，我们在前文（第四章第七节）也有相应的分析和讨论。

题，而且也以服务公众的角色自居，"新闻报道主要关注公众利益的相关信息"[1]，"新闻记者怀揣着为公众服务的理念，以守望者的角色反映着社会现状"[2]，"新闻媒体必须成为公众评论和妥协的论坛和广场"[3]。按照潘忠党和陆晔的总结，为公共服务并成为社会公共生活的连接纽带是现代新闻业所扮演的基本角色，"一个社会的公共生活，即各群体表述和交流其诉求、巩固共同体的内部纽带、形成协调性行动、建造公共物品（public goods，亦可以单数形态译作'公共善'）的社会活动，必需共享的事实性信息，而这事实性的判断不能由资本或政治权力所垄断，必须由独立的社会机构、具有必要技能而且获得社会认可的专业人士按照公开、可循的程序和规则来确定。新闻业所扮演的就是这个角色"[4]。

不过，一如我们前文所说，我们仍有必要从价值层面重新审视这一命题。当然，在审视之初需要考虑的问题是，公共生活是必要的吗？其对人来说意味着什么？怎样的公共生活是值得过的？通常意义上来讲，公共生活实际上是现代社会的产物，[5] 从广义的角度来讲，公共生活就是个人走出私人生活和家庭生活，在非私人化的领域与人交往的生命活动，"'公共生活'与'私人生活'之区别在于它是人与人之间生活的'交叉'和'重叠'部分"[6]。资本主义经济的扩展推动了市民社会的形成，这一社会构成了现代社会中尊崇私利的人们日常生活的空间和载体，与此同时，生活在现代社会中的个人早已摆脱了传统社会中的自给自足状态，处

---

[1] 卡斯珀·约斯特. 新闻学原理 [M]. 王海, 译. 北京：中国传媒大学出版社，2015：31.
[2] Mark Deuze. What Is Journalism?: Professional Identity and Ideology of Journalists Reconsidered [J]. Journal of International Communication, 2009, 6 (4)：442-464.
[3] 比尔·科瓦奇, 汤姆·罗森斯蒂尔. 新闻的十大基本原则（中译本第2版）[M]. 刘海龙, 连晓东, 译. 北京：北京大学出版社，2014：196.
[4] 潘忠党, 陆晔. 走向公共：新闻专业主义再出发 [J]. 国际新闻界，2017，39 (10)：91-124.
[5] 在传统社会中，人们与他人之间的共同活动或者对族群事务的参与，可以被视作"共同生活"，共同生活是公共生活的雏形，其外延较之公共生活更广，而公共生活是共同生活在现代社会发展的产物和表现。参见张康之, 张乾友. 从共同生活到公共生活 [J]. 探索，2007 (04)：70-75.
[6] 贺来. 真理与公共生活 [J]. 社会科学战线，2009 (06)：41-47.

于一种普遍的关联状态,"个别的人,作为这种国家的市民来说、就是私人,他们都把本身利益作为自己的目的。由于这个目的是以普遍物为中介的,从而在他们看来普遍物是一种手段,所以,如果他们要达到这个目的,就只能按普遍方式来规定他们的知识、意志和活动,并使自己成为社会联系的锁链中的一个环节"①,在这种普遍的关联中,个体不可避免地要与他人发生关系,而公共生活正是在个体的私人生活向外拓展、与他人之间相互关联的基础上产生的。因此,在普遍关联的现代社会中,每个人只要与他人相联系与交往,就不可避免地要受到公共价值的支配和约束,也就不可避免地要卷入公共生活和公共领域之中。公共生活对于生存于现代社会中的人而言,是不可避免的生命活动中的一部分。如果说我们像马克思那样,将人理解为各种社会关系的总和的话,那么现代社会中人的社会关系就不仅仅包含人在自然和私人活动中所形成的亲缘关系、家庭关系、族域关系,而且必然也包含人在公共活动中所形成的公共性关系。

　　我们需要对公共生活和公共领域做进一步的解释。黑格尔将公共/公共性视作一种抽象层面、精神层面的伦理实在,其一方面以国家、民族/社会的普遍性面貌呈现出来,另一方面又散落在每一个个体的特殊性之中,这一思想在其《精神现象学》中即有显露,后来在《法哲学原理》中得到了充分的发展,"共体或公共本质是这样一种精神,它是自为的,因为它保持其自身于其成员的那些个体的反思之中,它又是自在的,或者说它又是实体,因为它在本身内包含着这些个体"②,显然,黑格尔是在个体与民族/国家的辩证关系中来把握公共/公共性的,他所说的市民社会本身就兼具特殊性与普遍性,其实也是象征纯粹个体生活领域的家庭和象征绝对普遍意志的国家的中间环节。其中,特殊性所对应的就是私人生活,而普遍性则是超脱私人生活意义的普遍法则,因此,在黑格尔的话语体系

---

① 黑格尔. 法哲学原理 [M]. 范扬, 张企泰, 译. 北京: 商务印书馆, 1961: 229.
② 黑格尔. 精神现象学: 下卷 [M]. 贺麟, 王玖兴, 译. 上海: 上海人民出版社, 2013: 11.

中，市民社会包含着公共性和公共生活，^① 并且，正是由于公共性，市民社会和市民生活才得以有效展开与运行。

在黑格尔之后，不少思想家都对公共生活进行过相关的讨论，其中较有代表性的是哈贝马斯和阿伦特。哈贝马斯对公共领域进行了历史性的分析和考察，但他所着重谈论的实际上是诞生在特定历史语境下的资产阶级公共领域，也就是将公共领域视作一种专门的、特定的、与人们交往行为（公共阅读行为）及公共舆论直接相关的社会实体来进行讨论，这一公共领域与黑格尔所说的将公共权力、公共生活、公共价值包括在内的普遍意义上的公共性不同，其更多是公众层面的、由私人聚集起来的、与公共权力相区别的狭义层面的公共领域，是"作为私人聚集以迫使公共权力在公众舆论面前获得合法化的场所，这个公共领域和公共权力领域又是相分离的"^②，较之黑格尔外延与指涉范围过于广泛的"市民社会"，哈贝马斯也进一步将社会区分为两个部分，即私人领域^③和公共领域。在他看来，资产阶级公共领域事实上建立在组成公众的私人所具有的双重角色，即作为物主和人的虚拟同一性基础之上，私人领域与公共领域正是通过私人所具有的双重角色来实现连接和转化：

> 就其作为私人来讲，资产阶级的个人既是财产和人格的所有者，又是众人中之一员，即既是资产者（bourgeois），又是个人（homme）。

---

① 并不像一些学者所理解的那样，市民社会是纯粹私人生活领域，实际上，黑格尔的市民社会或许本身就是一种公民社会，在这一社会中，既有个体私人生活的部分，又有公共生活的部分，这一点，在《法哲学原理》中有清晰的体现，黑格尔认为市民社会包含三个环节：第一，通过个人的劳动以及通过其他一切人的劳动与需要的满足，使需要得到中介，个人得到满足——需要的体系；第二，包含在上述体系中的自由这一普遍物的现实性——通过司法对所有权的保护；第三，通过警察和同业公会，来预防遗留在上列两体系中的偶然性，并把特殊利益作为共同利益予以关怀。通过黑格尔对市民社会三个环节的区分，我们明显可以看到，他所说的市民社会本身就包含公共性。参见黑格尔. 法哲学原理［M］.范扬，张企泰，译. 北京：商务印书馆，1961：231.
② 尤尔根·哈贝马斯. 公共领域的结构转型［M］.曹卫东等，译. 上海：学林出版社，1999：24.
③ 哈贝马斯对私人领域做过进一步的解释，他将市场领域称为私人领域，作为私人领域核心的家庭领域为私有领域。并就尤尔根·哈贝马斯. 公共领域的结构转型［M］.曹卫东等，译. 上海：学林出版社，1999：59.

私人领域的这样一对矛盾，在公共领域中同样存在……如果私人不仅想作为人就其主体性达成共识，而且想作为物主确立他们共同关心的公共权力，那么文学公共领域中的人性就会成为政治公共领域发挥影响的中介。①

当然，与个体化的、相对处于封闭状态的私人领域相比，公共领域的一个典型特征是公开与开放，是每个个体都可以从私人领域脱离从而抵达的领域。阿伦特对公共领域的理解与哈贝马斯有类似之处，在阿伦特这里，公共同样对应了世界的一种存在形式和一种切切实实的实体而非仅仅是黑格尔所说的某种普遍性，公共领域也不是含混和潜存在市民社会之中的，而是一种独立的、专门的与私人相对立的领域。她也对公共领域做了历史性的考察，不过，她并未仅仅将公共领域的指涉范围限定在现代社会中，而是将公共领域和公共生活追溯到了古希腊城邦政治时期。与此同时，在她的语境中，公共与"共同"之间存在密不可分的关联，公共领域实际上就是人与他人共同在场的地方，是一种汇聚了众多目光、众多言说和众多行动的共同世界，在这一世界之中，每个人都有属于自己的位置和观看世界的角度：

公共领域的实在性依赖于无数视角和方面的同时在场，其中，公共世界自行呈现，对此是无法用任何共同尺度或标尺预先设计的。因为公共世界是一个所有人共同的集会场所，每个出场的人在里面有不同的位置，一个人的位置也不同于另一个人的，就像两个物体占据不同位置一样。被他人看到或听到的意义来自这个事实：每个人都是从不同角度来看和听的。这就是公共生活的意义，与之相比，最丰富的最舒适的家庭生活所能提供的也只是有固定位置和视角的个人立场的延伸或复制。②

---

① 尤尔根·哈贝马斯. 公共领域的结构转型［M］. 曹卫东等，译. 上海：学林出版社，1999：59.
② 汉娜·阿伦特. 人的境况［M］. 王寅丽，译. 上海：上海人民出版社，2017：38.

尽管黑格尔、哈贝马斯、阿伦特三人的着眼点不太一样，黑格尔更多是从一般意义上来理解和阐释公共性及市民生活，哈贝马斯着重于探讨某种特殊类型的公共领域，而受海德格尔较深影响的阿伦特则从人的世界层次的角度来理解公共领域，[①] 即从作为人生活世界延伸层面的公共世界来理解公共领域和公共生活。不过三者之间的观点或许并不矛盾，黑格尔所谈论的更多是公共性与市民生活之间的关系而非公共生活，因为市民生活中同时包含着公共生活与私人生活，只不过黑格尔并未对此进行明确的区分。但黑格尔所说的普遍性亦即在独立个体基础上的共同抽象，其实际上又是对公共性、公共理念和公共价值的最好总结，因为公共生活中包含一个个参与进来的个体，这些个体所共享的公共性的东西（包括理念、价值、规范等）是公共生活得以展开的基础。哈贝马斯和阿伦特进一步明确了公共生活的真正意涵，即与私人生活相对立的，体现人与人之间公共性交往关系的生活形态。在这种意义上，哈贝马斯和阿伦特发展了黑格尔的市民生活思想。与此同时，不论是黑格尔，还是哈贝马斯，抑或是阿伦特，其所谈论的真正意义上的公共生活都出现于现代社会产生之后，因为公共所牵涉的实际上是作为独立主体之个体之间的共同抽象，其形成前提在于每个个体都是独立、自由的主体，在于人与人之间人身依附关系的解除，而这种状况是在现代资本主义诞生之后才逐渐实现的。

在本书中，我们讨论的公共生活更多是实体意义上的、具体的公共生活，也即被哈贝马斯和阿伦特所清晰揭示出的与个体私人生活相对立的生活形态。一如前文所言，对于生存于现代社会中的、处于普遍交往关系中的人来说，公共生活是人之生活世界中的重要组成部分，是纯粹私人生活的延伸，不论自我是否愿意，参与公共生活都是现代人生命中不可缺少的部分。不过，并非所有的公共生活都值得过，只有当满足一定的条件时，人们参与公共生活才是有意义的。公共生活存在一些基本的假设，这些假

[①] 汉娜·阿伦特的观点中，时常可以见到海德格尔的身影，例如她对共同世界的讨论，对个人与共同世界关系的讨论，这些讨论实际上都与海德格尔的存在论思想有着内在的一致性。

设在某种程度上可以被视为保证公共生活之为良性的前提和基础：（1）进入公共生活的个体是自主和理性的。（2）公共生活应当是弹性的、松散的开放性领域，而不应该是强制性的，个人可以在公共生活与私人生活之间自由切换。（3）公共生活应当在事实的基础之上展开，并通过辩论、协商进行。（4）公共生活的目的在于达成公共价值，实现公共精神，亦即伦理层面的善。

但这些都只是假设而并非现实。现实中的公共生活要受多种因素的牵绊，现代人所进入的公共生活并非所有都是良性的。就本书所要讨论的核心话题即新闻与生活世界之间的关系而言，需要着重考虑的是，如果站在个体的角度，现代新闻是否真的像新闻专业主义所通常主张的那样，真正地将人带入公共生活？以及新闻会将人带入怎样的公共生活？

必须要说明的是，现代新闻的确会将人引入良性公共生活，并且真正的公共生活是值得过的。[①] 现代新闻将人勾连成一个整体的世界，正是通过新闻，每个人才可以通过获知与分享同一事实拥有与他人交流的主题，在某种程度上，经由新闻业所生产出来的新闻是现代社会公共生活得以展现的形式，而由新闻所带来的公开性在某种程度上是推动社会良善有序发展的重要条件，[②] 就这一点来讲，已有相当多的学者乃至思想家都进行了相关的阐释，我们在第四章（主要是第七节）也就此进行了颇多讨论，在此似乎并不需要多言。但或许与承认新闻是人走向公共生活的前提和

[①] 真正的良性的公共生活不仅是抵达善与正义的方式，而且是个人实现自我的方式，就像马克思所说的那样，人是社会关系的总和，正是通过社会人才能真正地实现自我，"每个人都通过社会而使自己成为完整的人。作为完整的人，他的善与恶、理性与情感都不再分离。由于社会不再压制他的善、情感等，由于社会不再先定地假设他是恶的还是理性自私的，从而使他能够在自然生活与社会生命的协调中获得内在于他自己的善与恶，理性与情感的平衡机制，并在与他人的合作行动中重新形塑社会"，在这种真正的良性的生活中，个人与公共之间会求得一种平衡与统一，参见张康之. 为了人的共生共在 [M]. 北京：人民出版社，2016：215.

[②] 现代新闻业确确实实将使人类社会向着越来越公开的方向发展，其当然存在进步性的历史意义，一如德国有位叫韦克赫尔（Wekhrlin）的学者所指出的那样，"在新闻出版业尚未出现的那些岁月里，事情看起来会是什么样子呢？暴君们没有缰绳，人民没有庇护。恶行可以变得放肆，不会因为羞耻而脸红。美德不知如何分享它的苦楚，也不会获得社会的同情。法律没有批评者，道德没有监督人员，理性被垄断"。参见约翰·克里斯蒂安·劳尔森《颠覆性的康德："公共性"和"公共性"的词汇》，载詹姆斯·施密特. 启蒙运动与现代性——18 世纪与 20 世纪的对话 [M]. 徐向东，卢华萍，译. 上海：上海人民出版社，2005：268.

条件一样多的，是新闻会将人带入非良性的公共生活。非良性的公共生活又可区分为两种形态，一种是恶性的公共生活，另一种是无意义的公共生活。

先说恶性的公共生活，或者也可以说是恶性的共同生活。聚集在一起的人们，或者在公开场合出现的人们，所从事的共同事务并不一定都是为了善，在人类的历史上公共场所的恶行与罪行如牛毛般。现代新闻以见证与记录的方式呈现着公共场所的行为，并将其传向更多人的生活世界，而当公众的目光与舆论卷入之时，在某种程度上可以减少恶行与罪行的发生，因为公众的目光与舆论可以对恶行与罪行的施为者产生一定的心理压力。但现代新闻业诞生以后，是否恶行与罪行就真的有效地减少或消失了呢？这当然要打一个问号。认为新闻能够有效地减少恶行与罪行的论断依然带有假设性质。这里假设成立的前提为：（1）现代新闻业能够真实、客观、全面地报道事实，并且能够恪守自己的边界而不逾矩；（2）善与正义是大多数人所具有的，并且大众可以对是非进行正确的判断。但显然，现代新闻业并不总是能够真实、客观、全面地报道事实，甚至新闻经常沦为政治及其他力量操弄的工具，瓦耶纳曾经总结了多种新闻被操弄的方式，这些方式包括：赤裸裸的假新闻、悄悄地取消或任意删改新闻、采用有倾向性的新闻（把新闻和评论混在一起）、不发表某些新闻或刻意减轻某些新闻的重要性。[①] 在这种情况下，新闻常常非但不能把人引向良性的公共生活，反而最终会将人引向恶性的公共生活，甚至导致世界的灾难，而这一点，早在一百年前李普曼就已做出了提醒，"战争与政治角力中的任何一方都会为对手'画像'，他们将这幅臆想出来的图像视为事实本身，却不知其只是他们心中的那个'应然'的事实，而非'实然'的事实——只有牢记这一点，我们才能真正理解战争与政治的残酷性"[②]，纳粹德国时期的宣传部部长戈培尔的那句经典名言"谎言重复一千遍就会成为真相"正是对新闻所造成的恶性公共生活的直接写照。在新闻本身被操纵与支配而无法

---

① 贝尔纳·瓦耶纳. 当代新闻学 [M]. 丁雪英，连燕堂，译. 北京：新华出版社，1986：248-249.
② 沃尔特·李普曼. 舆论 [M]. 常江，肖寒，译. 北京：北京大学出版社，2018：6.

保证真实客观的情况下，依赖新闻获取事实信息的人如何可能参与到良性的公共生活？并且更为重要的是，现代新闻业具有比以往依赖人际传播的自发性新闻更为强大的传播影响力，"在真正的大众媒介产生之前，宣传体制主要建立在人际网络之上，形成和解体需要相当漫长的时间，纪律也比较涣散。只有在以廉价报纸、电影和广播为代表的'大众媒介'（mass media）产生之后，大众说服的效力才得以迅速提高"①，这种倍增式的传播效力自然使恶性公共生活的范围及后果也是倍增式的。

与此同时，理性是有门槛的，虽然人人皆有理性的特质，但真正的理性只有具备相应的知识基础和反思精神才有可能达到。然而，这种经由努力才能实现的状态却常常被当作人的日常状态。实际上，个人并非纯然理性的人，其未必能够总是真正地实现对是非的正确判断，也很难指望每一个个体都是善和正义的化身，由个体组成的公众也是如此，"将公众视为无所不能、至高无上，是十分虚假的理想"②。即便个人身上具备理性特征，但由个体汇聚而成的群体却未必是理性的，反而有可能会是狂热的、轻信的、无判断力的，一如勒庞所说，"聚集成群的人，他们的感情和思想全都转到同一个方向，他们自觉的个性消失了，形成了一种集体心理"，而群体"永远漫游在无意识的领地，会随时听命于一切暗示，表现出对理性的影响无动于衷的生物所特有的激情，它们失去了一切批判能力，除了极端轻信外再无别的可能"③。大众与群体的这种非理性状态，显然很容易被操纵与控制，事实上也正是这种特性为恶性的政治力量提供了操控的前提和基础。

恶性的公共生活确实是存在的，但有意思的是，参与到恶性公共生活中的每个个体并不认为其是在作恶，相反，每个个体都认为其所践行的是善、正义与崇高。对处于大众中的个体而言，或许并不缺乏善良与正义的心灵（当然，部分个体缺乏善良与正义的心灵），但可能缺乏理性与辨别是非的能力，这使人们会在一种无意识的状态下卷入恶性的公共生活中，

---

① 刘海龙. 宣传：观念、话语及其正当化 [M]. 北京：中国大百科全书出版社，2013：58.
② 沃尔特·李普曼. 幻影公众 [M]. 林牧茵，译. 上海：复旦大学出版社，2013：22.
③ 古斯塔夫·勒庞. 乌合之众：大众心理研究 [M]. 冯克利，译. 北京：中央编译出版社，2004：11-12，24.

并且导致恶性的结果。而在这一过程中，现代新闻业显然起着异常关键的作用，因为正是现代传媒将人们连接成一个整体，使恶性的公共生活有了大规模产生的可能。

另一种非良性的公共生活是无意义的"伪公共生活"。对普遍公共性的赞扬不能取代对具体公共生活的批判，也不能否认对具体公共生活批判的意义。就个体而言，合理适度的具体公共生活是值得过的，但个体所要思索的是，究竟怎样的公共生活值得过。并且，每个人都应当享有基于理性与自由而选择进入与不进入具体公共生活的权利。但是，在公共生活已经不可避免的历史语境下，人们对公共的赞扬，往往是建立在公共本身的价值与意义基础之上的，却少有关注到参与公共生活对于个体的意义与价值。或者更为准确地说，在现代社会中，普遍公共性的正当性被等同于具体公共生活的合理性，而这直接导致了普遍公共性的正当性，取消了具体公共生活批判的合理性。普遍公共性与具体公共生活现实层面的含混状态造成了一种奇妙的心理误区，具体公共生活也被神圣化，其成为一种值得倡导和颂扬的价值客体，人开始被公共裹挟，不得不参与到一些原本并不想参与的具体公共生活之中，似乎人只有参与到具体的公共生活中，才算是践行了现代社会值得尊崇和推荐的价值理念。在这种逻辑中，具体的公共生活扛着公共性的大旗变成了公共性的化身，并基于公共性的权威获取了对个体进行控制的武器，而这种逻辑本来就是一种强权式的逻辑，是利用普遍来实现对个体的宰治。

从某种意义上来讲，现代新闻所扮演的重要角色之一就是将人带入"伪公共生活"的境地。现代新闻业将自身视作公共性的化身，但经常会将人带入无意义的公共生活，或者由其自身制造出来的公共生活幻象之中。有一种大胆而荒谬的论断，认为大众媒介即公共领域，通过大众媒介而进行的生活就是参与公共生活，"电视、大众化报纸、杂志和照片，现代的大众媒介，就是公众的领域，是公共场所被创造出来并得以存在的方式和地方"[①]，这种说法没有正确地认识公共及公共生活的真正内涵，也忽

[①] Hartley John. *The Politics of Pictures: The Creation of the Public in the Age of Popular Media* [M]. New York: Routledge, 1992: 1.

略了现代大众媒介的作用机制。的确，现代新闻通过诸如报纸、广播、电视等方式将世界上最新发生的社会事件带入人们的生活世界，其中确实会有一些关涉公共利益、公共价值的事件，并在现代媒介中引发相应的讨论，甚至会引发现实生活中的公共行动。但现代新闻所报道的大多数事情并不具备公共价值与公共意义，而是如同我们在本章第一节中所说的是他处的日常，是原本处于私人领域的生活事件。大众传播具有强大的传播效力，即便是那些微不足道的事情也会通过传播机制而被放大，成为被人们所关注的社会事实，但这并不是公共事件，而是一种披着公共外衣的"伪公共事件"，或者说是通过大众传播机制所创造出来的、被过分拔高意义的事情。[①] 鲍曼在《被围困的社会》中曾谈到过公共领域私人化的问题，其批判的对象就是私人事件的伪公共化，这种伪公共化是通过现代媒介的内部外部颠倒机制实现的，媒介把外部世界引入私人生活空间，其结果是只有适合私人空间的事件才能登上公共舞台，由此，私人事件以公共的面目占据了公共舞台，"或许，'外部被转换成了内部'，并变成了私人问题。然而，伴随着内部转换成外部，本来就在外部的任何事物都被有效地遮蔽了。伴随着'私人问题'覆盖了全部的公共舞台，任何不能或拒绝变成内部的事物失去了位置；它不可能进入公共舞台，除非它变成私人问题"[②]，这些借助于大众媒介而被传播与关注的"伪公共事件"，对于那些关注者而言，并不具备公共事件所具有的意义与价值，其所具有的最大意义（甚至可以说是唯一意义）或许就是填补关注者有待满足的心灵。如果陷入对这些事件的关注，人或许会觉得这为自己的生活提供了一定的内容资料，但当我们以抽离性的姿态多问几个为什么，例如：对这些事情的关注有什么意义呢？对于我们寻找幸福生活有什么作用吗？了解这些事情有助于解决我们的生活与生命难题吗？或者，了解这些事情能帮助我们更好地理解

---

① 虽然商业性、消费性和依附性已经剥夺着现代新闻业的"公共性"，但新闻依然要为自身戴上"公正的帽子"，正是通过"伪公共化"，现代新闻才可以将自身的许多其他事务合法化，才可以名正言顺地牟取商业经济利益，"20世纪初以来，随着工业技术的飞跃发展和大众社会、大众文化的来临，报刊、广播、电视等公共传媒逐渐被商业化和产业化，从而走向了世俗化、民间化、娱乐化、普及化的道路……公共传媒蜕变为大众传媒，并开始'影响'和'统领'公共领域"，参见杨仁忠. 公共领域论［M］.北京：人民出版社，2009：269.

② 齐格蒙特·鲍曼. 被围困的社会［M］.郇建立，译. 南京：江苏人民出版社，2005：172.

自我和人生吗？答案往往是否定的，因此，现代新闻不仅仅是公共性的代表，也借助公共性制造着"伪公共"，而人们对这些"伪公共事件"的关注，可能只是以为自己参与到了公共事务之中，但实际上不过是卷入一种热闹与虚无之中，卷入了另一种日常之中。这种公共生活也不过是除了维护日常、制造日常之外再无意义的、使人丧失自由与个性的、强行令人沦为常人的"伪公共生活"[①]。

四　连接与"再隐私化"：现代新闻的功能悖论

现代新闻作为现代性的组成部分，往往会在不同方面契合与维护着现代性，或许是对现代观念与价值层面的维护，又或许是对现代社会运行机制的契合，再或许是对现代社会生活方式的塑造。现代性本身的问题与矛盾体现在现代社会一个个具体的子领域和子系统中。在第四章中，我们揭示了同一性是现代社会的基本运作机制和现代性的本质所在，但是，同一性本身是包含着种种矛盾的，而同一性"本应是绝对的同一性，却是一种欠缺的同一性"[②]。现代社会是一个统一的整体，并构造起了总体性世界，但与此同时，这种统一与总体是建立在社会单元最小化基础上的统一与总体。现代新闻维护着现代社会的这种运行机制，并深刻体现着这种同一性背后的矛盾与问题。

现代社会实际上是社会与个人的统一体，个人是社会的，社会也是个人的，这是现代社会中人与社会之间的辩证法。现代的个人摆脱了人身依

[①] 在无意义的公共生活中，每一个人实际上都不过是海德格尔所说的"常人"，人只是以常人的方式参与这些所谓的"伪公共生活"，他们以常人的身份被感动着甚至行动着、参与着，但并不会反思究竟有何深层次的意义与价值，"在利用公共交通工具的情况下，在运用沟通消息的设施（报纸）的情况下，每一个他人都和其他人一样。这样的共处同在把本己的此在完全消解在'他人的'存在方式中，而各具差别和突出之处的他人则更其消失不见了。在这种不触目而又不能定局的情况中，常人展开了他的真正独裁"。参见马丁·海德格尔. 存在的天命——海德格尔技术哲学文选 [M]. 孙周兴，编译. 杭州：中国美术学院出版社，2018：147.

[②] 《黑格尔全集》第 2 卷，转引自尤尔根·哈贝马斯. 现代性的哲学话语 [M]. 曹卫东，译. 南京：译林出版社，2011：39.

附关系，成了自由的、理性的原子式个人，① 社会先把个人打散了，而后又通过个体的自主性实践与交往将个体连接起来，形成整体性的社会。这些自主性的实践与交往包括劳动/工作、市场行为（购买）、日常交往、复数性的娱乐活动，以及专门性的传播活动与传播实践。现代新闻活动正是一种专门性的传播活动与传播实践，其也是自我与社会、自我与外部世界相连接的最为重要的纽带和桥梁之一。也就是说，现代新闻活动的重要职责与任务便在于将人与社会有机连接起来，但实际上，现代新闻活动常常会将人与社会之间的实质性关联切断，将人置入一种孤独的状态和处境，这是现代新闻对现代性在根本层面的维护。因为现代新闻根本无意于连接人与人，它所要做的只是连接人与抽象的世界，以及连接人与抽象的社会，现代新闻的这一特征与早前维持社群之间黏性的宗教和亲缘关系截然不同，后者造就的是面对面的地方性群体，而前者造就的是现代意义上的社会。所以杜威感叹，"蒸汽动力和电气化创造的伟大社会也许只是一个社会，但是没有社区。新的、人类复合行为的、相对冷漠的和机械的模式向社区的渗透是现代生活最显著的事实"②。因此，现代新闻活动可能对人所造成的一个重要后果在于：其在将人与外部世界在认知层面连接为一体的同时，却将人本身困锁于私人空间和家庭空间，进而将人变成"再隐私化"的人。

之所以会出现这种状况，原因在于我们在第四章中已经谈到过的表述者的离场。表述者离场所造成的最终结果是人们对外部世界了解与认知的过程不再通过他人来完成，而是通过物（即媒介）来完成与实现，以此，

---

① 自由与理性是现代人的两面，文艺复兴中诞生的以自由为价值取向的"自我人"和后来发展出的强调理性的经济人在成熟的现代社会中合二为一了，由此形成了原子式的个人。"'自我人'试图成为精神主体，相信自己是自己的精神权威，自己有精神主权去进行价值判断，自己的精神不依赖他人而具有完整意义，还特别重视私人性，强调私人经验或私人知识的不可替代性和不可还原性，突出所谓'自我'以及自我价值"，"'经济人'把个人确认为利益主体，永远自私自利，漠视他人利益，永远理性地追求自己的利益最大化，毅然决然地避免一切无助于个人利益的不必要付出并且规避任何风险"，由"自我人"与"经济人"化约成的原子式个人则无论在精神上还是在物质上都坚决与他人划清界限。相关观点可参见赵汀阳. 坏世界研究：作为第一哲学的政治哲学 [M]. 北京：中国人民大学出版社，2009：223.

② 约翰·杜威. 公众及其问题 [M]. 上海：复旦大学出版社，2015：100.

物的功能替代了人的作用，中介的非现实化表征替代了活生生的现实经验，① 人与物之间的关系在遮蔽了人与人关系的同时，将人置入了一种自我相处的孤独境地。这种孤独境地必然是封闭性的，而封闭性源于生活世界本身的物化，人们处在一种由各种各样的物包裹起来的世界之中，物将生活世界封闭起来，"家用设备是向世界打开了日常生活的大门吗？实际情况恰好相反，家用设备强化了重复乏味的日常生活方面和线性过程，相同的姿势围绕着相同的对象，从而使日常生活更加封闭起来"②，广播、电视等电子化的媒介恰恰就是这种将人们困锁于家庭和私人世界中的家用设备，现代新闻媒介的功能悖论就在这种又连接又隔绝的状态中展开了，现代媒介使人们在家庭或私人空间就可以晓尽天下事，由此外部世界走入了私人生活。然而，本该走向外部世界的日常生活行至半途却又拐回私人生活，由此人们的生活发生了"再隐私化"，"公共生活与个人生活的相互作用，毋庸置疑，已经导致实际的和社会的生活'再隐私化'，退回到家庭，换句话说，退回到'个人的'日常生活"③。关于这种个人脱离公共世界而重新躲入家庭空间的现象，美国学者罗伯特·帕特南在其代表性作品《独自打保龄：美国社区的衰落与复兴》中就曾描述过：

> 近三代美国家庭都是以电视为中心的。它是家庭生活的焦点，随之而来的是家庭生活变得内向化，和墙壁之外发生的任何事都无所关涉……电视是一个家庭和外部联系的主要途径。家庭本身的物理封闭使得人们的生活和外界不再发生任何积极的联系；相反，它使人们困

---

① 现代社会建立起完善的中介系统，通过中介系统，人们不再事必躬亲就可了解外部世界，中介的本质特征之一在于用间接经验替代直接经验，"博物馆取代了具体实践，指南或手册取代了博物馆，评论取代了图画，书面描述取代了建筑物、取代了自然景观、取代了冒险和活生生的行动"，参见刘易斯·芒福德. 技术与文明 [M]. 陈允明等，译. 北京：中国建筑工业出版社，2009：181.
② 亨利·列斐伏尔. 日常生活批判 [M]. 叶齐茂，倪晓晖，译. 北京：社会科学文献出版社，2018：594.
③ 亨利·列斐伏尔. 日常生活批判 [M]. 叶齐茂，倪晓晖，译. 北京：社会科学文献出版社，2018：237-238.

居室内，与世隔绝。①

在现代社会新闻媒介的这种功能悖论之中，"媒介是人的延伸"这句麦克卢汉的经典话语或许还有另一种解读，媒介确实使生活世界的边界向外扩展，但又使人本身原地不动。正是通过现代的新闻媒介，人之认识与身体之间的二元分裂关系被放大，并最终导致了独属于现代社会的文化症候，人既通过报纸、广播、电视等媒介与世界相连，又孑然一身、独自相处，"'再隐私化'正在用小家庭占据个人的位置，从而延伸和替代早期的个人主义……信息正在增加，而直接接触却越来越少。关系的数目增加了，但是这些关系的强度和真实性却在降低。多样性与隔离一道产生，主动精神和自由的可能性与更为严厉的条件一道产生"②。当然，我们不能完全否定人的"再隐私化"，就像阿伦特所揭示的那样，"一个人私有财产的四面壁垒，为他提供了离开公共世界后唯一可靠的藏身之处，让他不仅可以摆脱发生在公共世界内的一切事情，而且可以摆脱其特有的被他人所见和所听的公开性。过一种完全公开的、在他人注视下的生活是浅薄的，因为这样的生活虽然保有可见性，但失去了从某种更幽暗之所（在十分真实的、非主观的意义上，这个幽暗之所必须隐藏才有深度）上升到光亮处的性质"③。的确如阿伦特所说，有时候公开的生活、被他人注释的生活的确是浅薄的，私人领域保证了人之生命的厚度，因为从某种程度上来讲，个体的自我独处规避了热闹与喧嚣，往往自我独处造就了个体对生命的独特体悟，使个体对人生有更深刻的思考与感悟。

但通过现代新闻媒介，个体并不是真正的独处，其依然要面对他者的在场，只不过这种在场是以化身的方式实现的。化身性的在场不是真正的在场，也不是不在场，而是侵入性的在场。面对所侵入之化身的个体，依然在面对着世界，依然被世界的喧嚣和热闹包围，实际上，这正是我们前

---

① 罗伯特·帕特南. 独自打保龄：美国社区的衰落与复兴［M］. 北京：北京大学出版社，2011：260.
② 亨利·列斐伏尔. 日常生活批判［M］. 叶齐茂，倪晓晖，译. 北京：社会科学文献出版社，2018：316.
③ 汉娜·阿伦特. 人的境况［M］. 王寅丽，译. 上海：上海人民出版社，2017：46-47.

文所说的个体依然被湮没在当下与日常之中，相较于周遭的日常，这是一种范围更为广阔的日常，一种经过特定框架与系统整合了的日常，因此，在由现代新闻媒介所占据的私人生活之中，人虽然并不直接地被公共所裹挟，但间接地被世界所左右。人依然要被当下所左右和控制，个体所拥有的只是一种形式上的独处，其心灵仍然时时刻刻被世界占据着，其依然缺乏对生命本身的直接体悟，所拥有的只不过是对世界的间接观看或"瞥见"。在这种意义上，阿伦特所说的现代社会的私有领域也被占据了，其被现代社会所创造出来的所谓的财产财富本身所占据了，也被物化了的现代新闻媒介所占据了，被占据了的私人领域并不能保证生命的厚度与深刻性，当然，那些占据者及其背后的力量也并不希望人生命浑厚与深刻，生命与生活的浅薄才是它们所期望的。这个领域虽然并不可见，但很容易被推测，因为将这个领域占据的几乎所有内容都是被现代社会创造出来的，是同质化了的，现代新闻本身也是被同质化生产出来的，[①] 是被嵌入循环往复的日常生活之中的，因此，从某种意义上讲，现代新闻或许仍不过是阿伦特口中所说的令人浅薄的动力之一。

与此同时，现代新闻活动，尤其是电视和广播等电气化新闻活动造成了一种非参与化的、被动观看的时代文化症候，在现代社会中，随着技术的发展与商业的推动，电视和广播等在人们的生活中占据着越来越重要的作用，人们越来越依赖于电视和广播来接收新闻信息，而在电视和收音机面前，人是被动的，"书必须拿在手中，主动地与之交流。然而对电视机则不然，打开、坐下，图像就会展现在电视观众面前"[②]。人在人面前呈现以主动的姿态，因为面对面的新闻信息交流需要两个主动的主体才能实

---

① 现代社会的内容产业几乎都是同质化的，因为资本主义的大工业生产方式已经深刻地深入了文化内容的生产之中，批量化、同质化的生产替代了文化和艺术本身，用本雅明的话来讲，艺术失去了原有的灵韵。关于文化的同质化的论述，霍克海默和阿多诺的《启蒙辩证法》一书中有非常经典的论述，在他们看来，"在今天，文化给一切事物都贴上了同样的标签。电影、广播和杂志制造了一个系统，不仅各个部分之间能够取得一致，各个部分在整体上也能够取得一致……在垄断下，所有大众文化都是一致的，它通过人为的方式生产出来的框架结构，也开始明显地表现出来"，参见马克斯·霍克海默，西奥多·阿多诺. 启蒙辩证法 [M]. 渠敬东，曹卫东，译. 上海：上海人民出版社，2006：107-108.
② 约书亚·梅罗维茨. 消失的地域：电子媒介对社会行为的影响 [M]. 肖志军，译. 北京：清华大学出版社，2002：78.

现，人在书籍和报纸等纸质媒体面前依然是主动的，人只有主动才能获取书籍和报纸中的内容。在电视和广播面前，人只是被动地聆听和观看，人虽然看到了世界，却无法参与世界，人变成了一种渺小的、无能为力的存在，一种只能任由电视和广播摆置和捉弄的角色，"电视让每一个家庭去看世界奇迹，但是，恰恰是这种把世界当成奇迹来看的方式，引进了非参与和任人摆布的状态"①，"再隐私化是一个完全被动感知的世界，没有实际的参与，可以看见，但是不能实际接近的过程：技术、空间探索、政治战略。社会化的凝视替代了社会实践的积极意识，在它之下，社会实践过程高速消失在远方"②。不论是电视还是广播，都意味着被动感知、被动观看和被动凝视，即时化的无限点播在将世界迅速带到人们眼前的同时也消灭了世界，世界留下的意义也只剩下了一层，即被人们观看的对象，并且，这一经由媒介技术中介的世界也是一个非本真的世界，"这些大众传播工具使它们的受众被动了。它们让它们的受众幼稚起来。它们以特定的模式——看点模式、眺望来'表达'世界，带着我们已经踢掉和我们继续强调的模糊性：不参与到一个虚假的存在中"③。与此同时，我们不能将观看这一行为中性化，观看不仅仅是一个行为动作，它还是一种价值层面的冷漠，观看并不作为，观看也只是观看，"人们能观看一切，在观看了一切之后能继续活下去。观看，就是保持距离和不参与其中，但亲临现场，并把其他人变成可见物体的一种奇特方式"④。

这种"再隐私化"也可用海德格尔对技术的批判加以揭示。海德格尔认为，人的非参与化与被动观看的文化症候源自现代社会已经为技术支配的时代。而在为技术支配的时代中，人本身变成了一种整体化体系中被排列组合的部件，即存料-部件（Bestand-stück，英译作 the standing reserve），"存料-部件总是被关入一种订置（笔者注：bestellen，亦可译作'订

---

① 亨利·列斐伏尔.日常生活批判[M].叶齐茂，倪晓晖，译.北京：社会科学文献出版社，2018：301.
② 亨利·列斐伏尔.日常生活批判[M].叶齐茂，倪晓晖，译.北京：社会科学文献出版社，2018：314.
③ 亨利·列斐伏尔.日常生活批判[M].叶齐茂，倪晓晖，译.北京：社会科学文献出版社，2018：428.
④ 莫里斯·梅洛-庞蒂.符号[M].姜志辉，译.北京：商务印书馆，2003：385-386.

造'），为这种订置所摆置。诚然，如此这般被摆置者也包括——当然是以自己的方式——人，不论是人操纵机械还是人在机组之订置范围内构造和建造机械。在技术之支配地位的时代里，人本质上被集-置订置入技术之本质中，被订置入集-置中"①，通俗来讲，即人变成了物，变成了物体系中的一部分。广播、电视等现代新闻媒介正是这种将人变作物的技术性存在，表面上看，每一个观众或听众都可以选择所听的内容，但实际上，每个观众或听众都不过是被内容锚定和安排的对象，"广播和电影也属于那种订置的存料，通过这种订置，公众本身受到摆置，受到促逼，并且因此才被安排。广播和电影之机组乃是那种存料的存料-部件，这种存料把一切都带入公共领域之中，并且因此毫无差别地为了一切事物和每一件事物订置公众"，在广播和电视节目面前，观众和听众从来都不是自由的，尽管他们自认为有选择的权利，"被隔离于存料部件之部件特征中，每一个把头扭过去的广播听众，都作为存料之部件而被隔离起来，他被关入其中，尽管他还以为广播的开关完全是他的自由。而实际上他只还在这样一种意义上是自由的，即：他每每不得不排除一种无可避免地持存着的公众之涌逼的强制性"，于是，"在被叫做广播电台的存料中，一种订置和摆置起着支配作用，而这种订置和摆置已经干预和影响了人的本质"②。

　　现代新闻活动的功能悖论所造成的结果绝不仅仅是将人重新困锁在家庭与私人领域那般简单，而是从深层次凸显着人之异化与物化的现实。在现代新闻活动的功能悖论中，新闻首先被异化了，新闻原本应当是个人走向世界的桥梁与中介，但却将个人带入更加孤独、更加被动的生存处境；新闻的异化使人之日常生活也异化了，日常生活本来应该实现自身的超越，走出日常与当下，走向社会、走向国家、走向公共、走向历史，但被湮没在了观看与收听的被动行为之中；社会交往也异化了，交往本来该走向外部世界，走向所谓的"全球化"，但越发停留在家庭生活和小圈子之中；人也异化了，人本该更加丰富多彩，但事实上却更加孤独了；甚至连

---

① 马丁·海德格尔. 存在的天命——海德格尔技术哲学文选 [M]. 孙周兴，编译. 杭州：中国美术学院出版社，2018：103.
② 马丁·海德格尔. 存在的天命——海德格尔技术哲学文选 [M]. 孙周兴，编译. 杭州：中国美术学院出版社，2018：103-104.

"再隐私化"也异化了,"日常生活的'再隐私化'去掉了来自国家和历史的异化。再隐私化让建立在日常生活背景中的个人生活'隐私化',从而把隐私化推向更深的程度,于是,再隐私化异化了"①。而当异化发生时,日常生活模糊了,日常生活的意义也再次被消解了,人们变成了"全球化"的个人,人们对公共领域的事情似乎都可以了解,但行动消失了,人们除了凝视与观看似乎什么都不去做,一切都在向相反的、离散的方向发展,人们仿佛可以凝视到全世界,"不过,这个凝视被减至无能为力,一种虚假意识上的占有,准知识和非参与"②。

异化、再隐私化、只能被动地凝视和观看,充分地揭示出了人在现代社会所面临的生存困境——中介化将人圈禁在了一个非本真的世界③之中。技术构建了一个适于人居住的但却是非本真的世界,"人类原先定居于其本质空间中,居住于其中,而如今则不同了,人类无能于现在其支配作用的天命范围内的本质性东西了"④,人不是本真性的"诗意地栖居",而是陷入了非本真性的"技术的栖居"。在技术的栖居中,人不再直面自我与世界,而是沦入了由技术建构起来的日常之中,成为当下的俘虏,于是,人失去了自身的可能性,失去了自身的实践本性和超越本性,也失去了选

---

① 亨利·列斐伏尔. 日常生活批判 [M]. 叶齐茂,倪晓晖,译. 北京:社会科学文献出版社,2018:414.

② 亨利·列斐伏尔. 日常生活批判 [M]. 叶齐茂,倪晓晖,译. 北京:社会科学文献出版社,2018:313-314.

③ 海德格尔认为,人有两种存在状态:本真的存在状态和非本真的存在状态。两种状态分别对应人与世界的两种关系模式:本真的也就是诗意地栖居于世界之中,以及非本真地栖居于世界之中。非本真的存在状态实际上是一种失去自我、受世界摆布的"沉沦",在这种状态中,人陷入了物的限制之中,人把自己当成和物一样的"在者"而忘记自身。本真的存在状态则是一种超越性的状态,超越于当下、超越于日常,超越于有限性,海德格尔认为,人是具有良知的,"良知"能够把人从沉沦中唤醒,使人能发展各种可能性,不断更新、超越、丰富自己,成其所是,获得本己。相关讨论可参见刘诗贵. 海德格尔从"非本真的存在"走向"本真的存在" [J]. 宁夏社会科学,2016(03):25-28. 经由技术建构起来的世界显然是一种非本真的世界,因为在现代技术世界中,技术显然不再是一种手段,相反,人反倒受技术的逻辑支配与控制,在这里,我们可以看出,海德格尔对人的非本真状态的揭示与马克思的异化理论、卢卡奇的物化思想以及列斐伏尔的日常生活理论有着指向和脉络上的一致与相似。

④ 马丁·海德格尔. 存在的天命——海德格尔技术哲学文选 [M]. 孙周兴,编译. 杭州:中国美术学院出版社,2018:127.

择与自由,"随着丧失于常人之中的境况,此在切近的实际能在——诸种任务、规则、措施、操劳在世和操持在世的紧迫性与广度——总已被决定好了……此在就这样无所选择地由'无名氏'牵着鼻子走并从而缠到非本真状态之中"①。这种非本真性恰切地体现在经由技术构建的现代新闻活动之中,现代新闻活动构建起一种人与外部世界沟通和交往的日常,人以原地不动的方式、依然停留于家庭和私人领域的方式知晓与了解外部世界的变化,但人并不亲临真实的世界,人把所看到的中介化的世界当成了真实的世界,伪交往代替了真实的交往并构成了真实的可以控制人的世界,以此,人遗忘了真实的世界。不仅如此,在现代新闻活动中,人不仅遗忘了真实的世界,而且遗忘了人之自我,因为一如我们前文所揭示和强调的那样,现代新闻活动在不断建构并维护着日常与当下,新闻不是帮助人走向自我的摆渡人,而是常人的生产者,也是非本真自我、片面自我的制造商。

　　行文至此,我们已经从新闻的角度出发,或者更准确地说,从新闻最为核心的中介性与时间性出发,对现代生活进行了基本性的批判。就新闻及其干预下的人的存在方式而言,现代新闻的确使每一个处于现代社会中的人都可以了解到外部世界,使他们避免陷入狭隘有限的自然生活世界之中,但与此同时,现代新闻又凭借其对当下的关注、肤浅的表达方式、报道内容的世俗性、传播方式的大众化与中介职能所潜含的悖论,导致人陷入当下、精神丧失、步入非良性公共生活、走入再隐私化。对于处在传统社会中的人而言,现代社会是目标、方向、希望与美好的夙愿,但真的步入现代后,会发现也许现代性部分地兑现了其对传统的许诺,但更多的情况只是从一个枷锁重重的阶段走向了另一个枷锁重重的阶段,在这一过程中,一些枷锁的脱落伴随着另一些枷锁的扣合,一些束缚的摆脱紧跟着另一些束缚的收缩,人发展的历史征程仿若"正入万山圈子里,一山放过一山拦",每一个历史阶段的人皆是人通往下一个阶段的桥梁,而这下一个阶段,似乎谁也说不好到底会是阴霾重重还是万里晴空!

---

① 马丁·海德格尔. 存在与时间(修订译本)[M].陈嘉映,王庆节,译. 北京:生活·读书·新知三联书店,2014:307-308.

第六章
数字生活与世界侵入个人的时代

> 换言之,任何事物(任何粒子、任何立场,甚至时空连续体本身),其功能、意义和存在本身都完全(即便在某些情境中是间接地)源自……比特。
>
> ——惠勒《居于宇宙之家:现代物理学大师》

> "流动的"现代性的到来,已经改变了人类的状况,否认甚至贬低这种深刻的变化都是草率的。系统性结构的遥不可及,伴随着生活政治非结构化的、流动的状态这一直接背景,以一种激进的方式改变了人类的状况,并且要求我们重新思考那些在对人类状况进行宏大叙事时起构架作用的旧概念。
>
> ——鲍曼《流动的现代性》

我们现在仍然处于现代社会之中,但我们又处于一种不同于以往的现代社会之中。以历史的眼光来看,现代社会已经发生了重要且深刻的变化,并且现代性本身也处在一种深层次的重构之中。现代社会发生了何种变化?现代性又是怎样被重构的?现代社会的变化和现代性的重构会使人们的生活世界发生哪些改变?新闻活动会发生怎样的改变?以及新闻与生活世界之间的关系会如何变化?人的存在状态又会发生怎样的变化?在本章中,我们将着重讨论现代性重构语境下新闻与生活世界之间的关系,并以批判的眼光审视当下社会人的生存处境。

一 同一性的嬗变与现代性重构

现代社会的变化已经被诸多思想家和学者捕捉到了。

早在 20 世纪 70 年代，美国学者丹尼尔·贝尔就预测到后工业社会的来临，在他看来，工业社会是以机器技术为基础，以资本和劳动为主要结构特征的社会形态，这种社会形态面临着深刻的转变，正在转向以智能技术为基础、以信息和知识为主要结构特征的后工业社会。① 比利时学者曼德尔认为将当前阶段描述为后工业社会并不准确，他将现代社会划分为市场资本主义、垄断式资本主义、晚期资本主义/跨国资本主义三个阶段，我们此前所处的阶段正是由第三次技术革命驱动而形成的晚期资本主义阶段。② 德国社会学家乌尔里希·贝克认为，人类社会当前已经从古典工业社会中脱离出来，转变为一种崭新的社会形态——风险社会。③ 吉登斯赞同贝克的说法，他也认为现代性本身存在一种阶段性的划分，不过，他将现代性的阶段区分为早期现代性和晚期现代性/高度现代性，而我们已经

---

① 贝尔认为，后工业社会这一术语所用来表征的主要是社会某一个维度的变化而非整体结构的变化，在他看来，后工业社会实质上意味着社会新的中轴结构和中轴原理的兴起：从商品生产社会转变为信息（知识）社会；就知识形式而言，它表现为中轴由实验主义或验伪式的修补转向指导发明和政策制定的理论及理论知识汇编。后工业社会主要表现在五个方面：（1）经济方面，从产品经济转变为服务性经济；（2）职业分布，专业与技术人员阶层处于主导地位；（3）中轴原理，理论知识处于中心地位，它是社会革新和制定政策的源泉；（4）未来的方向，对科技的控制以及技术评估；（5）制定决策，创造新的"智能技术"。参见丹尼尔·贝尔. 后工业社会的来临 [M]. 高铦, 译. 2018：11-12.
② 关于曼德尔对现代社会所做的历史划分，以及晚期资本主义社会的特征，可参见厄尔奈斯特·曼德尔. 晚期资本主义 [M]. 马清文, 译. 哈尔滨：黑龙江人民出版社, 1983.
③ 从古典工业社会到风险社会的转变，意味着人类社会分配逻辑的变化，即从财富分配转变为风险分配，"'工业社会'或'阶级社会'这样的概念，是围绕着社会生产的财富是如何通过社会中不平等的然而又是'合法的'方式实行分配这样的问题进行思考的。它与新的风险社会的范式相重叠，后者解决的是与前者相类似然而又是极为不同的问题"，"阶级社会的驱动力可以概括为这样一句话：我饿！另一方面，风险社会的驱动力则可以表达为：我害怕"，由此，人也逐渐从工业时代所形成的确定性和生活模式中解放出来，进入风险与不确定性交杂丛生的生活之中。可参见乌尔里希·贝克. 风险社会 [M]. 何博闻, 译. 南京：译林出版社, 2004：16, 57.

生活在一个高度现代性的时期。① 美国学者戴维·哈维认为，在 20 世纪晚期资本主义的政治经济实践确实发生了深刻的改变，这种改变实际上是社会状态的变化，即从福特主义—凯恩斯主义向一种更为灵活的积累体制转变。② 与哈维观点多少有些相似，英国社会学家鲍曼认为，现代社会已经从僵化的固态现代性转变成一种灵活的、弹性的液态现代性，与之相应，人也逐渐生活在一种流动的、游牧式的生活状况之中。③

这些学者无疑都主张现代社会进入了一个新的历史时期。如果以一种笼统的表述方式，我们或许可以将这一新的历史时期命名为"晚期现代社会"。我们并没有采用"后现代"这一概念来表征现代社会所进入的新阶段，且不说"后现代"这一概念在意义层面的模糊不清、纷乱混杂，④ 即便从这一概念所表述的时间结构来判断，用"后现代"形容当下阶段也是不适用的。按照高宣扬的说法，从历史角度来看，后现代唯一可以明确的，只有其同现代性之间的时间关系，"它（笔者注：指后现代）是由现

---

① 高度现代性的特征就在于对理性风险的承认与反思，亦即"对自然力理性（providential reason）的广泛怀疑，以及对科学和技术作为双刃剑的认可（即认为科学和技术为人类创造了新的风险和危险的参数，但也为人类提供了有益的可能性）"，可参见安东尼·吉登斯. 现代性与自我认同：现代晚期的自我与社会 [M]. 赵旭东，方文，译. 北京：生活·读书·新知三联书店，1998：30.
② 哈维认为，1973 年以来，资本主义社会进入了一个迅速变化、流动和不确定的时期，劳动过程和市场变得更为灵活，地理与空间更富流动性，消费习惯呈现出骚动、不稳定和短暂的特性，企业精神和新保守主义开始复兴，这种现存的政治经济实践彻底打破了二战后形成的福特主义—凯恩斯主义的政治经济力量结构，而后者的典型特征在于大规模生产和大规模消费，其在提高资本家利润的同时，促进了工薪阶层整体生活方式的改变。参见戴维·哈维. 后现代的状况——对文化变迁之缘起的探究 [M]. 阎嘉，译. 北京：商务印书馆，2003：164-165.
③ 鲍曼将现代性区别为两个阶段，固态现代性和液态现代性，固态现代性即早期现代社会，在这样一个社会中，"社会生活的'基础'为其他所有的生活领域创造了一个'超级结构'（superstructure）"，"传统的瓦解……积淀出了一个新秩序，一个首先按经济标准来界定的新秩序。这一新秩序比它所取代的旧秩序，更为'坚不可摧'"。这一秩序的最终结果是总体性秩序、系统的框架和模式，以及约束性的生活戒律。固态现代性发展到一定阶段后逐渐向液态的、弹性化的现代性转变，在流动现代性中，原有的秩序与框架逐渐被打破，一种弹性的社会生活模式逐渐建立，"我们生活在一个共同的多变世界中，在一种严重的、没有希望的、不稳定的状况下"，参见齐格蒙特·鲍曼. 流动的现代性 [M]. 欧阳景根，译. 北京：中国人民大学出版社，2018：28，230.
④ 道格拉斯·凯尔纳，斯蒂文·贝斯特. 后现代理论——批判性的质疑 [M]. 张志斌，译. 北京：中央编译出版社，2011：31-32.

代资本主义内部孕育和产生的，它位阶于被称为'现代'的资本主义的历史时代之后"①。但显然，我们仍然处在现代社会之中，尽管我们当前所处的现代社会已经发生了显著的历史性变化。对此，笔者认同哈贝马斯和吉登斯的判断，哈贝马斯将现代性视作一项未完成的构想，主张现代性话语并未过时，因而力图建构现代性的哲学话语②；吉登斯则从社会本身进行判断，认定我们现今的世界只是进入了高度现代性或晚期现代性阶段，而并没有进入一个所谓的后现代时期③。笔者打算延续前文关于现代性的论述，对当前社会仍然属于现代社会进行简要的解释，并对现代性的最新变化予以说明。

根据马克思在《资本论》中的深刻阐释，我们发现现代社会的基本机制和现代性的本质在于同一性，现代社会相较于传统社会最为核心的特征在于这一社会形态建立在一整套系统的规则和标准之上，而搭建起这套系统的关键就在于同一性，或者更为准确地说是资本的同一性。因为正是资本主义生产方式以自身的同一性整合了社会其他方面的同一性（包括社会基本单元的同一性、劳动的同一性、货币的同一性、价值的同一性、市场的同一性等），从而推动人类历史彻底转向了一个不同于传统社会的阶段。通常意义上所认为的现代社会的特征，如理性、自由、平等、民主、科学、技术等，也都与同一性有深刻的关联。同一性实际上是一种根本性的尺度、标准和规则，或者说元尺度、元标准和元规则，根据这一尺度、标准和规则，理性是思想的尺度，是人认识世界时的一种稳定性标准；自由是人可以依据自己内心准则行事而不受外界束缚，平等是人与人之间关系的规则，民主是个人与国家之间关系的标准，三者存在之前提皆在于社会最小单元的个体化；科学与技术是人解释世界和改造世界的规则，其根植于人的理性认知能力。同一性是现代大厦的根基，也正是这些从同一性衍生出来的不同尺度、标准和规则，构成了现代社会稳定的价值内核。只要同一性依然构成社会的抽象基石，就意味着现代性依然存在、现代社会运转的机制依然存在、现代社会依然稳定地运行在既定的轨道之上。以目前

---

① 高宣扬. 后现代论（第 2 版）[M]. 北京：中国人民大学出版社，2016：23.
② 参见尤尔根·哈贝马斯. 现代性的哲学话语 [M]. 曹卫东，译. 南京：译林出版社，2011.
③ 参见安东尼·吉登斯. 现代性的后果 [M]. 田禾，译. 南京：译林出版社，2011：15–16.

我们所处世界之实际情况来看，资本主义生产方式仍然支配着经济生活的运转，科学与技术依然是我们认识与改造世界的方式，社会最小单元仍然是基于文艺复兴、启蒙运动、宗教改革等历史事件逐步确立起来的个体，自由、民主、平等依然是人处理与自我关系、他人关系、国家社会关系的准则，在这种意义上，现代社会赖以存在的同一性及其所形成的社会支撑系统依然存在，因此，我们仍然处在现代社会之中。

我们不能就此天真地认定现代性只有美好的许诺，同一性中原本就包含着矛盾性，因此，现代性在根植于同一性以及依赖于此的资本主义、理性、科学与技术、自由平等与民主的同时，也必然要面临与承受其所包含的矛盾、悖谬与反叛。不论是基于何种规则与秩序建立起来的社会，都必然在现实中面临种种问题与矛盾，如政治经济层面的矛盾、社会层面的矛盾、思想层面的矛盾、文化层面的矛盾。矛盾是任何社会的常态，自然也是现代社会的常态。人们通常谈论的后现代思想、后现代文化、后现代主义，多数情况下实际上是对现代性本身内在矛盾的揭示，或者纯粹是对现代性的反叛，而非在社会形态层面对现代性的超越。因为真正的现代之后的人类阶段，一定是非现代，是对现代社会得以组织起来的根本原则的摈弃，正如现代社会对传统社会曾经做出的根本性变革一样。至少到目前为止，我们无法想象脱离了现代社会根基与组织原则的未来社会（也即真正意义上的"后现代社会"）究竟会是何种面貌。

现代性有其非常吊诡的一面，它就像一种紧箍咒，越是反叛被勒得越紧。这在一定程度上是因为现代性将自身建立在"一"之上，一的反面不是多，多是一的结果，一是多的基础，一通过自身的分裂与复制创造多、通过确立自身的基础地位支撑、通过对自身的否定孕化多，甚至建立一也不是为了取消多，而是通过建立一来容纳和包容多。当然，一与多并非琴瑟和鸣，二者之间充满可能性的张力和矛盾。通过一与多之间的一致性与联系性，现代性获得了自身存在的基础；通过一与多之间的矛盾与张力，现代性也呈现了自身内在的矛盾。这种一与多之间的辩证关系正是现代性的内在奥秘之一。"一"的真正对立面是"无"，超越一的前提是否定一，超越现代性建立在对同一性的否定基础之上，否定同一性不是承认多，而是抛弃一切、抵达空无。但这样的社会形态显然是不可想象的。即便是最富想象力也最为科学的马克思主义所设想的共产主义未来，也没有否定同一性，相反，共产主义正是对同一性的最充分利用，因为其在现代社会所具有的所有同一性之上又添加了一种用以保证分配正义的人为同一性，即计划与规划。因此，在某种程度上可以说，共产主义是现代性所能抵达的终极形态。

可以肯定的是，当前的社会依然处于同一性的支配之中，但支配同一性的力量发生了变化，并且支配同一性的力量的变化正是现代社会产生变化的根源，即便不说唯一至少也是最为主要的根源之一。早期现代社会所呈现出来的诸多同一性因素中，最为根本的就是资本的同一性，G–W–G′构成了一种极具吸附性的动力，其将其他一切同一性（劳动的同一性、货币的同一性、获取财富心理的同一性）整合起来，形成一种具有强大势能的扩张性力量。对于当今世界而言，象征着同一性的资本依然在主导并塑造着世界的变化，但与此同时，另外一种不同层面的同一性也出现了，并且以其势不可当的劲头与资本合谋，共同塑造着世界。这种同一性即信息的同一性，或者也可以说是交往与连接的同一性。

信息的同一性最早体现于符号和语言，每一个符号/词语之能指皆可表示无数的对应实物，因此，每一符号/词语都是从同一类或同一种实物中抽离出来的表意单元。世界包含万事万物，表征万事万物的词语/符号汇聚成了语言和文字。语言和文字的同一性是有限的同一性，符号与词语仅仅在同一类或同一种实物之中建立一种同一的表意单元，但这一表意单元得以成立的前提正在于其与其他符号或词语的不同，因此语言和文字的根本特性在于其差异性。符号中真正具有同一性的是数（number），数是可以通约和相互转化的，近现代电报等信息技术建立的前提就在于运用了编码解码机制，编码的实质在于从一种抽象向另一种抽象转换，而这种抽象之间的转换在数学之中早已存在（尽管当时如莫尔斯电报字母表等依然是在简化的元字母与字母之间进行转换），并且转换在某种程度上就是数学的本质所在。真正具有同一性的数在20世纪中后叶开始大放异彩，但令其大放异彩的理论在20世纪上半叶已经诞生，20世纪30年代，香农最先在逻辑电路与二进制算术之间建立起关键性的勾连,开创了近现代科学中具有革命性意义的信息论。①

在哲学层面,信息论提出了颇具革命性的世界观,其认为世间万物的本源在于比特,存在于世界中的各种事物皆是通过比特的排列组合而形成的,其实这种世界观或可追溯至古希腊的毕达哥拉斯,毕氏认为数是万物的本源,香农的意义在于其通过二进制算术与逻辑电路的结合找寻到了通过信息建构起世界的密码,也为以数为核心的同一性的扩张奠定了物理意义上的根基。控制论的开创者维纳对信息的解释深入浅出,"无论在计算工作室或在电话线路中,时间序列和处理时间序列的装置都要涉及信息的记录、储藏、传递和使用等问题。这里的信息是什么,如何测量它?最简单最基本的信息形式,就是对两个具有相同概率的二中择一的简单事件所作选择的记录,选择时不是这个事件就是那个事件一定要发生。例如,掷硬币时花或字的选择记录就是这种形式的信息。我们把一次这种二中择一的选择叫作一次决断"②,维纳的表述已经揭示了信息同一性的实质,所有的符号和语言都可以通过最基本的信息形式(即二中择一的决断)的排列组合来实现,最基本的信息形式可转化为信息中的最小单元(比特),这是信息同一性的关键,也是所有信息相互通约的基础和纽结。信息论的方法论前提仍然在于还原论,其正是通过对信息最小单元的发现和定义,打通了统一所有信息系统的关键节点,由此开启了信息技术革命。③ 而之所

---

① 香农在他的硕士学位论文中指出,电路可以像在逻辑学中一样,做出"如果……那么……"的选择,"使用继电电路进行复杂的数学运算是可能的。事实上,任何可以用如果、或、与等字词在有限步内加以完整描述的操作,都可以用继电器自动完成",香农论文中关于逻辑电路与二进制算术关联之间的论述和设想,已经蕴含了计算机革命的核心。参见詹姆斯·格雷克. 信息简史[M]. 高博,译. 北京:人民邮电出版社,2013:173.
② 诺伯特·维纳. 控制论:或关于在动物和机器中控制和通信的科学[M]. 赫季仁,译. 北京:北京大学出版社,2007:57.
③ 信息技术的革命性意义最先表现在其对信息的处理上,人类社会从来就有关于信息处理的需求,对信息处理的需求在18世纪和19世纪有了激增,贸易和经济增长产生了大规模的信息需求,政府和军队也有了更多的信息需求,人与人之间交往的普遍化对信息的需求也越来越多。某种意义上来讲,信息技术革命的产生也可视作信息需求增长的产物,"文化变革和当时的人口统计、经济和社会变革密不可分,表现在其对各种信息(比如自然、民生、新闻、商业以及其他世俗和实用的话题)越来越强烈的兴趣。政府和个人不仅想要拥有更多的信息,还希望能更容易地获得、理解和应用信息,因此才有了理性和革命时代信息系统的蓬勃发展。正是这些信息系统构成了今日信息时代的基础",参见丹尼尔·黑德里克. 追溯信息时代[M]. 崔希芸,译. 石家庄:河北教育出版社,2016:261.

以认为信息技术是一种重塑现代性的力量，其原因在于信息技术绝不是仅仅在某一个或某几个领域产生影响，信息技术所带来的是整个社会形态、社会结构和社会组织形式的根本性变化，一如卡斯特所说，"作为一种历史趋势，信息时代的支配性功能与过程日益以网络组织起来，网络建构了我们的新社会形态，网络化逻辑的扩散实质地改变了生产、经验、权力与文化过程中的操作和结果……新信息技术范式为其（笔者注：指社会组织的网络形式）渗透扩张遍及整个社会结构提供了物质基础"①。

资本的本质是一种具有扩张性的实践性力量，其意在调动劳动、资源等各项要素以改造实体性的世界。而滥觞自 20 世纪中期前后的信息技术革命，也是一种具有扩张性的力量，但其作用方式在于创造出一种中介系统，进而塑造一种与实体世界并行的虚拟世界。用于表征实体世界的虚拟世界抽离于实体世界，但又通过无数的节点嵌套于实体世界。资本的扩张动力之源在于同一性，信息技术的扩张动力之源亦在于同一性，②二者皆构筑了一种可以容纳、整合其他要素并驱动其他要素的结构性平台。因此，资本与信息革命的不同之处在于二者的扩张方式，即前者直接改造实体性世界，而后者创造出中介性的虚拟世界。但二者扩张的内在机制又皆源自同一性，正是通过同一种同一性的力量，二者才能实现各自的扩张。与此同时，信息革命的发生本身就是在资本的推动下实现的，若无资本的推动，很难想象信息技术在现今社会中的应用；资本在当代的扩张与增殖又离不开信息技术的支撑，在现今社会中，信息技术已经构成了一种维持整个社会运转的基础设施，失去了信息技术的支撑，资本的运行或许会陷入寸步难行之境。这在某种意义上也正是卡斯特将信息技术革命之后的经济体系称为"信息化资本主义"（informational capitalism）的原因所在。

由此观之，我们仍然处在现代社会之中，支撑现代社会运行的基础仍

---

① 曼纽尔·卡斯特. 网络社会的崛起 [M]. 夏铸九，王志弘等，译. 北京：社会科学文献出版社，2001：569.

② 信息技术的扩张性根植于二进制所提供的同一化的最小单元，"二进制相比于其他的思维表述系统，具有最简洁、最快速的特点"，"二进制的简单性而导致了统一性，获得了一种不同于各种自然语言的世界语言，它使交流不受自然语言的阻隔"，由此，虚拟化的网络迅速扩展成为一种整体性的中介系统，进而造成了整个人类社会形态的深刻变化。参见陈志良. 虚拟：人类中介系统的革命 [J]. 中国人民大学学报，2000（04）：57-63.

旧是同一性，资本仍然是推动社会运行的基本动力，原有的用以表征现代社会的价值如理性、科学、自由、民主、平等依然是当前社会的主导性价值，但我们又处在一种与此前之现代社会不同的新型现代社会中，因为信息技术作为一种新型的具有扩张性的同一性力量正在兴起并深刻地改造着世界，与实体世界相互嵌套的虚拟世界正在形成，[1] 并且改造着我们的文化与生活。从区分的角度来讲，如果我们将基于资本同一性而形成的社会称为现代社会的话，那么可以将当前在资本同一性和信息同一性共同作用下诞生的社会称为晚期现代社会。[2] 一如我们前文所说，晚期现代社会并不是对现代社会的超越，在某种程度上，其更像是对现代社会的弥补和升级，并且，晚期现代社会所体现的现代性是一种更深层次、更为彻底的现代性。因为，相较于建基于实体世界与实践层面，并不针对世界的构成性发问的资本同一性而言，作为科学的信息同一性已经树立了一种基于同一性的全新世界观——一种将实体世界中所有要素都假定为数据的全新世界观。全新世界观所导致的结果也是不言而喻的：如果说现代社会中现代性支配的范围更多集中在宏观层面的话，那么晚期现代社会中被重构了的现代性，在保留现代性固有内涵的基础上，以一种更为深入和透彻的方式呈现了出来，其支配范围也已经从宏观层面走向了微观层面。

二 生活世界的数字转向

从现代社会到晚期现代社会，人们的生活世界显然也发生了相应的变化。在晚期现代社会中，被重构了的现代性支配范围从宏观逐步走向微观，所指涉的重要方面就在于人们生活世界的改变。从现代走向晚期现代，人们的生活世界究竟发生了怎样的变化？这一问题将会构成本节所要回答的主要问题。在第三章和第四章中，我们将传统社会和现代社会的生

---

[1] 虚拟世界形成的依据根植于信息论的基本假设（即万事万物皆比特）之中，正是基于这一假设，实体世界的人、事、物才会被投射到虚拟化的数字网络之中。
[2] 尽管这样的命名方式仍有待商榷，并且我们很难断言以后不会有同样能够从形态上改变社会的同一性力量的产生，将当前社会称为晚期现代社会某种程度上应该被视作权宜之计，一种相较于"后现代社会"这种并不准确命名方式而言，更加准确的命名方式。

活世界分别命名为"自然生活世界"和"物化生活世界",在信息技术革命的推动下,生活世界的面貌不同于自然生活世界和物化生活世界,其变成了被数字网络填充的数字生活世界。

当然,如果要更好地理解当前生活世界的变化,我们需要回归到生活世界的基本构成要素中去。人的生命活动是在时空环境中展开的,从传统到现代、从现代到晚期现代,人类社会变革对人们生命活动的影响最为显著和直接的体现之一,皆在于对人之生命时空环境的改造。在传统社会中,人们往往直接生存于自然时空之中,这也是我们将传统社会中人们的生活世界命名为"自然生活世界"的原因。现代化的过程在某种程度上可以被视作对物质世界进行改造的过程,对社会赖以运转、日常生活得以展开的基础设施和客观环境进行改造的过程。在第四章中,我们将生活世界的现代化归纳为标准化时间结构的形成、生活空间的改造,以及生活世界主要内容的物化。某种意义上讲,在工业革命开启后的早期现代社会中,人们日常生活最为明显的变化也体现在物质层面的变化,即衣食住行的变化。可以说,现代化对人们生活世界的重要影响之一在于形成了一套固定的日常生活结构,而这一结构运行的基础在于人自身创造的物质生活资料:人居住于、生活于、工作于由自身所创造的物质世界之中。社会生活的基础设施和客观环境一旦建立,或者说生活空间的改造一旦完成,便具有了持续存在的特性,人们的生命活动由此获得了稳定的展开条件。

在晚期现代社会中,人们依然生活在由自身所创造的物质世界之中,但这种物质世界因为信息技术革命而发生了重要的变化:在现实的实体世界之外,形成了以数字技术为底层逻辑的虚拟世界。虚拟世界抽离于实体世界,但又通过设备、终端、接口嵌入人们的生活世界,构成了晚期现代社会中人们面临的至关重要的时空环境要素。在这种语境下,世界变成了数字化的世界,人们的交往、娱乐、生活与生产都已被数字所环绕,人已经进入一种尼葛洛庞帝所说的数字化生存的境地之中:

> 计算不再只和计算机有关,它决定我们的生存。庞大的中央计算机——所谓"主机"(mainframe)——几乎在全球各地,都向个人电脑

俯首称臣。我们看到计算机离开了装有空调的大房子，挪进了书房，放到了办公桌上，现在又跑到了我们的膝盖上和衣兜里。不过，还没完。①

数字已经侵入生活世界的每一寸肌肤和每一个毛细血管，晚期现代社会中的每一个人都已被卷入数字文明之中，与此同时，每一个人的生活世界也已被数字所填充和塑造。就现实情况来看，生活世界的数字化体现在三个方面。

其一，人的数字化。虚拟化的网络世界嵌入人之生活世界的前提在于人在网络世界中占据某一处位置，转换成某一个具体的节点，唯有如此，实体的人才能与虚拟的网之间相互嵌套。由此，人本身必然要数字化。按照中国学者蓝江的观点，人首先要成为一种虚体（vir-body），而后才能进入虚拟的网络世界。当然，蓝江是在延伸拉图尔行动者-网络理论（actor-network theory）基础上提出"虚体"这一概念的。在拉图尔看来，"一个行动者-网络就是大范围的各种流入和流出的行动元的行为所创造出来的"②，行动者-网络是一种无中心的块茎式网络，在这一网络中，核心元素是构成网络整体的行动元（actant），不同的行动元共同构成了行动者-网络。蓝江认为，数字网络也是一种行动者-网络，从存在论的角度来看，构成数字网络的最基本的单元就是虚体，"虚体是数字网络中的一个活性的点，它能够主动地产生关系"，"数字网络是在无数虚体的相互作用下形成的交往网络"，"实体（即真实世界的个体）并不直接是数字化界面上的行动元，尽管他们可以操作数字化的虚体，他们唯有将自身变成一个虚体才能在数字化界面上进行交往"③。生活世界是人的世

---

① 尼古拉·尼葛洛庞帝. 数字化生存 [M]. 胡泳, 范海燕, 译. 海口：海南出版社, 1997：15.
② Bruno Latour. *Reassembling the Social: An Introduction to Actor-Network-Theory* [M]. Oxford：Oxford University Press. 2005：217.
③ 蓝江. 一般数据、虚体、数字资本——数字资本主义的三重逻辑 [J]. 哲学研究, 2018 (03)：26-33. 在这篇论文中, 蓝江将虚体的特点概括为三个方面：(1) 虚体是数字化网络最基本的存在单元；(2) 虚体与实体之间不存在严格的对应关系；(3) 虚体的核心是数据化, 即作为一般数据而存在。尽管网络中的虚体未必是人, 但只要人进入网络世界之中, 就需要获得一个数字身份, 人在无形之中就被数字化了。

界，是人在与外界的因缘联络中形成的，因此，生活世界的数字化本身就是一个双向的过程——网络通过实体装置（如电脑、手机等）嵌入生活世界的过程和存在于生活世界中的个体转化为虚体的数字化过程。

其二，生活世界内容的数字化。个体转化为虚体是人走向数字网络世界的门槛，而在人数字化的同时，世界本身发生了变化，人一脚仍然留在现实的实体世界，另一脚则迈入了数字化的虚拟世界。人的双重身份与两种世界的相互嵌构所带来的结果，实质上是虚拟世界对人之日常生活的不断侵入，人之生活世界的内容也不断地被数字化，换言之，也即人之生活世界不断地被虚拟世界所填充和占据。生活世界内容的数字化最为显著地表现在人之交往活动的数字化。生活世界的内容是在人与世界的交往关系中体现出来的，从广义上来讲，交往包括亲在性交往（即面对面的人与人交往、人与周围世界的直接交往）和中介化交往（人与世界交往的所有间接方式，包括通过媒介进行的人际交往行为、通过媒介获知外部世界信息的行为等）。数字化交往从属于中介化交往，媒介技术的进步造成了中介化交往在人们生命活动中重要性的增加。信息技术的革命性在于所有实体的事物都可被转化至数字化的虚拟世界之中，"数字技术改变了人类原有的生存和交往模式，也改变了人类对生活世界的认知模式和价值判断方式。在数字生活世界中，社会交往的各个要素的运行形式都实现了数字化转型，如数字社交、数字通信、数字语言等"[1]，虚拟世界本身构成了一个现实世界连接起来的中介系统，每个人只要掌握了进入数字化虚拟世界的门槛（具备了相应的网络设备）就可以实现与世界的自由连接，中介化交往在生活世界中重要性作用的提升并不意味着亲在性交往的取消，其在日常交往中地位的提升源于其对交往活动的拓展，中介化首先要克服的是空间上的距离，随后要克服的是时间上的延迟，数字媒介同时克服了空间上的距离与时间上的延迟，进而营造出身临其境的类亲在性交往，以此，数

---

[1] 温旭. 数字生活世界的殖民化困境与合理化出路——以哈贝马斯生活世界理论为视角 [J]. 理论月刊，2020（11）：27-36.

字媒介扩展、替代、融合、接纳了以往几乎所有的交往活动，①"文本和图片不仅可以印在纸上很容易地'流'出去，也可以通过计算机网络以惊人的速度'涌'向各地"，"以前，我们要做某件事情，比如上班、回家、看戏、开会、去酒吧，有时仅仅是出去走走，就必须赶到相应的地方。现在，我们有了传送比特的管道——大容量的数字网络，可以在我们所需的任何事件向任何地点传递信息。这使得我们不必去任何地方就可以做很多事情"②，也就是说，人在实现数字化交往的同时，世界也以数字化的方式进入人的生活世界，不断占据着人生活的时间和空间。

其三，数字化的虚拟世界对人生活世界的占据集中体现在数字生活对人时间的渗透和占据。数字化是通过对生活空间的侵入来实现对时间的占有的。数字化最先通过计算机进入人们的生活空间，但不论是家用计算机还是商用计算机，其重量和体积都在限制其便携性，因而计算机的使用场景是极为有限的，其往往仅仅可以在家庭和单位等特定的地点和场合使用。便携式的笔记本电脑使计算机的使用场景有了进一步拓展，计算机变得可以移动，人们可以在更多的场合通过笔记本电脑与外部世界实现交流。不过笔记本的物理属性意味着其便携性有限，因而其适用场合仍旧有其局限性。智能手机再次拓展了数字对人们生活空间渗透的边界，智能手机可以随身携带，人们几乎在一切地方都有智能手机相伴，"手机问世之前，家宅和办公室是大多数媒介设置的地方……（移动电话）一旦接入互联网，或具备互联网的一些特征——书籍、报纸、杂志、可视电话、收音机、照片、电视等的特征——之后，就交流而言，手机就变成了家庭外面

---

① 数字交往实际上在晚期现代社会中已经成了一种底层的交往逻辑，其底层性在于借助于其对日常生活的渗透，数字交往整合了日常生活中不同层面的交往交流活动。延森将数字技术视作一种元技术，以数字技术为基础的互联网实际上是一种将以往所有传播模式，包括同步与异步、一对一、一对多以多对多等传播模式涵括在内的新型网络化平台。参见克罗斯·布鲁恩·延森. 媒介融合：网络传播、大众传播和人际传播的三重维度 [M]. 刘君，译. 上海：复旦大学出版社，2012：75. 莱文森认为，互联网实际上是弥补了以往几乎所有媒介之不足而形成的"大写的"补救性媒介。参见保罗·莱文森. 数字麦克卢汉：信息化新千纪指南（第2版）[M]. 何道宽，译. 北京：北京师范大学出版社，2014：356.

② 威廉·J. 米切尔. 伊托邦：数字时代的城市生活 [M]. 吴启迪等，译. 上海：上海科技教育出版社，2005：2-6.

的家庭，一个移动的家庭，一个微型的便携式的家庭，一个可以漫游的媒介之媒介"①。当然，智能手机不能独自实现数字对生活的全面渗透，计算机、便携式笔记本电脑、智能手机、平板电脑、智能穿戴设备以及未来可能基于数字技术的所有相关设备共同构成了一个数字设备体系（digital device system），数字设备体系中的每一种设备都在人的生活世界中占据一定的空间位置，而作为设备之整体的数字设备体系则构成了一个空间体系，将人紧紧地包围。② 人只要处于空间中，就一定处于数字的环绕之中。人的生命活动是在时间与空间之中展开的，在人的周遭遍布数字设备的同时，人的时间也被数字设备所占据了。这也是我们所说的数字化通过对空间的侵入和渗透来实现对时间的占有的原因。而之所以认定生活世界数字化最集中、最鲜明体现于数字技术对时间的渗透与占据，其原因在于时间是人向外绽开的最为根本的方式，也是人之一切行为的衡量标尺。当数字化通过对人空间的渗透占据人的时间时，其便从根本上重塑了人的存在方式，也重塑了人的生命，这也是尼葛洛庞帝的著名论断"数字化生存"的合理之处。

人的数据化、生活世界内容的数据化、时间的数据化构成了人之生活世界在晚期现代社会出现数据转向的三个层面的依据。在这里，我们需要对一个重要问题予以说明，即物化生活世界与数字生活世界之间的关系问题。从存在样态上来看，物化生活世界与数字生活世界之间有不同之处：前者是在物化逻辑支配下形成的生活世界，而后者则是在数字技术的影响下形成的生活世界；前者建基于资本对物质世界的集中改造上，而后者则建基于信息革命所创造出来的虚拟世界上；前者架构人的社会交往关系的

---

① 保罗·莱文森. 手机：挡不住的呼唤 [M]. 何道宽，译. 北京：中国人民大学出版社，2004：47-48.
② 约翰·厄里将 21 世纪称为"居住机器"（inhabited machines）的时代，其依据在于在数字技术发达的 21 世纪，人们已经被各种各样的数字电子设备所包围，这些数字电子设备就是"居住机器"，"由于有了这些居住机器，现在的人类生活在信息的、影像的、移动的全球网络和流动之中"，"'旅行中的人们' '因特网'，以及 '信息' 的全球流动导致相互之间越来越多的重叠和整合，由此产生不可逆的变化：社会生活更进一步地走向'个人网络化'时代"，参见约翰·厄里. 全球复杂性 [M]. 李冠福，译. 北京：北京师范大学出版社，2009：158-159.

是作为一般等价物的货币，而后者数据越来越成为架构人的社会交往关系的重要因素[①]；相较于前者，数字生活世界的边界似乎更加广阔，其内部结构与界限也更加模糊和任意，呈现出更多的"液态"和"流动"特征。但是，物化生活世界与数字生活世界又有着根本层面的一致性，不论是物化逻辑还是数字逻辑，都从根本上遵循着同一性，其都以一种无差别的方式改造着人们的生活世界。与此同时，数字生活世界是在物化生活世界的基础上实现的，数字化的虚拟生活尽管可以部分取代人的实体性活动，但不能完全取代人的实体性活动（人的自然性意味着人之基本的衣食住行依然是无法替代的基本活动，人的在世性意味着面对面的直接交往依然无法完全被数字交往所替代），数字生活世界并不是对物化生活世界彻底地拆除重建，其更多的是以一种"装修工"的角色对物化生活世界进行改造和升级。更为关键的是，搭建起数字化虚拟世界的仍然是物，不仅每一件数字设备是具体的物，就连"信息"本身也是一种物，是一种被人们抽象出来的物。除此之外，尽管技术在数字生活世界的建立中起着至关重要的作用，但技术推广与适用的动力从根本上来讲仍旧是资本，在数字设备的更新迭代中，在数字设备以及数字应用向人们生活时空渗透的历史进程中，每一步都离不开资本的推动。所以，从根本上来讲，数字生活世界并没有脱离物化生活世界的范畴，一如晚期现代社会只是现代社会的延续和升级一样。

三　交往的扬弃与数字新闻活动

世界是在人的交往活动中逐渐向人展开的，新闻是现时世界向人展开的手段之一。因此，当人的交往形态发生整体性的变化时，作为交往手段之一的新闻自然也会发生相应的变化。我们要再次结合马克思关于人的社

[①] 有学者提出了"一般数据"（general data）的概念，认为一般数据像货币一样，正在成为结构社会交往关系的基本要素，"今天架构我们在数字化界面中的社会交往关系的，不纯粹是作为一般等价物的货币，而是一般数据。一般数据创造了一个全新的界面，让今天绝大多数交换和社会关系，都被它所中介，所赋值，所架构"，参见蓝江．一般数据、虚体、数字资本——数字资本主义的三重逻辑［J］.哲学研究，2018（03）：26-33.

会形态的著名表述来谈人的交往形态的变化。马克思是这样说的：

> 人的依赖关系（起初完全是自然发生的），是最初的社会形式，在这种形式下，人的生产能力只是在狭小的范围内和孤立的地点上发展着。以物的依赖性为基础的人的独立性，是第二大形式，在这种形式下，才形成普遍的社会物质变换、全面的关系、多方面的需要以及全面的能力的体系。建立在个人全面发展和他们共同的、社会的生产能力成为从属于他们的社会财富这一基础上的自由个性，是第三个阶段。①

在"人的依赖关系"阶段中，也即在自然生活世界中，人与自然之间的关系，以及基于人之自然属性的社会关系，是当时人们所要面对和处理的最为基本的关系，普通人所打交道最多的是周遭的自然世界，在同自然打交道的过程中，人获得了存续生命、维持生活的基本资料与条件。换言之，人的交往范围是有限的，如同我们在前文所说，大多数情况下人们往往生活在一个囿限狭窄的地方，生活世界与外部世界之间处于相对孤绝的状态。这种情况下人的交往活动更多是一种亲在性的交往活动，交往是以自发性、伴随性、弥散性以及整体性的面貌呈现出来的。②

"以物的依赖性为基础的人的独立性"这一历史阶段，也即在现代社会中，迄今为止，从人的交往活动来看，又可区分为两个细分化的阶段。第一个细分阶段是中介化交往活动的分离阶段。现代社会科学技术的发展使人在很大程度上从亲在性的交往活动中解放出来，以技术中介物，也即以现代媒介系统为基础的远距离认知、实践、控制等活动在生活世界中越发普及，如果说人的独立性是指人的能力的提升的话，那么人的交往能力的提升就是建

---

① 马克思恩格斯文集：第8卷［M］.北京：人民出版社，2009：52.
② 在自然生活世界中，多数情况下，人的交往活动是自发性的，与他人、与世界的交往都是基于人的沟通交流能力自然而然产生的。人的交往活动也是伴随性的，交往活动与人的生活、劳动等其他活动相伴生，在人的生活、劳动等活动中，人不可避免地要与他人、器物打交道。与此同时，人的交往活动也是一种弥散性和整体性的活动，人的交往活动弥散在人的日常生活之中，交往活动并不与其他相分离，交往活动也并未发生分离，而是处于一种混沌性的整体之中。因此，自然生活世界中，人的交往活动是直接性和亲在性的交往活动，自发性、伴随性、弥散性和整体性构成了这一生活世界中最为主要的几种特征。

立在技术中介物基础上的。在人们的日常生活中，中介化交往活动变得越来越重要，当然，中介化交往活动并不意味着对亲在性交往活动的取消，亲在性交往活动依然普遍存在，只是中介化交往活动分离成了一种专门性的、高时空环境依赖性活动类型。中介化交往活动依赖于技术中介物，但技术中介物的存在总是处于一定的时空环境之中，人的中介化交往活动也总是与特定的时空情境相关联。例如，人们并不会总是带着书籍和报纸，更不可能随时随地带着电报机、收音机、电视机、电影放映机，这些技术中介物多数情况下仅仅会停留在特定的场合和空间场所。从生活的角度来讲，中介化交往是在对亲在性交往的否定与扬弃基础上形成的，建立在人之直接经验基础上的亲在性交往是狭窄局促、效率低下的，中介化交往弥补了亲在性交往的不足，大大延伸了人之世界的边界。

第二个细分阶段是中介化交往活动的弥散阶段，这也是我们当前所处的历史阶段。一如我们前文所说，信息技术革命通过对空间的侵入实现了对时间的占据，数字设备体系（digital device system）与其他技术中介物共同构成了一个统一化的中介系统，这一中介系统已经成为人们的生存环境，无所不在的媒介设备填满了人生活中的时间，物理体积较大的媒介设备（如电视、电脑等）与物理体积较小的电子设备（如手机、平板、电子书等）将人整块的时间和零碎的时间填满了。[①] 由此，人的日常生活、社会形态媒介化了。[②] 在中介系统中，信息是处于流动状态的，当中介系统

[①] 晚期现代社会中，信息被推送的时空范围扩展至日常的各个时段、生活的各个场所，这是媒介体系中不同媒介类型导致的，"就像玻璃罐里的石块和沙子的关系，在每日媒介时间基本固定的前提下，越是小体积的媒介产品，越容易成为利用起碎片的选项，越是大体积的媒介类型越需要整块时间来进行"，参见曲慧，喻国明. 超级个体与利基时空：一个媒介消费研究的新视角 [J]. 新闻与传播研究，2017，24（12）：51-61.

[②] 媒介化理论认为，随着信息化社会的到来，人类社会变成了一种媒介化的社会，媒介深刻地改变了人们的日常生活和社会形态，"一种媒介化的生活方式正在形成"，"一种以媒介为动力的新兴社会结构正逐步到来"，"媒介化通过提供传播手段的新的可能性改变了人类的生活方式"，"人类通过使用新型媒介，改变它们建构社会的方式"，参见 Friedrich Krotz. Mediatization: A Concept with Which to Grasp Media and Social Change, in Knut Lundby. *Mediatization: Concepts, Changes, Consequences* [M]. New York: Peter Lang, 2009: 25；胡翼青，杨馨. 媒介化社会理论的缘起：传播学视野中的"第二个芝加哥学派" [J]. 新闻大学，2017（06）：96-103；戴宇辰. 走向媒介中心的社会本体论？——对欧洲"媒介化学派"的一个批判性考察 [J]. 新闻与传播研究，2016，23（05）：47-57.

构成人基本的生存环境时,也即是说信息弥散在、流动在人的生活世界中。中介化交往活动的弥散阶段呈现出两种历史特征,一方面,中介化交往活动的弥散阶段是在中介化交往活动分离阶段基础上形成的,是对分离阶段的否定和扬弃,分离阶段尽管技术中介物大大拓展了人之世界的边界,但由于技术中介物的高时空环境依赖性,人们的交往活动并不是自由的;另一方面,中介化交往活动的弥散阶段在某种意义上又是对亲在性交往活动的回归,弥散阶段的信息遍布在人们的生活世界之中,人对信息的接收再次回归到一种伴随性、弥散性和整体性的状况,与此同时,信息技术的交互性使实时互动成为可能,在弥散阶段中,中介化交往活动经常呈现出一种类亲在性交往活动的特征和属性,一如有学者所说,"越来越发达先进的传收技术,似乎越来越使人们回归到最自然的交流状态,这确实是一种螺旋式的回归"[①]。

就历史演变而言,我们可以看出,从自然生活世界的亲在性交往阶段,到物化生活世界的中介化交往分离阶段,再到数字生活世界的中介化交往弥散阶段,人类的交往活动呈现出一种螺旋式上升的历史演进路径:每一种后继的阶段都是对前一阶段的部分否定,但又非完全取消,而是发展出一种全新的交往形态,后继阶段是通过扬弃的方式来实现历史性的发展的,[②] 通过这种扬弃式的历史进程,人类似乎逐渐实现了连接层面的交往自由。我们要辩证地来看待这种连接层面的交往自由。从形式上来看,连接层面的交往自由似乎在逻辑上已经达到了人类梦寐以求的物理层面、技术层面的最高交往自由。这种扬弃式地演进也因应了马克思所提出的交往理论和交往哲学,马克思认为,在历史的演进过程中,人与世界的普遍

[①] 杨保军.新闻观念论[M].上海:复旦大学出版社,2014:161.
[②] 黑格尔认为,在事物的发展过程中,每一阶段对于前一阶段来说都是一种否定,但又不是单纯的否定或完全抛弃,而是否定中包含着肯定,他用扬弃来概括这样一种历史过程,在《小逻辑》一书中,黑格尔曾专门就"扬弃"一词予以解释,"说到这里,我们顺便须记取德文中 Aufheben(扬弃)一词的双层意义。扬弃一词有时含有取消或舍弃之意……其次,扬弃又含有保持或保存之意……这个字的两种用法,使得这字具有积极的和消极的双重意义,实不可视为偶然之事,也不能因此便责斥语言产生出混乱。反之,在这里我们必须承认德国语言富有思辨的精神,它超出了单纯理智的非此即彼的抽象方式",参见黑格尔.小逻辑[M].贺麟,译.上海:上海人民出版社,2009:205.

交往逐步实现，传统社会中由于生产方式和交往方式的落后，人们的交往范围是有限的、地方性的，伴随着大工业的发展以及交通方式、传播方式的提高，也即中介化交往分离阶段的到来，人类社会初步实现了世界性的交往，"它（笔者注：指大工业）首次开创了世界历史，因为它使每个文明国家以及这些国家中的每一个人的需要的满足都依赖于整个世界，因为它消灭了各国以往自然形成的闭关自守的状态"①。但是，在这一阶段，人与世界的联系仍然是相对松散的、滞后的，对于具体的人而言，每个人生活的领域和范围仍然是有限的，因为在大工业与社会化大生产的时代，人们仍然要接受社会分工，"任何人都有自己一定的特殊的活动范围，这个范围是强加于他的，他不能超出这个范围"②。在人们的生活世界及生活实践日益数字化和网络化的今天，马克思所提出的"地域性的个人为世界历史性的、经验上普遍的个人所代替"这一论断，对于个体的、具体的人与世界的交往而言，显然正在变成可以直接经验和感知的现实：在世界数字化以及数字基础设施化的时代，人类可以与世界随时随地保持一种自由交往状态。当然，从另一方面来讲，我们仍然要警惕盲目的技术乐观主义，在中介化交往的弥散阶段，人类所实现的交往自由实质上更多的局限在虚拟连接层面，人类仍旧未能实现真正意义上的交往自由，从人之社会形态的阶段上来看，人离马克思所说的"建立在个人全面发展和他们共同的、社会的生产能力成为从属于他们的社会财富这一基础上的自由个性"阶段，依旧道阻且长。在马克思所表述的人的发展的第三阶段，也即真正的自由阶段，人的交往自由是建立在全面发展、财富保障和个性自由的基础上的，当这些条件尚未满足之时，所谓的虚拟层面的连接自由，更多的只是一种尚未成熟的自由形态，甚至不少情况下其蕴含的自由也不过是一种虚假意义上的自由。

回到本书所要讨论的新闻活动，在本书开篇，我们将新闻定义为连接人与现时世界的中介，在中介化交往的弥散阶段，也即在数字化的信息时代，新闻活动存在怎样的特征呢？如果就本书的主要逻辑线索来看，人类

---

① 马克思，恩格斯. 德意志意识形态（节选本）[M]. 北京：人民出版社，2003：58.
② 马克思，恩格斯. 德意志意识形态（节选本）[M]. 北京：人民出版社，2003：29.

的新闻活动经历了从前新闻业时代、新闻业时代以及当前的后新闻业时代，那么这三种时代所对应的正是我们以上区分的三种交往阶段和类型。如果说生产中心主义与收受活动的高时空环境依赖等是现代新闻业时代新闻传播活动的主要特征，那么，在中介化交往活动的弥散阶段，也即后新闻业时代人的新闻传播活动特征至少表现在以下三个方面。

其一，在全新的信息组织逻辑下，新闻经历了一种去结构化（de-structuring）的一般过程。网络社会诞生之前，新闻是以聚合性的产品形态出现的，报纸的编辑部、广播电视的新闻报道中心会把最新收到的新闻消息汇合在一起，然后整合为报纸上的新闻版面和广播电视中的新闻栏目，不论是报纸上的新闻版面还是广播电视中的新闻栏目，都不是单一的新闻，而是被整合起来的多条新闻。因此，在大众传媒时代，新闻是以一种整体性的面貌被传播至人们的生活世界的，在此背后所体现的是一种集中化的逻辑。这种集中化的逻辑是由报纸、广播、电视等大众传播媒介的特性和物化生活世界中人们的生活结构共同塑造的。在物化生活世界中，人们的生活秩序往往是清晰分明的，工作时间与非工作时间之间存在清晰的界限，报纸本身就需要汇聚一定数量的新闻内容和其他内容才成其为报纸，其也以周期化的方式进入人们的生活之中，具有较高时空依赖性的电视、广播等媒介也多分布在家庭等非工作空间之中。集中化呈现构成了大众传媒时代新闻的典型特征，每条新闻都会被纳入一种特定的时间框架和内容结构之中。数字设备体系在构建人们生活环境的同时，也使新闻变得飞沫化，"互联网条件下，传播的时间、传播者和接受者、参与者、传播的规模和影响，都是不确定的，以往用时间、版面来容纳的内容产品，变成了比特形式的存在；传播的介质由有限转变为无限，原有信息传播的线性顺序被各种传播形态的无组织、无序的传播所溶解"[1]，在这种情况下，每条新闻不再被限定在时间框架和内容结构之中，而是以单一的、独立的面貌出现，当一种新近的变动发生时，基于其而产生的新闻会随即被传入网络世界之中，进而沿着网络传播的轨迹进入人们的生活世界之中（也有可能因为新闻影响力弱等无法进入人们的生活世界）。如果说大众传播时

---

[1] 陈力丹. 互联网的非线性传播及对其的批判思维 [J]. 新闻记者，2017（10）：46-53.

代的新闻是呈现在时间结构和产品内部结构中的新闻的话，那么在数字化的信息时代，新闻则实现了去结构化。新闻的去结构化和新闻的弥散性是新闻数字化过程中的两种表现，正是因为新闻的去结构化使每一条新闻获得了解脱，而不必非要被整合到特定的产品结构和时间结构中，这种结构的消解的最终结果是新闻弥散于网络空间和人们的生活世界。

其二，更为重要的是，现代社会形成的新闻生产中心主义在一定程度上被互联网所解构（deconstruct），一种新闻的交往生成观正在涌现。资本主义生产与消费之间的矛盾是现代社会的重要矛盾之一，生产-消费逻辑构成了现代社会包括新闻在内诸多领域的基础性逻辑，以至于职业化的新闻生产活动是新闻传播的中心性活动和当然性起点，而那些自发性的新闻传播活动则被遮蔽和忽视，新闻也从一种人之天然性的、本体性的表述和交往中介转而被狭窄地限定为由职业新闻机构所生产出来的专门性内容产品。在互联网的革命性作用下，生产中心主义被数字信息技术所消解，技术造就了一种发达的、连通性的、全球性的网络体系，形塑了一种信息处于永无停息的生成、涌现和流动状态的交往平台。在这样一种平台中，交往逻辑而非生产逻辑再次成为新闻活动的基础性法则和支配性逻辑，即便是专业化的新闻生产也要被纳入纵横交错的广阔世界交往网络之中，① 不再有生产者和消费者之别，"每个消费者都是生产者，这是一切新新媒介底层的核心特征"②，也不再有新闻生产，而只有人类交往体系中作为表述

---

① 当然，这并不意味着专业媒体不再重要，只是在互联网语境中，专业媒体的地位和影响力的发挥方式发生了重要变化，呈现出一些新的显著特征，在《重造新闻学——网络化关系的视角》一文中，黄旦总结了专业媒体在网络社会中的特征，笔者服膺他的基本判断，"作为一种职业实践的新闻传播仍有位置，作为一个组织信息和知识机构的大众媒介也不会消亡，但都只能化为'关系之网'中的一个互联部分。即便它自身也是一个网络，也必定被嵌入更大的网络，与其他网络共存并发生相互作用，从而显现出如下的特征：第一，有位置但不必然有效力，网络关系始终以去中心与再中心进行着波浪式涌动；第二，媒介与社会的界限消解，只有在自组织自滋生的多重相互联结，看或被看互为交织，同时发生，线性因果不再存在，后果不可预见和不可逆；第三，真实、客观等理念将会重新遭到估量，由于网络关系中有着各种层面的诠释群体，意义的建构将成为重点；第四，作为一个节点，衡量专业新闻传播机构的不再是独家或者什么原创性新闻，而是接入点和到达点的数量，转化转换数据的能力和水平"。参见黄旦．重造新闻学——网络化关系的视角［J］．国际新闻界，2015，37（01）：75-88．

② 保罗·莱文森．新新媒介（第 2 版）［M］．何道宽，译．上海：复旦大学出版社，2014：5．

性话语的新闻的不断涌现和生成,一如有学者所说,作为交往方式的新闻所遵循的是一种无本原的生成,也即"以文本间性(互文性)的方式呈现,形成了多重连接、交叉并置的互文,不断创造新的信息与世界图景,创造出含混、多维的意义",进而"重塑了人们的时空体验,模糊了时新性、真实性、事实与意见、专业与业余、公共与私人等传统新闻生产所依赖并强化的固有边界,因而表征了全新的新闻范式"[①]。与此同时,新闻的传播周期也不再表现为生产与消费的二元对立和线性序列,而是在交往规律的支配下呈现为涌现—扩散—沉寂的存在状态:世界的变化导致新的事实与新的文本不断涌现,新闻沿着技术化的人类社会交往脉络四处蔓延,而后又随着时间的向前演历而归于沉寂,进入历史的整体性文本之中。

其三,相较于现代社会中新闻只是人们生活时空结构中特定部分的"块状"分布,弥散性(dispersive)状态的新闻流动、蔓延、铺散在人们整体的生活世界之中。新闻在生活世界的弥散缘自生活世界的网络化。网络是动态的而非静态的,一方面,现实世界的变动会不断地在网络中得以体现,另一方面,网络中的信息是不断流动的,从一个节点向外扩散开来流向其他节点。网络构成了一种永不间断的流动。关于网络的流动性,厄里的认识是深刻的,在他看来,人类的社会生活本来就是流动的,网络更多应被视为社会生活的隐喻,其捕捉着人类社会的流动性,并将这种流动性呈现在每一个可被嵌入的生活世界,"全球流动部分地是由全球秩序、机器网络、技术、组织、文本以及行动者所构成的各种各样的'景观'所建构的,这些景观构成多种多样相互联系的节点,使得流动能够以接力的方式进行","不断更新的计算机网络与链接以无计划的、杂交的模式大范围地增生扩散。这样一种流动空间是一个混合物的世界。就像血液流通于毛细血管一样,信息也'找到了自己的通路'。流体能够到达不在场的地方"[②]。流动的信息是多种多样的,人类社会一切可被表征的事物都化作了信息,流动于网络世界之中。

[①] 谢静. 微信新闻:一个交往生成观的分析 [J]. 新闻与传播研究, 2016, 23 (04): 10-28.

[②] 约翰·厄里. 全球复杂性 [M]. 李冠福, 译. 北京:北京师范大学出版社, 2009: 75、79-80.

新闻是这多种多样的信息中的一种，从形态上来讲，新闻就弥散在这多种多样的信息之中，这与传统社会的新闻传播多少有些相似，在传统的自然生活世界中，人们的信息传播处于一种混沌状态，新闻与民间故事、历史掌故、传说、戏曲以及其他逸闻趣事混杂在一起，如今，在虚拟化的网络世界中，新闻再次融于多种多样的信息类型，"媒介形态在整体上进入融合时代时，所有信息融合于同一平台，人类新闻传播似乎又进入混沌不分的一体化时代，似乎又回到了遥远的过去"①。当然，新闻的弥散性不仅体现为其在虚拟网络世界中的弥散，也体现在其在人们生活世界时空结构中的弥散。人的生活世界是厄里所说的流动的节点，信息在流经生活世界的同时也抵达生活世界，被人们所感知和捕获。处在数字化的信息时代，人们被数字设备体系包围，数字设备体系的背后，是一个巨大的、拥有无数个节点，并源源不断输出信息的网络，网络通过数字设备体系与人的生活世界相连接，网络中的信息也正是通过一个个数字设备流入人的生活世界中的。当数字设备体系构成人们的生存环境时，意味着新闻信息可在任何时间、任何地点抵达人们的生活世界，新闻在个体生活中的分布已经成为弥散性的存在②，就像库尔德利所说，"我们的生活处在媒介渗透的饱和态"③，媒介蔓延之下，我们的生活也布满了新闻的印记，"相较于早先新闻对人之日常生活的'浅介入'，现如今，几乎分布于人之生活、时空各个角落的新闻早已对日常生活构成了'深介入'。新闻收受活动对于人们而言，很多情况下也不再是一种专门性的活动，而是以一种融合性的姿态，与人们日常生活中的其他行为、事件形成深度交融与勾连"④。

---

① 杨保军．新闻观念论［M］．上海：复旦大学出版社，2014：136．
② Ike Picone, Cedric Courtois, Steve Paulussen. When News is Everywhere: Understanding Participation, Cross-mediality and Mobility in Journalism from a Radical User Perspective ［J］. *Journalism Practice* 2015：9（1），35-49．
③ 尼克·库尔德利．媒介、社会与世界：社会理论与数字媒介实践［M］．何道宽，译．上海：复旦大学出版社，2014：24．
④ 杨保军，李泓江．新闻学的范式转换：从职业性到社会性［J］．新闻与传播研究，2020，27（08）：5-25．

四　数字交往与生活世界的殖民化

分别探讨了晚期现代社会中新闻与生活世界的变化之后，我们再来看数字社会中新闻与生活世界的关系变化，以及其之于人的存在而言的影响与意义。对处于数字时代的人们而言，新闻对生活世界的深度介入显然不仅仅意味着生活的便利和随时随地可以了解现时世界的通达。事实上，在交往数字化以及新闻可以自由流入生活世界的状况下，人的生活正在经历着一种运行逻辑的深刻变化，并且，正是这种变化显现与表征着数字时代人的生存危机。在《交往行动理性批判》（第2卷）和《作为"意识形态"的技术与科学》等著作中，哈贝马斯提出了现代社会中蕴含的深层次困境：生活世界的殖民化。在数字化的晚期现代社会中，生活世界殖民化的程度进一步加深，并且其殖民机制及其表现也在发生着相应的改变。

在前文（第四章第七节）我们已经初步讨论过哈贝马斯的生活世界概念。这里，有必要进一步梳理哈贝马斯生活世界概念的基本内涵。实际上，哈贝马斯在形成生活世界理论的过程中，至少受到了胡塞尔现象学理论、舒茨现象学社会学、维特根斯坦语言学哲学以及帕森斯结构功能主义等思想的影响。其中，胡塞尔和舒茨的现象学理论、帕森斯的结构功能主义理论对他理解生活世界产生了较为重要的影响。首先，在建构生活世界理论的过程中，哈贝马斯接纳了胡塞尔和舒茨的基本观点，将生活世界理解为一种背景性的、文化性的、奠基性的先在环境。不过，他也摒弃了胡塞尔的哲学范式，不再从认识论的视野来把握世界，而是将生活世界当作人类社会整体的一个组成部分，并着重从交往层面阐释生活世界在社会中所发挥的功能和作用。正是在对现象学范式批判性借鉴的基础上，哈贝马斯形成了他自己对生活世界的根本性看法：其一，作为人赖以生存和生活的环境整体，生活世界是人们交往活动得以展开的舞台，为人们之间相互理解和达成共识提供基本的语境和背景，构成了人与人之间相互交往、协商互动以及形成、维护社会规范的"知识源泉"和"信念储备库"；其二，生活世界是在人的交往性实践之中形成的,在一代又一代人的交往行为中,生活世界逐渐演化为一种空间上的总体和历史性的总体,这种总体又构成了每一代人降生于其间的环境整体,为人们的交往行为提供文化性资源。

其次,帕森斯关于社会行动系统的划分也直接影响了哈贝马斯对世界结构的理解。在代表性著作《社会系统》(*The Social System*)中,帕森斯提出社会系统实质上是一种行动者(actor)相互互动的结构性系统,在这一系统中,又包含着不同的子系统,每一个子系统在社会的整体运作过程中发挥着不同的功能和作用。他将社会行动系统从整体上划分为行为有机体系统(behavioral system)、人格系统(personality system)、文化系统(cultural system)和社会系统(social system),其中社会系统又可进一步被区分为经济系统、政治系统、文化模式托管系统、社会共同体系统等次级子系统。[①] 社会行动系统仿若自然生态体系,不同系统之间相互依存、相互影响与相互作用,每一个社会行动的子系统通过行动者的沟通和交往行为与其他子系统形成输入-输出性关系,行动者的沟通和交往行为又受到作为行动规范的文化以及作为行动者个体特质的个性所影响和约束。在《交往行动理性》(第2卷)一书中,哈贝马斯详细地分析了帕森斯的结构功能理论,并基于此建立起了自身对人类世界的结构性划分方式。哈贝马斯认为,人类世界是建立在交往行为基础上的结构性系统,生活世界与内心世界、外部世界共同组成了人类整体性的世界。其中,外部世界又可区分为客观世界与社会世界。[②] 在这样一种世界结构中,我们可以看到,哈贝马斯对现象学的生活世界理论与帕森斯的结构功能理论进行了整合与连接:生活世界一方面像内心世界与客观世界一样,是人类世界体系中的一个组成部分,另一方面又处在这一体系中的奠基性位置,构成了社会其他系统得以运行的前提和基础。

从哈贝马斯所处的时代语境及其思想背景来看,其对生活世界的剖析

[①] Talcott Parsons, *The Social System*, London: Routledge, 2013.
[②] Jurgen Habermas. *The Theory of Communicative Action*, Vol. 2. *Lifeworld and System: A Critique of Functionalist Reason* [M]. Boston: Beacon Press, 1987: 127.

与理解有着清晰的现实批判指向。在他看来，社会世界主要是指作为社会运行基本机制的政治系统和经济系统。"系统"是有别于生活世界的重要范畴，其与生活世界相互关联，共同组成了社会。在现代社会中，系统和生活世界之间的区别在于，生活世界是文化再生产的次体系，而系统则是社会进行物质再生产以维持自身运行的基本机制。从哈贝马斯关于生活世界与系统之间关系的探讨中，我们可以清楚地看到韦伯、马克思与卢卡奇的身影。哈贝马斯曾坦陈，韦伯是他学术思想的起点，在他的理论体系中，我们随处可以看到韦伯对他的影响。韦伯认为，人的社会行为可以区分为理性行为和非理性行为，而理性行为又可以区分为目的理性和价值理性[①]，现代社会是一个祛魅的过程，也是理性日益取得主导地位的过程，目的理性尤其是工具理性在现代化的过程中发挥了极为重要的作用[②]。哈贝马斯运用韦伯的理性学说分析了系统的内在运行机制，并借此阐释系统与生活世界之间的深层次区别。在他看来，系统是遵从目的理性尤其是工具理性运行的，而生活世界则是按照交往理性运行的。随着现代化的深入进行，工具理性在社会范围内不断扩张，工具理性不仅构成了系统运行的基本逻辑，而且也强烈地挤压着价值理性和交往理性的空间。根据哈贝马斯的考察，在自然经济中，生活世界与系统是合而为一的，系统属于生活世界的一部分，伴随着社会的发展，系统从生活世界中逐渐脱离，最终独立于生活世界，成为与生活世界相对立的社会架构。但是，随着资本主义的发展，系统本身的运作逻辑又会反过来取代交往活动成为社会行为的核心，并且导致了人的意义的丧失和自由的丧失，从而造成生活世界的殖民化，"生产关系自主的系统从外部侵入生活世界，就像殖民的主人进入部落社会一样"[③]。

因此，生活世界的殖民化指涉的是生活世界与系统之间的病态关系，而这种病态关系生动地表现为人与人之间的交往关系被物化的抽象逻辑所

---

① 马克斯·韦伯. 经济与社会：上卷［M］. 林荣远，译. 北京：商务印书馆，1997：56.
② 参见马克斯·韦伯. 新教伦理与资本主义精神［M］. 马奇炎，陈婧，译. 北京：北京大学出版社，2012.
③ Jurgen Habermas. *The Theory of Communicative Action*, Vol. 2. *Lifeworld and System: A Critique of Functionalist Reason*［M］., Boston：Beacon Press，1987：355.

支配和取代。① 生活世界殖民化语境下，工具-目的理性取代了原本生活中的交往理性，人与人之间的关系不再表现为主体间关系，而是被置于黑格尔所说的主奴关系之中，"在目的理性的活动以及相应的行为范畴下，人的自我物化代替了人对社会生活世界所作的文化上既定的自我理解"②。而哈贝马斯对现代社会所做的这种批判，在较大程度上是受到马克思与卢卡奇的影响。在《资本论》中，马克思提出了现代社会中人的社会关系的异化问题，他认为，现代资本主义社会中，人与人之间的关系越发表现为商品的关系和物的关系，他把这种物对人的社会关系的掩饰称为"商品拜物教"，"商品形式在人们面前把人们本身劳动的社会性质反映成劳动产品本身的物的性质，反映成这些物的天然的社会属性，从而把生产者同总劳动的社会关系反映成存在于生产者之外的物与物之间的社会关系"③，这种物的关系、物的逻辑不仅支配了人们在经济领域的交往活动，也支配了人们在家庭生活、日常交往等生活世界中的交往关系，支配了人们的亲情、友情和爱情，"资产阶级撕下了罩在家庭关系上的温情脉脉的面纱，把这种关系变成了纯粹的金钱关系"④。卢卡奇继承了马克思对现代社会的批判路径，并进一步指出，物化的逻辑已经支配了现代社会的方方面面，"商品关系变为一种具有'幽灵般的对象性'的物，这不会停止在满足需要的各种对象向商品的转化上。它在人的整个意识上都留下了它的印记"⑤。至此，我们可以看到，哈贝马斯对生活世界殖民化问题的分析很大程度上是在对韦伯的合理化理论以及马克思、卢卡奇的物化理论进行整合并吸纳后得出的，其承认两种分析路径各自的合理性，又从交往行动理论的视角出发对现代社会的问题，尤其是系统与生活世界之间的关系问题进行了更深一步的理解和思考。

---

① 刘光斌. 从作为物化的合理化到生活世界殖民化——哈贝马斯的物化批判理论探究 [J]. 兰州学刊, 2016（01）: 122-126.
② 尤尔根·哈贝马斯. 作为"意识形态"的技术与科学（第2版）[M]. 李黎, 郭官义, 译. 上海: 学林出版社, 2002: 63.
③ 马克思. 资本论: 第1卷 [M]. 北京: 人民出版社, 2004: 89.
④ 马克思恩格斯选集: 第1卷 [M]. 北京: 人民出版社, 2012: 403.
⑤ 卢卡奇. 历史与阶级意识 [M]. 杜章智, 译. 北京: 商务印书馆, 1992: 164.

在哈贝马斯看来，现代社会中系统（包括经济系统和政治系统）对生活世界的殖民化是伴随着系统的扩张而产生的，经济系统与政治系统功能的发挥分别有赖于货币与权力两种媒介，[1] 这也是系统殖民生活世界的两种基本方式。从哈贝马斯论述的整体逻辑来看，尤其是从他与马尔库塞的对话中可以看出，系统殖民生活的方式除了货币与权力之外，还包括技术。在纪念马尔库塞七十周年诞辰的著作《作为"意识形态"的技术与科学》中，哈贝马斯详细地剖析了现代社会中技术与科学的意识形态化，"科学和技术的合理性，即体现在目的理性活动系统中的合理性，正在扩大成为生活方式，成为生活世界的'历史总体性'"[2]。从这里我们明显可以感知到，他论述的逻辑在于，目的理性在现代社会中显著地体现为技术与科学，而技术与科学正是生活世界殖民化的原因，甚至，正是技术与科学组建起来了生活世界的整体架构——生活世界的"历史总体性"。但遗憾的是，哈贝马斯并没有直接赋予技术以货币和权力同样的媒介性地位。反倒是法兰克福新一代学者芬伯格对哈贝马斯的理论进行了补充。在芬伯格看来，技术与货币、权力一样，也是系统对生活世界进行殖民的媒介。[3]

芬伯格的说法无疑是有道理的。"媒介"（media）在哈贝马斯的语境中有着特殊的含义，它指代的是调节人与人之间交往关系、塑造社会行动系统的特殊机制。在传统社会或自然经济中，人们的交往行为是依赖价值规范来加以整合的，但随着社会的发展，人们需要在越发频繁和复杂的交往活动中形成稳定的沟通协调机制，使得交往活动可以在一种通行的标准之下展开，从而缓解交往带来的规范压力。这种抽象化的协调机制即媒介，也即经济系统中的货币和政治系统中的权力。货币和权力之所以可以扮演稳定性协调机制的角色，是因为在人们的经济交往活

---

[1] Jurgen Habermas. The Theory of Communicative Action, Vol. 2. Lifeworld and System: A Critique of Functionalist Reason [M]. Boston: Beacon Press, 1987: 154.

[2] 尤尔根·哈贝马斯. 作为"意识形态"的技术与科学（第2版）[M]. 李黎，郭官义，译. 上海：学林出版社，2002：47.

[3] Andrew Feenberg, Marcuse or Habermas: Two Critiques of Technology [J]. Inquiry, 1996, 39 (1): 45-70.

动和政治交往活动中，货币和权力皆是抽象性和具体性的统一。货币体现着统一的、抽象的、标准化的价值关系，又以实物的形式出现在人们的交往活动之中，因而货币构成了经济系统赖以运行的媒介。人们通过具体的权力手段维持着政治活动的运转，但是权力手段的施行又体现着统一性的、抽象性的力量对比关系，在这种意义上，权力有机地调整着整个政治系统的交往活动。因此，维持现代社会运行的媒介必然兼具抽象性和具体性，通过抽象性，系统的运行才有了同一的标准，交往活动才可以在一种共同的规则之下得以开展；通过具体性，媒介才可以在现实的情境中维持人与人之间交往关系的运行，约束人们在生活中的具体行动。沿着芬伯格的论断，我们认定技术也是现代社会中的一种媒介，其核心逻辑一方面在于像货币和权力一样，技术也是人们从事交往活动的手段，另一方面则在于作为交往手段的技术也是抽象性与具体性的统一。一般而言，技术是由两个方面构成的，一是技术人工物，二是技术标准/技术规范。[①] 作为人工物的技术是具体的，而作为标准与规范的技术则是抽象的。这种抽象性与具体性的统一，意味着技术可以通过统一性的标准与尺度来调节人具体的生活实践与交往实践，由于技术本身也是目的理性尤其是工具理性的直接体现，技术也像货币和权力一样，维护着现代社会系统的运行。

回到系统与生活世界之间的关系，经济系统和政治系统之间并非如同哈贝马斯所说是泾渭分明的，二者在现实生活中从来不是截然对立而是相互关联的，货币、权力、技术之间往往也是相互渗透、相互勾连的。三者在系统与生活世界之间构成了一个相互关联、融合共生的整体性媒介体系，正是通过这一媒介体系，经济系统与政治系统实现了对生活世界的殖民化。与此同时，有一点需要我们关注的是，技术、权力和货币之所以可以充当系统殖民生活世界的中介，是因为这三者从未与生活世界相分离，而是充分嵌置在生活世界之中，并且在人的生活世界中，这三者都充当着串联起生活中各种要素、材料、行动的角色。在生活世界中，人的交往活

---

① 吴国林. 论分析技术哲学的可能进路 [J]. 中国社会科学，2016（10）：29-51.

动往往是自发性的，人的日常生活也是重复性的、下意识的和模糊性的。①系统对生活世界的殖民意味着，在技术、权力和货币的组织串联之下，表面上看，生活依然是重复性的、自发性的，生活中的各项要素依然维持着生活的运转，但实际上，生活已经不知不觉地嵌入了一种底色性的运作逻辑——目的理性。因此，生活世界的殖民化实际上是生活运行逻辑的理性化，原本处于自发运行状态的生活世界区分出了两个层面：（1）层面Ⅰ是生活的表象层，这一层面的生活仍然是人基本的日常生活和交往活动，生活的基本内容仍然是相对稳定的，其运行也以人的生存活动和交往活动为核心展开；（2）层面Ⅱ则是处于现象层之下的机制性层面，原有的生活世界是自发性的和自然性的，而被系统入侵之后的生活世界新增了一种机制性的底层运作逻辑，也即目的理性和工具理性。

今天，作为媒介的数字技术与生活世界之间的关联就体现在具体性和抽象性的辩证关系之中，技术一方面因其具体性嵌入人的生活世界，另一方面又因其抽象性而以一种机制性的力量对整个社会的存在方式起着影响乃至决定性的作用。并且，数字技术正是通过这种抽象性与具体性的统一实现对人类社会的重塑的。存在于数字技术背后的标准与规范是抽象数字的运算机制，其背后也体现着一种变革性的世界观——信息论。在这种世界观的指导之下，抽象性的数字技术规则源源不断地被创造出来，并通过数字技术人工物嵌入世界之中，构成世界运行的基础设施。在数字技术抽象性与具体性的辩证关系之中，人类逐渐建立起一种全新的社会秩序，塑造了全新的社会形态，人存在于其中的生活世界、现代社会的经济系统、政治系统，以至于人的精神世界都在数字技术的推动下发生了改变。从交往的角度出发，我们可以说人的交往行动、人与世界的交往关系发生了数字转向，在生活中，数字技术塑造了人与人之间、人与世界之间全新的交往方式，"数字技术改变了人类原有的生存和交往模式，也改变了人类对

---

① 参见亨利·列斐伏尔. 日常生活批判 [M]. 叶齐茂，倪晓晖，译. 北京：社会科学文献出版社，2018：276-277；卡莱尔·科西克. 具体的辩证法——关于人与世界问题的研究 [M]. 刘玉贤，译. 哈尔滨：黑龙江大学出版社，2015：55-56；赫勒. 日常生活 [M]. 衣俊卿，译. 哈尔滨：黑龙江大学出版社，2010：143.

生活世界的认知模式和价值判断模式。在数字生活世界中，社会交往的各个要素的运行形式都实现了数字化转型，如数字社交、数字通信、数字语言等"[1]。

人的交往关系数字化的结果在于，其改变了生活与系统之间的殖民方式。这种改变鲜明地体现在两个方面：首先，数字技术建立起了生活世界的自我殖民。数字技术同货币和权力一样，是目的理性的体现，按照哈贝马斯的逻辑，其对生活世界的嵌入亦是系统殖民生活的方式。不过，这种殖民的核心特征在于作为目的理性之表征的数字技术在推动人的交往行动数字化的同时，也造就了一种生活世界的内容与意义循环系统。如同前文所说，殖民化使生活世界出现了两个层面，以目的理性为基本运作逻辑的层面Ⅱ支配着作为生活表象层和内容层的层面Ⅰ。数字技术深刻地改变着层面Ⅰ的运作方式，其与社会文化的交融碰撞，使得一个"人人生产信息、传播无处不在"的群体传播时代得以出现[2]，在数字技术的赋能下，交往主体的中介性交往活动呈现出类亲在性交往活动的特征，如实时反馈、双向互动等。数字网络不仅仅变成了一种可以为人们共同观看、共同收听的虚拟界面，而且也变成了为人们共同操作、共同编辑的操作界面。在这种语境下，层面Ⅰ出现了一种循环性的意义生产结构，不同交往行动主体将其日常性的、生活性的新闻话语和表述带入共同的虚拟空间之中，这些内容又借助于网络这一根茎状全球结构模型[3]，不断地向外涌现、波动，进而蔓延、流入其他行动主体的生活世界[4]。因此，现时世界在数字技术的赋能下处在了一种永无止境的循环和流动状态，而这种循环和流动的节点就嵌入每一个交往主体的生活空间，交往主体既基于自身的生活世

---

[1] 温旭. 数字生活世界的殖民化困境与合理化出路——以哈贝马斯生活世界理论为视角 [J]. 理论月刊, 2020 (11): 27-36.

[2] 隋岩. 群体传播时代: 信息生产方式的变革与影响 [J]. 中国社会科学, 2018 (11): 114-134.

[3] 约翰·厄里认为, 网络是一个高雅的、无登记之分的根茎状全球结构模型, 而且, 它还以横向的及纵向的"超文本"链接为基础, 从而使文本文档中的物体之间的边界呈现出无穷无尽的流动态势, 参见约翰·厄里. 全球复杂性 [M]. 李冠福, 译. 北京: 北京师范大学出版社, 2009: 79.

[4] 黄旦, 李暄. 从业态转向社会形态: 媒介融合再理解 [J]. 现代传播（中国传媒大学学报), 2016, 38 (01): 13-20.

界不断地向数字网络平台传送内容，流动于数字网络平台上的内容又流入人们的生活并成为人们消费的素材和对象。在这一过程中，政治、经济系统通过数字技术渗透到了人们的生活世界之中，殖民了人们的生活世界，使得人们的生活以及人本身发生了异化；与此同时，在层面Ⅰ的内生性循环之中，生活又将自身包围，或者说整个世界仿佛都开始被生活包围，生活在用自身填满自身的同时，也丧失了自我否定的能力，生活成了自己的奴隶，人陷入了更深的异化状态。在这种意义上，我们可以看到生活世界中两股弥漫的湍流，一股湍流是目的理性的湍流，数字技术语境下，目的理性的湍流随着技术、货币与权力对系统的殖民而蔓延至生活世界，并作为底层逻辑操控着人们的生活世界；另一股湍流则是生活的湍流，在数字技术构成当今世界最为重要的基础设施的同时，生活的逻辑，也即琐碎的、零散的、弱意义乃至无意义的内容在世界的范围内肆无忌惮地扩张与蔓延。

其次，这种生活逻辑的扩张导致了生活对系统的反向殖民。数字技术语境下，现代社会以来日渐分离的系统与生活之间的分界线呈现出模糊的趋势，原本属于私人的、生活性的话题不断涌入数字媒介，进而占据并挤压公共交往的空间，一如鲍曼所说，"'私人问题'覆盖了全部的公共舞台，任何不能或拒绝变成内部的事物失去了位置"[1]。由此，理性的话语被生活的"闲言"所挤压乃至反噬，数字技术平台成了日常与庸常的汇聚者和守护者。[2] 与此同时，专业话语/理性话语/科学话语日趋平民化、庸俗化与浅薄化，原本属于系统范畴的专业新闻媒体被生活所侵占和挤压，专业的叙事逻辑被生活的叙事逻辑深度地摧残和解构了，更为麻烦的是，不少专业媒体在意识到日常生活话语的入侵后放弃了精英定位，不断迎合生活而调整自身的格调标准和话语风格，以至于专业滑落向了庸俗、日常替

---

[1] 齐格蒙特·鲍曼. 被围困的社会 [M].郇建立，译. 南京：江苏人民出版社，2005：172.
[2] 人们生活中日常性的话语即是"闲言"，闲言是自发性的、庸常性的，按照海德格尔的观点，闲言是人在日常中沉沦的重要表现，"谁都可以振振闲言。它不仅使人免于真实领会的任务，而且还培养了一种漠无差别的领会力；对这种领会力来说，再没有任何东西是深深锁闭的"，参见马丁·海德格尔. 存在与时间（修订译本）[M].陈嘉映，王庆节，译. 北京：生活·读书·新知三联书店，2014：196-197.

代了深度、琐碎话语取代了宏大命题，如同有学者所批判的那样，"社交媒体的'微观叙事'方式在摧枯拉朽地颠覆着传统媒体的'宏大叙事'，'政治正确'的宏大叙事正在被碎片化、生活化的叙事所瓦解……社交媒体的碎片化信息、生活化叙事渐渐成为媒介话语的主流"[①]。正是在这种意义上，生活世界发生了反向殖民，生活的逻辑渗透、侵入原本属于系统控制的领域之中，并在一定程度上开始试图支配和主导系统的运行逻辑。

因此，在生活世界与系统之间的关系问题上，不仅系统能够影响生活世界，生活世界的运行规则和逻辑例如琐碎性、零散性、感性与理性的交织化等，也可以反噬系统的空间和领域。生活世界与系统之间的双向殖民，深刻地反映出了数字技术语境下人的双重困境：一方面，目的理性与工具理性随着系统殖民生活而渗透到生活中的每一个角落，表面上更加自由的人处于更深层次的被束缚与控制状态，人的物化和异化程度愈发加深；另一方面，生活逻辑的扩张与蔓延使人越来越多地被碎片化和生活化的内容所淹没，生活的意义在人对生活本身的消费中被稀释与消解，人越来越失去了深刻的向度，越来越成了碎片性的、零碎化的人。这样一种历史阶段仍然没有从根本上普遍性地实现哈贝马斯所希冀的交往理性，也因此无法抵达完美的生活形式，并且，哈贝马斯眼中的交往理性这一抵达美好生活形式的手段本身也面临着更加复杂和困难的处境：一方面，交往的数字化意味着主体性而非主体间性仍然是人们交往行动的基本逻辑，交往理性的存在空间仍然要受到目的理性和工具理性的压抑；另一方面，在生活的自我殖民与反向殖民语境下，交往理性的达成也在不断地遭受感性、情绪的冲击和影响。因此，数字技术变革的时代，人依然处于哈贝马斯所说的"动荡不定的现实生活关系"之中，人不仅仍然要面临像哈贝马斯所处时代的意义丧失、文化贫乏、社会失序、个人同一性丧失、人际关系疏离等生存困境，[②] 而且也面临着一些更加严重的交往困境与存在危机。

[①] 赵云泽，赵国宁. 后现代主义视角下中国的媒介变革 [J]. 中国人民大学学报, 2019, 33 (04): 108-115.
[②] 尤尔根·哈贝马斯. 现代性的哲学话语 [M]. 曹卫东，译. 南京：译林出版社, 2011: 391.

五　世界侵入个人的时代

　　生活世界的自我殖民与反向殖民，折射出的交往困境与存在危机的本质，实质上是人与世界之间深层次的矛盾和张力。数字技术对人们生活世界的全面改造，其最为重要的结果之一在于人与世界在认知层面的物理隔阂被打破，虚拟化的网络世界仿若一个巨大的蓄水池，现实世界源源不断地符号化、轻灵化（实际上也是液态化），流入网络世界之中，而后网络世界又通过数字设备体系源源不断地涌入人们的生活世界，占据人们的日常生活时空。人与世界之间的关系，从传统社会/自然生活世界中相对分离的状态，到现代社会中经由报纸、广播、电视等建立起来的有限连接状态，进入数字化的晚期社会中的全面连接和渗透状态，人类社会也由此迈入了世界侵入个人的时代。

　　世界侵入个人的时代，在历史的发展语境中，是人与世界实现自由连接的必然代价。这种代价生动且具体地体现在人们隐私的消失上。相较于传统社会和早期现代社会，在数字时代，人与世界之间关联状态的鲜明特征之一在于，世界不仅要进入个人的生活世界之中，而且还要将人们日常生活中的活动、事项以及人的特征、属性带入个人的生活世界，实现对人生活的全面系统监视。生活世界的数字化使隐私空间退却乃至消失。数字技术在生活世界中搭建起了数字设备体系，并进而推动了人与人、人与世界交往的数字化，这使得人无时无刻不处于被数字技术的包裹之中，具备双向传输能力的数字设备会将人们生活中的一举一动转化为数据，传递至他处（技术公司、政府，甚至公开的网络平台）。数字技术构成了一道道监墙，人们似乎已经进入了无隐私之境，每个人都被置入了一种全新的技术化的"全景监狱"[1]，监视随着信息的流动走进了人们的生活的各个场

---

[1] 在《液态监视》（*Liquid Surveillance*）一书中，鲍曼和里昂认为，我们现在已经处在了"后全景监狱时代"，信息技术将监视的目光渗透进人们日常的生活空间，人们日常生活中的一举一动都处于被监视状态，参见 Zygmant Bauman, David Lyon, *Liquid Surveillance* [M]. London: Polity Press, 2013.

合、各个角落[①]，人的一举一动都像是被奥威尔作品中的"老大哥"注视着，尽管这个"老大哥"未必会对你采取强制性举动，但他能洞悉你的一切，包括你做的事、你说的话，甚至了解你的思想，只要你在生活中用到数字设备，你就不可避免地要受数字监视的逻辑所支配，你的照片、视频要在数字设备中被存储，你获取的信息要通过数字设备来搜索，你的交往聊天要通过数字输入法来实现，甚至在你不知道的时候，数字设备会通过摄像头、录音器收集你日常生活中的一切。所以，交往方式的数字化意味着，人的确可以在私人世界中完成对外部世界的了解，但与此同时，数字化技术本身又在不断地侵入人的私人空间，将私人空间彻底地非隐私化，人以为他得到了他想要的一切——便利性、娱乐感、超感官，但在数字生活世界之中，他却失去了那个原本充满安全感的、仅属于他的家庭和私人空间，人变成了一个透明的人，一个失去了唯一藏身之处的人。

与此同时，世界对个人的侵入，总是带有伪装的面目，伪装成为了人、为了个人的自由、为了个人的幸福的面目。世界常常希望人参与到世界之中，尽管这种"参与"是纯粹的被塑造出来的打造尊重"民意"的类民主形式，尽管人们所参与到的往往不过是"伪世界"。世界侵入个人的时代，也是交往数字化的时代，这样一个时代是一个前所未有的鼓励表达、推崇参与的时代。在这样一个时代里，哈贝马斯曾经所提倡的交往理性面临着一种根本层面的困境：交往的主体间性与意见交流的属性被遗忘，交往本身被贬低成了一种形式，一种目的，一种被剥除了意义而沦为数的附庸的外壳。数字技术平台中，交往被设计成点击、点赞、转发和评论，并以数的逻辑来衡量交往的有效性，播放量、点击量、跟帖量、评论量、转发量、话题讨论量取代了交往的内容成了至高无上的价值指标，并被资本所利用与殖民。在这种情况下，人们被鼓励参与到数字交往之中，参与的人数是与商业利益直接相关的参数，原本作为手段的交往在对交往的鼓励和提倡中变成了目的本身，变成了一种具体的人的集体无意识，交往从人的存在方式变成了被人所设计出来的盈利方式。而若是交往被贬化

[①] 董晨宇，丁依然. 社交媒介中的"液态监视"与隐私让渡 [J]. 新闻与写作，2019（04）：51-56.

为一种无意识的动作和程序，交往本身便失去了其对人而言的价值与意义，人的交往行为最终只能沦为一种常人式的振振闲言与争执不休，成为世界聒噪声音的来源和创造者，进而将人湮没，将人陷入庸常的状态之中。一如海德格尔在其哲学论稿所批判的那样，计算、快速、巨量的技术时代在使得每个人都可以振振闲言的同时，也造就了一个沉思被贬毁以及对所有情绪予以剥夺、公开化和庸俗化的时代，在这样一个时代中，"话语只还剩下声响和极吵闹的刺激，在其中，话语再也不可能以某种'意义'为标的，因为某种可能沉思的全部专心凝聚被剥夺掉了，沉思受到蔑视，警备当作某种奇异和无力的东西"①。

当然，世界对人的侵入更为根本的表现在于信息的丰裕，人们的日常生活时空被丰裕的信息，也即关于外部世界的种种表述、景观、图像和视频所不断占据。在这种世界对人生活时空的占据中，世界再次显露出了其对人侵入的伪装性。这是因为，这种占据依然是以人"欣然"地让渡自我的时间为前提的，一如世界以"民主"的观念伪装并绑架了人的交往行为一样，在这里，世界以幸福、娱乐以及猎奇心理的满足为表象占据了人们的生活时空。世界通过数字技术塑造着娱乐方式，并将娱乐贯彻到底，使娱乐充斥社会的每一处空间，人们生活的每一片角落。因此，从某种程度上讲，晚期现代社会是娱乐更为发达的时代。就生活而言，娱乐似乎已经成为人们生活的最高价值。数字设备体系（digital device system）的本质是娱乐机器体系，每一件数字设备实际上都是娱乐机器、幸福机器、快乐机器。手机、电脑、游戏机、平板、装满小说的电子书，每一种设备的目的都是让人感到便利、幸福和快乐。数字设备充满人的空间，将人团团包围，人的时间也被数字设备占据了，由此，人的大多数时间都娱乐化了，非娱乐化的时间、有可能将人引入真正精神生活的时间越来越稀缺和短暂了。中国学者汪民安将电脑比作一种玩具，实际上所有的数字设备都是玩具：

---

① 马丁·海德格尔. 哲学论稿（从本有而来）[M]. 孙周兴，译. 北京：商务印书馆，2018：130.

> 电脑可以成为所有人的玩具。它是人们儿时玩具的一个新的替代物……这也意味着一种新的娱乐方式诞生了：人们可以通过机器娱乐，人们在任何时间都可以娱乐，娱乐的源泉无穷无尽……在今天，对许多成年人而言，电脑是唯一的玩具，唯一的娱乐对象。这使得电脑成为一种恋物客体，人们会对它上瘾。人们在它上面投注了太多的时间和精力，除了获得稍纵即逝的娱乐外并没有产生任何现实的回报。人们一旦沉浸在电脑中，活生生的人生就会被淡忘。①

因此，在晚期现代社会中，人拥有和运用数字设备的过程实际上也是人被数字定义的过程，无处不在的数字设备最终将人变成了一种娱乐至上的存在。人们已经没有办法离开数字设备，因为数字设备仿若温水，已经构成了人的生存必需品。没有了数字设备，哪怕仅有数天，甚至数个小时，人都会感到痛苦。人与世界被数字技术紧紧地黏结在一起，形成了一种依附性的关系，人被设计出来的幸福、快乐紧紧地吸附在世界之中，人不仅在存在论意义上处于在世界之中的状态，就连心理层面和精神层面也陷入了在世界之中的状态。因此，数字技术设备体系中充斥着各种各样的精神鸦片，精神鸦片带给人欢愉，却也从根本上侵蚀人的精神、消磨人的意志，人与世界之间的关系走向了一种难以逆转的方向：世界的洪流终究要通过各种各样的方式涌向人，将人彻底包裹，对于人而言，世界本身变成了一种日常，一种难以摆脱的日常。

当谈到数字设备中充斥着各种精神鸦片时，就不得不提及前文已经表达过的观点，新闻也是这些精神鸦片中的一部分。在人们被数字设备包裹时，在人们通过数字设备了解新闻、了解各种各样其他的信息时，人们实际上已经陷入了一种更加异化的状态。在交往数字化的时代里，人不仅要面临物的逻辑的支配，更要面临数的逻辑的支配，人的存在方式及存在意义为数所深度绑缚。相较于物的逻辑的支配，人对数的依赖性更为严重且难以摆脱。数的逻辑体现的是更为精准和难以摆脱的控制。通过数字设备体系，人之生活最细微的层面被纳入资本和权力的控制范围之内，数字技

---

① 汪民安. 电脑：机器的进化 [J]. 文艺研究, 2013 (06): 15-24.

术构成了资本主义对人进行操控的最新的媒介。数字设备的界面集聚着各种各样的信息，排列在一起的信息就像是堆积在市场上的商品一样，表面上看，每一条信息都与价值无关，但实际上每一条信息都已被"明码标价"。当人们被吸引点进信息的时候，一次隐形的交易就完成了，人们付出了时间，而资本主义收获了流量，流量意味着对人的时间的精准控制，而时间，对于资本主义而言永远都是根本性的牟利方式。

在数字化的网络世界中，新闻也是以"商品"的面貌呈现出来的，门户网站、社交媒体、新闻类应用，每一种网络新闻产品形态中，一条条新闻像是商店橱窗中的展品一样被展示出来，新闻不再是像报纸那样以统一性的方式整体展示，也不再像电视那样处于一种整体的时间框架结构之中，网络上的新闻是一条条具体的新闻，是碎片化的新闻，也是将人们引向更加浅薄境地的新闻。与此同时，为了吸引人们的点击和注意，新闻必须迎合人们的口味，新闻变得越发娱乐化了。在新闻越发丰裕的晚期现代社会之中，人们的精神生活却越发贫困了：

> 人们常看到软性新闻与花边八卦常常带着"标题党"式的题目，配以如同促销海报一样醒目的焦点图，被放在门户网站的首页；在社会化媒体上，用户浏览着名人甚至普通网民自己在社会化媒体上发布的零星动态，这些社会化媒体的完善功能把自身打造成可供用户自己定制的精美菜单，所有信息混合在这里，伪装出"眼见为实"的真实感。就这样，生活在新媒体时代的人把自己的生活轨迹异化为鼠标或触屏上的反复点选，人们的时间变得碎片化。于是，人们开始对富有人文精神和关怀的深刻作品提不起兴趣，对宏大叙事表示拒绝，对真实消息的追问也不再看重。①

碎片化、浅薄化、娱乐化仿佛已经是不可逆转的趋势，人们精神生活的危机也一步步加深。但实际上，生活中的人们除了偶尔感到的心灵空虚

---

① 刘书亮，黄心渊. 新媒体时代下的人文精神危机 [J]. 现代传播（中国传媒大学学报），2016, 38 (01)：28-31.

和时间消逝之外，并不会意识到自身的精神危机。新闻本身的特征使新闻几乎不可能成为精神生活的依托，在资本与技术的作用下，新闻非但不能成为精神生活的依托，反而变成人丧失精神生活的手段。由此，波兹曼所发现的电视时代已经呈现出来的娱乐至死倾向，在数字化的晚期现代社会中则成了彻彻底底的现实，即便是最严肃的新闻，其严肃性也因为所嵌入的数字设备体系的整体娱乐性而大打折扣甚至丧失殆尽。于是人为创造出来的而非自然而然的伪幸福、伪快乐彻彻底底地占据了人们的日常生活，并成为被追逐的对象，排在了价值序列的顶端，进而挤压和代替了与人之生活际遇、生命进程直接相关的幸福与快乐，人处于一种由伪快乐、伪幸福所构境出来的失真状态之中。但这并不妨碍生活与生命的底色仍旧是悲苦的，在太虚般的幸福快乐与真实生命的悲苦底色之中呈现出一种荒诞的对比和反差，在日常生活中人被伪幸福和伪快乐所麻痹而忘却了悲苦，而若感知不到悲苦，人就永远无法获得超越与摆脱的可能，甚至人连寻求超越和摆脱的意识都可能不复存在。

因此，世界侵入个人的时代是精神贫困与意义趋于消失的时代。早在20世纪50年代，列斐伏尔在《日常生活批判》第2卷中描述过一种"大赘言"时代，这种"大赘言"时代或许会是对我们当下所处时代的最好描述：

> 在极端情况下，我们所说的"大赘言"的影子正在逼近：直接的信息立即直接到达听众或受众，听众或受众以观和意识的速度把握、粉碎和传递着事件，记录下来的日常生活如同本身一样，因为"新闻"不再包含任何一件真正的"新"闻……全球时代会是冗余达到不可思议程度的时代，那个千篇一律的时代会在厚颜无耻地利用了所有的人间话剧之后泯灭它们。这种极端情况当然不在眼前，还很遥远。这种极端状况真的出现，它会是一种封闭回路，一个来自阴间的轮回演出剧场，一个完美的圆，在这个圆里，没有沟通，没有燃起激情的信息，事物的特征不复存在。①

---

① 亨利·列斐伏尔. 日常生活批判 [M]. 叶齐茂，倪晓晖，译. 北京：社会科学文献出版社，2018：302-303.

列斐伏尔所处的时代当然还不是"大赘言"时代，不过这一时代倒离他并不算遥远，因为距离他不过半个多世纪的我们，已经处在他所描绘的"大赘言"时代之中。网络时代中处于流动状态的、永不停息的、可以无限复制的信息造成了冗余"不可思议的程度"。摆脱了时间结构的新闻可以在事件发生之后随机便被传入网络世界中，并抵达人们的生活世界，新闻的去时间结构化在某种程度上意味着大卫·哈维所描述的资本主义"时空压缩"① 的彻底完成，也即人们对生活中物理时空征服过程的彻底完成。但是，在这一过程中也蕴含着一种更具反讽意义的状态，世界的确在这样一种时代中实现了对人的全面侵入，但对人全面侵入的世界，也是被表征出来的与真实世界指涉性关系被切断的符号化世界。由于能指与所指之间关联的切断，符号不必再需要与之相应的参照物，符号本身变成了对象和参照物，由此，参照物消失了，② 符号的关系遮蔽了能指与所指之间的关系，遮蔽了现实世界之间真实存在的关系，③ 一种新的拜物教——符号拜物教笼罩在人们的日常生活之中。在这种符号化世界中，社会现实处于不出场和缺席的状态，真正现身在人们日常生活的是冒名顶替的、符号化替代的社会现实。鲍德里亚和麦克卢汉所说的"内爆"在数字化的晚期现代社会中真实地发生了，"当外部空间已经被生产过程完全整合时，时空的向外扩张就会转向时空的内部爆炸"，信息的复制性和无限重组导致信息常常不再是现实世界的表征，反而是一种自我增殖和自我循环，"在内爆的作用下，意义消失了，大众的主体性也消失了，我们的文化由解放的暴力转向了内爆的暴力。当意义消失时，我们从意义的追求转向了对信息的迷恋，这正是在媒介中发生的意义的内爆过程。正是在这一过程中，超真

---

① 关于"时空压缩"的相关论述，可参见戴维·哈维. 后现代的状况——对文化变迁之缘起的探究 [M]. 阎嘉，译. 北京：商务印书馆，2003.

② Henri Lefebvre, *Everyday Life in the Modern World*, New York: Harper & Row, Publishers, 1971: 113.

③ 列斐伏尔关于参照物消失的讨论，受到了他的朋友罗兰·巴特的影响，巴特在《符号学原理》中提出，"感知某物所要表达的意义，不可避免地要借助语言的分解：意义只在于指称，而所指的世界不过是语言的世界"，参见罗兰·巴特. 符号学原理 [M]. 北京：生活·读书·新知三联书店，1999：3.

实世界取代了真实世界"①。

在这种语境下，作为连接人与现时世界中介的新闻，所连接的很可能不再是真实的世界，而是一种"超真实"的"伪世界"②，不再是世界的当下，而是世界的"伪当下"。内爆性新闻有新闻的一切形式，但是一种为了生产而生产、为了表征而表征、为了填充时空而填充时空，甚至近乎完全无目的的"伪新闻"，与之类似，"伪世界"不是世界，而是似是而非、似非而是的世界，"伪当下"也不是当下，其以当下的面目出现，但每一个感知这一当下的人并不知道现实世界中是否真的存在这一当下。当然，依然有直接表征真实之现时世界的新闻，但大量的新闻则更多的是内爆化的新闻，是关于新闻的新闻和关于新闻的相关信息，因此，在数字化晚期现代社会中，新闻所呈现的是一种包括当下与"伪当下"在内的混杂当下、真实与"超真实"在内的混杂世界。表征当下的新闻已经将人陷入了当下，表征"伪当下"的内爆性新闻将人陷入一种更加无意义的当下，一种人们只是关注眼前、沉入纷繁复杂信息之中的当下，包括新闻在内的各种信息萦绕着人们、纠缠着人们，人们非但没有因数字生活世界的到来而摆脱当下，反而陷到了更深的当下之中。与此同时，世界侵入了个人，但结果是人陷入了非真实的世界，由此，意义走向了凋零，世界走向了虚无，以至于自我也快要消失了，人成了越发飘零的、无根性的人。

在数字生活世界里，在世界侵入个人的时代里，我们最终同生活哲学的根本性问题相遇了：人生活的意义究竟在多大程度上要靠外部世界来赋予？如果外部世界无法有效赋予人生活以意义，那么人的生活意义该向何处寻找？在祛魅化的现代社会和熙熙攘攘的网络世界中，又有什么可以承担起提供生活意义的重担？

---

① 仰海峰．超真实、拟真与内爆——后期鲍德里亚思想中的三个重要概念［J］．江苏社会科学，2011（04）：14-21．

② 鲍德里亚认为，传统的现实在今天的拟真世界中全面崩溃了，网络世界正是这样一个拟真世界，在拟真世界中，"对真实的精细复制不是从真实本身开始，而是从另一种复制性开始，如广告、照片，等等——从中介到中介，真实化为乌有，变成死亡的讽喻，但它也因为自身的摧毁而得到巩固，变成一种为真实而真实，一种失败的拜物教——它不再是再现的对象，而是否定和自身礼仪性毁灭的狂喜，即超真实（hyperreal）"．参见让·鲍德里亚．象征交换与死亡［M］．车槿山，译．南京：译林出版社，2006：105．

第七章
理想生活与理想新闻

> 如果从人们所过的生活来判断他们对于善或幸福的意见，那么多数人或一般人是把快乐等同于善或幸福。所以他们喜欢过享乐的生活。有三种主要的生活：刚刚提到的最为流行的享乐的生活、公民大会的或政治的生活，和第三种，沉思的生活。
>
> ——亚里士多德《尼各马可伦理学》
>
> 他们对过去的看法使他们转向未来，鼓舞他们坚持生活，并点燃了他们的希望：公平即将到来，幸福就在他们正在攀登的山峰背后。他们相信，存在的意义将在其进化过程中越来越清晰。他们回首过去，只是为了了解现在，并刺激他们对将来的渴求。
>
> ——尼采《历史的用途与滥用》

沿着时间与历史一路走来，我们在梳理了自然生活世界、物化生活世界与数字生活世界同新闻之间的关系后，也即将行至本书的终点。黑格尔说，密涅瓦的猫头鹰在黄昏时起飞。我们站在过去与未来交接的地平线上回望过去，理所应当要做的是更好地理解历史流溢过程中所显示出来的规律，并在此基础上反思当下、展望未来。在本书的最后一章，笔者希望对新闻与生活的理想样态进行讨论，从过去流溢而来的规律也好，总结出来的理论也罢，抑或现有状态的不完满所带来的反思也好，在某种意义上，它们都从不同的角度为我们勾勒着理想生活、理想新闻的图景和样态。

一　生活与新闻的历史辩证法

回到最初的问题，当我们讨论新闻与生活世界的关系时，我们究竟在讨论什么呢？

尽管本书在一定意义上从属于历史社会学的范畴，但我们在考察新闻与生活世界的关系时，从没忘却一切讨论最为根本的关切在于"人"，也从未间断对人的存在的观照，而对人的存在的观照，严格意义上来讲又属于哲学的范畴和层次了，因为，"每一种哲学的起点都是人在世界中的存在，人与宇宙的关系。人在做每件事情时，不管是积极的还是消极的，他总会建构一种存在模式，并确定（有意识地或无意识地）他在宇宙中的位置"[1]。因此，当我们在讨论新闻与生活世界之间的关系时，所要解决的最根本、最核心的问题就在于新闻活动对人之生活的价值、意义及影响。

人的生活世界，就是人亲在于其中的、直接"在之中"的世界，是人与世界相连接的直接关联域和作用域。从自然生活世界到物化生活世界，再到数字生活世界，生活世界的历史性体现着人的历史性。当然，人的历史性也包含着生活世界的历史性。马克思关于人的社会形式的著名论断说明的就是人自身的历史性问题。历史性包含变化与差异性，不同时代人的生存生活样态是不同的。人对世界的历史性改造一定也是对人自身生活状况的历史性改造，因为人不仅嵌构在自然世界之中，也嵌构在经由人改造的人化世界之中，人对世界的改造过程反过来成了人满足自身生活的条件。生产是人改造世界的基本手段，按照马克思的观点，以同一性为内核的现代社会生产方式最为重要的进步意义在于，其在发现了一种物质财富激增方式的同时，也解决了人所面临的物质匮乏的生存困境，为所有人改善自身的物质生活条件提供了基础性条件。从人的生存意义上来讲，现代社会的生产方式在很大程度上铲除了自然条件、自然环境对人命运的支配，转而将人的命运交还到自我手中，在人与自然这组关系之中，人获取

---

[1] 卡莱尔·科西克. 具体的辩证法——关于人与世界问题的研究 [M]. 刘玉贤，译. 哈尔滨：黑龙江大学出版社，2015：165.

了主动性、支配性的权力。但人并没有消灭自然，人把自然从绝对的背景环境转变为背景环境中的一部分，背景环境中更为重要的另一部分是人创造出来的物质世界。与此同时，人与世界之间的主要矛盾从人与自然之间的矛盾转变为人与人的客观化之间的矛盾。人的客观化方面与自然一起，构成了人的总体性世界。① 在摆脱自然的约束和支配之后，人先是进入了物化生活世界而后又在此基础上建立了数字生活世界。物化生活世界与数字生活世界，都是在总体性世界中取得了支配地位的人的客观化方面向具体的人显现自我的方式。

人与世界的矛盾永远存在。异化这一问题的实质与核心，仍然是人与世界之间的关系问题。对于具体的人而言，人的客观化方面取代自然的结果之一是，作为"庞然大物"的自然世界被替换成了同样"庞然大物"的人造世界/物化世界。在自然生活世界中，世界与人的关系的失衡表现在自然构成了人之命运的必然，而在现代社会之中，世界与人的关系的失衡则表现在人的客观化方面构成了人之命运的必然。具体的人生存于世界之中，但世界又以异己的、物化的方式出现在人面前，并常常带给个人危险、威胁与压迫。人确实将世界纳入自己支配的范围之内，但这里的"人"是大写的人和总体的人，并非具体的人和个体的人。对世界进行感知与认识的，永远都是具体的人，而非抽象的总体的人。并不存在总体的人的主观方面，因为承担认知、经验与思考等主观活动的总是具体的人。对于具体的人而言，总体的人总是客观化的，不仅总体的人所创造出来的世界是客观化的，总体的人本身也是客观化的。因此，现代社会中，矗立在具体的人面前的世界图景不仅包含总体的人所创造出来的物质世界，而且包含总体的人本身。在人与世界之间的矛盾性关系中，人，或者更准确地说具体的人，永远扮演着沧海一粟的微弱角色。

但人与世界矛盾的辩证性在于，二者并不是二元对立的关系，而是海德格尔所说的"在……之中"的关系，世界一方面以总体性的面貌向人显

---

① 不论人所创造出来的世界呈现出怎样的样态，也不论其有多么高级，人都是在自然的基础上创造人自己的世界，尽管自然在人的生活中的相对意义有所减弱，但自然永远都是世界、生活世界必不可少的组成要素和最为重要的背景性条件。

现自己，另一方面又以奠基性的生活世界的面貌呈现自己，并使自己成为滋养人、守护人的生存土壤。每一个具体的人都因自我意识面对着世界这一庞然大物，但每个人也同样构成了这一庞然大物的一部分。人的个体生活世界就扮演着将人与世界融为一体的角色，总体性世界通过生活世界延伸至具体的人。随着时间流溢，总体性世界不断向前推移，这种连续的推移往往呈现出稳定性的特征。总体性世界的相对稳定性为每一个具体的人的生活世界的相对稳定提供了基础条件，从而使人的日常生活呈现出稳定性、重复性、自发性、模糊性及整体性等特征，这些特征正是人的安全感的源泉所在，这也是为何吉登斯将日常生活视作人之本体性安全的前提所在。① 对于具体的人来讲，生活世界仿若一条十字路口，在这一路口上，自我与世界相遇，过去与未来相遇，具体的人的一切行为都要在生活世界之上铺展，其一切行为也因生活世界而获取自身的意义。

传统社会中，对具体的人而言，世界总是以部分的面貌显现出来的，这一部分就是人所能感知、经验到的范围总和，这一世界与人的生活世界高度重合，甚至可以说，对于一些生活在底层的民众而言，世界就意味着他们的生活世界；现代社会的到来，以及人的交往能力的提升和交往范围的扩大，既使历史转向世界历史，也使人的生活边界不断向外扩张和蔓延，在生活边界向外蔓延的同时，总体性世界向具体的人的方向涌来。具体的人与总体性世界在现代社会中相遇了，并且是以世界侵入个人的方式相遇的。因此，我们似乎又可以将现代尤其是晚期现代命名为"世界侵入个人的时代"。这种侵入和相遇是以生活世界为舞台和背景的。生活世界从来都是世界向人们显现自我的舞台。每一个生活世界与总体性世界之间的关系都是相互嵌入性的，不仅每一个生活世界都是总体性世界的一部分，而且对具体的人而言，总体性世界只有嵌入生活世界，才能表现出它的总体性。

从传统社会到现代社会，生活世界向外扩张与蔓延一方面表现在人的

---

① 吉登斯认为，人的本体性安全来自人所处生活常规的连续性，"常规的连续性，在心理上是令人放松的……日常生活的常规的这种连续性，只有通过所卷入其中的当事人的连续不断的——尽管几乎总是在实践意识水平上的——关注才能获致"，参见安东尼·吉登斯. 现代性的后果 [M]. 田禾，译. 南京：译林出版社，2011：15–16.

亲在性交往范围的扩大，另一方面则表现在人的中介性交往范围的扩大。二者均同广义上的传播技术的发展相关联。亲在性交往范围的扩大有赖于交通工具的变化，汽车、火车、船舶、飞机的出现，公路、铁路、航线的开辟和完善，使人可以越来越便捷地抵达需要去的任何地方，这自然使人的世界在空间范围上相较于传统的自然生活世界有了质的提升和飞跃。与此同时，中介性交往范围的扩大依赖于媒介技术的发展，现代报纸、广播、电视的出现，使世界的变动状况源源不断地汇入人们的生活世界之中，现代电影、书籍以及其他传播载体的大众化，也使人有了更多认识世界的通道和路径。如果说亲在性交往范围的扩大意味着人可以更好地走入世界，那么中介性交往范围的扩大则意味着世界可以相对而言更为完整地进入人的认识范围之内。人类社会发展的过程，从传统社会向现代社会转变的过程，也包括现代社会自身的发展过程，实质上都是中介性交往地位越发增强的过程。相较于传统社会，现代社会中人们经验、感知与想象世界的范围，因中介性交往的发展而不断扩大，与世界的实际状况更为趋近，中介性交往的速度也不断加快，达到即时性的状态，这为人们造就了一种越发强烈以至于到如今完全习惯了的状况，或者说造就了一种新的日常——世界是小的，地球不过是一个小小的"村落"（麦克卢汉语）。

　　生活世界的向外扩张与世界向生活的涌入是同一个过程。涌入的方式亦可分为两种：一种是向人直接显现自身，与人相遇，这种显现方式即人直接同世界之中的存在者打交道，这包括我们在生活中所接触到的一切可以触碰到但只能自我呈现的事物；另一种则是以化身的方式显现自身，世界通过中介而后呈现在人们的生活之中，化身即是中介，在人们的日常生活中，化身与中介存在的意义并不在于自身，而在于其所表征与连接的对象。通过中介显示在人们生活中的是不同的世界，就实存的方式而言，以历史的方式显示在人们生活中的是过去的世界，以新闻的方式显现在人们生活中的则是现时的世界。这也正是我们在本书一开始即认为在存在论意义上，新闻是连接人与现时世界的中介之原因所在。当然，从人的生活世界的角度出发，新闻实际上扮演着双重角色：其一，作为人与世界交往方式的新闻。作为交往方式所强调的是新闻的上手状态，也即人阅读新闻、观看新闻、收听新闻时,新闻所扮演的角色就是将世界之中具体的事情转达给人,使人们知晓和了解,由此,世界通过具体新闻的上手状态走向了人,人与世界之间发生了实实在在的关联。与此同时,正是在具体新闻的上手状态中,在人与现时世界的中介性交往中,新闻在人的生活中占据了实实在在的位置,花费了人的时间,新闻也正是在这个过程中成为人的生活资料的。其二,作为人之日常生活背景的新闻。作为日常生活背景的新闻是指新闻的待上手状态,在人们没有主动接触新闻、阅读新闻、收听新闻、观看新闻时,新闻依然存在,只是处于一种有待给予、有待上手的状态,这时候的新闻就是人之生活环境的一部分,扮演着一种背景性的角色。在胡塞尔看来,"被给予性"是指事物的显现,"真正被给予自我的对象,也就意味着自我可以经验到的东西"①,这一概念所强调的是显现者对作为认识主体的人而言的相对性。在人与新闻之间的关系中,新闻总是处于两种状态中的一种,要么被给予,处于人的上手状态,要么作为人的生活背景而有待被给予。

从自然生活世界到物化生活世界,再到数字生活世界,新闻在生活世界之中的状态发生了明显的变化。在传统的自然生活世界中,新闻是一种自发性的、点缀在人们日常生活中的事物,其在生活世界中的传递似乎更像是一种随机性的事件,这一阶段新闻在人们生活中并不会占据专门的或大量的时间,因而其更多像是人的生活环境和生活背景中并不重要的一部分。现代社会使人们生活在由人自己创造出来的物化生活世界中,作为物的传播媒介(如报纸、广播、电视等)也以物的方式嵌入人们的日常生活结构中,并占据生活中专门的部分,其源源不断地将新闻及外部世界带入人们的生活世界之中。如果说传统社会中人所处的自然生活世界本身构成了生活背景的话,那么发现了总体性世界的现代社会中,通过嵌入生活世界中的传播媒介,总体性世界也构成了人们至为重要的生活背景。不论人们是否愿意,世界都在不断地向人们的生活世界涌入。涌入生活世界后的现时世界即新闻,一如前文所说,新闻并不会随时处于被给予的上手状态,在大多数情况下,这些涌入生活世界的新闻就体现为人的生活环境和

---

① 倪梁康.胡塞尔现象学概念通释(增补版)[M].北京:商务印书馆,2016:191.

生活背景。现代社会中街头上的报刊亭、每日投递到门口信箱的报纸杂志、家中电视和收音机中的节目,以及数字化晚期由手机、电脑、平板组成的数字设备体系,这些都是人们生活世界中专门用于提供新闻的物件,也是现代社会中不可或缺的生活背景。在现代社会中,新闻开始越发以物的方式嵌入生活世界,并成为人们日常生活常规性的和极为重要的背景性、环境性要素,以至于被新闻包围成为人所面临的常态,"以往只有记者和电视制片人才会被新闻所包围,现在这已经变成了数百万普通人的生活常态"[①],这是传统的自然生活世界并不存在的现象。

我们将现代命名为"世界侵入个人的时代",描述的正是这样一种世界被嵌入生活世界,并且处于触手可及、抬眼可见的状态。现代社会是一个中介化技术不断发展的时代,而中介化技术的发展与世界对个人侵入程度呈正相关关系。人的生活世界由永远有待填充的时间组成,人的心灵也永远处于有待充实的状态,但日常生活实际上也是由一个个固定周期组成的,每一个周期都构成了一个相对短暂的零和区间,在这一零和区间中,各种活动之间处于一种相对的互斥状态,世界对个人侵入的时间越多,意味着个人的其他活动时间越少,当世界汹涌而至并在人的生活中无处不在时,人的自我就被淹没了。当然,世界并不是一个抽象的概念,而是对象的集合体,上手状态的新闻总是指向具体的对象,每一条新闻只是把人带向一个具体的事实,世界对个人的侵入是通过具体的新闻实现的。具体意味着复杂,具体的新闻以多种多样的样态呈现,但如同我们前文一再说明的那样,现代新闻的生产机制意味着新闻总是处于相对琐碎的状态,甚至常常处于浅薄状态,在现代新闻的运作过程中,现时往往很难直接与厚重发生关系,现时只是一个单薄的切面。这一点在数字化的晚期现代社会中有最为直接明显的体现,现时世界常常表现为众说纷纭式的闲言碎语,以及在闲言碎语中所折射的他处的日常生活,以至于在这种情况下,世界侵入个人生动地表现为生活的自我殖民。既然如此,将人带入肤浅、零碎、丧失精神生活的境地,也便是现代社会中新闻活动所产生的实实在在的后

---

① Oliver Burkeman. How the News Took over Reality, 参见 www.theguardian.com/news/2019/may/03/how-the-news-took-over-reality.

果之一。

在世界与人之间的关系中,新闻是一种中介。这种中介既使人知晓世界,又令世界走入个人生活。这种中介的独特性在于时间性,新闻实际上是人与世界在时间层面的调节机制。新闻使人能够更好地知晓世界最新发生的事情,这一点不论是在传统社会还是在现代社会中皆是如此。在传统社会中,新闻使人们知道他们所处的地域范围内的新变动,其自发地在时间层面调节着人与其所处地域之间的关系。现代社会以降,新闻成了抽象化与统一化时间的物象,通过新闻人与人之间乃至整个世界都被连接成为一个共时性的整体。时间滚滚向前,新闻也紧随其后记录世界的最新变化,并把这些最新变化传达给处于世界之中的人们。人的心灵永远处于有待填充的状态,世界的最新变动情况正好构成了填充心灵空白的材料,时间向前永无止境,世界也不断产生新变动,这是新闻不断产生的根源。因此,对时间的追逐、对当下的关注,构成了新闻存在的合法性条件。不过,正是因为新闻永远都在追逐当下,所以也使人陷入当下之中。当下或许并不是一个纯然负面的词语,因为在当下之中既包含着现实,也包含着活生生的生活本身,不过,如果说当下意味着生活本身的话,那么,与之相对应的状态就是自由与可能性。或许当下是享乐的,乃至世俗意义上"幸福"的,但在这享乐与"幸福"的背后,却可能是深不见底的空虚与无意义。从某种意义上来讲,人对当下陷入越深,就越缺少改变的可能性,也就离自由越远。

二 完整的人与理想生活

在《资本论》中,马克思有一句非常重要的名言,"最蹩脚的建筑师从一开始就比最灵巧的蜜蜂高明的地方,是他在用蜂蜡建筑蜂房以前,已经在自己的头脑中把它建成了"[1],从这句话切入,我们或许可以对人有更为深入的理解:人从本质上来讲是一种拥有理想并且不断努力实现理想的

---

[1] 马克思. 资本论: 第1卷 [M]. 北京: 人民出版社, 2004: 208.

存在物。① 当我们说人的本质是从当下与时间中抽离出来的时，我们想要表达的是：人的每一个当下都是三个时间维度的接合点，其既怀揣着关于过去与既往的记忆，又构建着关于未来的思考与憧憬，人的过去与未来又都汇聚、锚泊与结构于当下。在脑海中憧憬未来并以实践抵近未来是人之为人的重要特征，"人是唯一能够挣脱纯粹动物状态的动物——他的正常状态是一种同他的意识相适应的状态，是需要他自己来创造的状态"②，有意识地创造历史就是人自觉创造理想生活的过程。在这种意义上，人对世界进行改造最为重要的目的，是按照自己的意愿设计生活，使生活走向理想的方向。

理想的生活究竟该是什么样的？这似乎是一个一千个人眼中有一千种答案的哈姆雷特式的问题。每个人都有自己所期待的理想的生活模样和生活状态。当人们开始思考什么样的生活是理想的生活时，他实际上已经有了关于人生的内省与反思，因为这一问题"打破了人们满足于日常的人云亦云、得过且过的不假思索的寂静状态，它促使人们返回内心，追问自己生活的价值与意义"③。在古代社会，对于普罗大众而言，世俗层面与物质层面的富足和幸福必不可少，处于匮乏时代的人们梦寐以求的生活状态就是衣食无忧。就整个时代而言，德性与神性似乎是彼时理想生活颇为重要的特征，古代哲学家和思想家也更多从伦理、审美、德性及神性的层面来讨论理想的生活状态。传统中国思想所勾勒出的理想生活图景要么是歌舞升平、繁华热闹的太平盛世，要么是以道德伦理为核心（如老吾老以及人之老，幼吾幼以及人之幼、路不拾遗等）的大同社会。苏格拉底认为，好的生活是与德性连在一起的，真正的好的生活是善与正义的生活。柏拉图认为，"真正值得过的人生"要尽其所能、自下而上地攀登生活的阶梯，从友爱智慧到审美生活、道德生活，再到平和正义与体面高雅生活，以及沉思生活，最后通过理智与智慧上达思想启蒙与澄明的顶点，感知与直观

---

① 张应杭.论作为人类类本质的理想——对马克思文本中一个命题的新解读［J］.哲学研究，2006（08）：20-24.
② 马克思恩格斯选集：第3卷［M］.北京：人民出版社，2012：845.
③ 田书峰."人该如何生活"作为苏格拉底伦理学的核心问题［J］.北京师范大学学报（社会科学版），2019（06）：111-120.

神性的生活。① 亚里士多德认为人的生活可以分为享乐的生活、沉思的生活和政治的生活②，这三种生活分别对应于人存在于世的三种维度：身体、心灵及与他人的共同生活，其中，沉思的生活是最为理想的生活状态。基督教许诺人以神圣美好的天国，而抵达理想国度的方式在于无条件地忍受尘世的凄苦与基督教的道德律令。佛家希望人看破红尘，劝人慈悲为怀、离苦得乐、收获大智慧，其主张理想的生活应当是出世、洒脱与寻求内心的宁静。

及至近现代，作为个体的人的发现，使得人们生活的理想从天国和彼岸世界彻底转向了日常的此岸世界和现实世界，人们认为，衡量理想生活的标准和尺度在于个体在现世的生活状态，理想的生活至少应当是幸福的生活、自由的生活以及能够促使个人发展的生活。尽管何为幸福、自由程度如何以及怎样才算是充分发展都是因人而异的问题，但幸福、自由与发展却是每个人都想要寻找和追求的对象。按照费尔巴哈的说法，"人的任何一种追求也都是对于幸福的追求"③，人们希望在世界之中拥有稳定的物质保障、健康的身心状况、良性的社会关系以及基于此而获得的愉悦快乐的情感体验，对于幸福的追求，是人生活的基础性动力，也是人生在世的意义源泉。人所渴望的生活也是自由的生活，自由是一种人与自我、与世界之间关系的理想状态，其意味着人的思想和行动可以不被外界的条件、社会关系所绑缚和约束，人可以依照自己内心真实的想法、依照本我的意志存活于世。与此同时，理想的生活还应当是个人可以不断自我完善和发展的生活，在这样一种生活中，人可以充分地发展自我的能力，并能够充分实现人生价值和社会价值。因此，理想的生活应当是幸福、自由和不断自我发展的生活，"人所从事的一切活动，无论是就其动机还是就其最终结果而言，都是在创造和拥有尽可能多的社会公共财富中，实现自我价值，享受自由、自主的美好生活，此乃人

---

① 王柯平. 爱美欲求与善好生活——柏拉图"阶梯喻说"新解 [J]. 哲学研究，2017（08）：95-100.
② 亚里士多德. 尼各马可伦理学 [M]. 廖申白，译. 北京：商务印书馆，2003：11-12.
③ 费尔巴哈哲学著作选集：上卷 [M]. 北京：生活·读书·新知三联书店，1959：536.

自身之终极存在意义的彰显"①。

按照历史唯物主义的观点，人的生活与其所处的生活世界之间呈现着一种辩证性的关系。生活是人之生命活动的基本内容，强调的是人的生存活动和生活状态；生活世界是人所处的环境，是相对于实践活动、交往活动、生存活动等主体活动而言的客观性、物质性条件，也是人之生命活动得以展开的背景和舞台。人通过自身的生产劳动实践改造人的生活世界，而后人的生活世界又反过来决定着人的生命活动和生存状态。人类社会生产能力、生产水平的提升导致了人从自然生活世界到物化生活世界，再到数字生活世界的历史性转变，这又影响了处于这些生活世界当中的人的生活方式和生命状态。就大的历史尺度而言，人的物质生活是以一种扬弃的方式向前发展的。每一种生活世界及其中的生活状态，从某种程度上来讲，都是处在前一种生活世界中的理想世界与理想生活，物化生活世界部分地解决了人的物质匮乏及生存环境恶劣问题，而这些问题正是自然生活世界中人们面临的最主要生存困境。数字生活世界在物化生活世界的基础上，又进一步建造起一幅"自由交往"的社会图景，这种"自由交往"也是长期以来人们梦寐以求的理想未来。

对于处于现实社会中的人们而言，物质生活显然是必要的，也是基础性的，并且一如前文所说的那样，现代社会以来生活的变革最为显著的体现之一就集中在物质方面的变化：物化生活世界与数字生活世界首先且主要所改造的都是人们生活的物质层面。这里我们需要注意的另一个复杂现实是，当我们以最新到达的阶段来命名一个时代时，并不意味着所有的人都已经进入了这个时代。每一个时代都是以往所有时代的复合体。虽然我们用晚期现代社会和数字生活世界来命名我们今天所抵达的社会阶段及其对应的生活世界类型，但在当今的世界上，仍有许许多多的人仍然处于物资匮乏的自然生活世界之中，即便已经处在物化生活世界和数字生活世界，人们也仍然面临极度不平等的现实境况，贫富差距、资源分布不均的问题，使自由仍然局限在少数人之中，大多数人在日常生活中仍然处于非

---

① 袁祖社．公共价值的信念与美好生活的理想——马克思哲学变革的理论深蕴［J］．中国社会科学，2019（12）：28-45．

自由状况，要受到必然的约束与限制，常常处于生活危机乃至生存危机的边缘。这也就是说，物质层面的相对性困境与难题会长期甚至一直存在下去。物质生活是重要的，物质层面是人赖以生存与生活的条件，生活资料的充足与丰富也是理想生活达成的前提和基础，因为，"当人们还不能使自己的吃喝住穿在质和量方面得到充分保证的时候，人们就根本不能获得解放"①。与此同时，与物质生活相应的社会关系也是重要的，这是因为，即便是人类整体的物质财富水平达到相当高的高度，但剥削关系的存在或分配方式的不合理依然可能使人们面临"朱门酒肉臭，路有冻死骨"的状况。现实是理想的基础，理想是基于现实而衍生出来的。现实社会中的物质层面的相对性困境的长期存在，意味着马克思所主张的人类在社会层面的变革（包括生产方式变革、社会关系变革）需要一直进行下去，因为，任何单个人理想生活的达成都只是部分个体意愿的达成（而部分个体意愿的达成在阶级社会中就已存在），只有每个人理想生活的达成，以至于所有人/总体的人理想生活的达成才是人类应当怀揣的梦想。

　　生活的历史性所显示的最为关键的真理或许就在于：人对理想生活的趋近是一个无限的过程。生活世界的演变并不会令人脱离日常生活，它在部分实现人的愿景的同时也总是将人带入一种新的日常生活。新的日常生活在很多层面都带有明显的进步色彩，但新的日常生活依然保留着日常生活的一些根本性特征，并且常常会给人带来相当的甚至更多的全新困境。历史每当将人带入一种新的生活世界类型和新的日常生活的同时，也会向人显露出新的生活问题，并在这种显示之中向人呈现更为理想的生活形态，从而推动人以实践克服弊病与问题。问题的解决与理想的达成不是终点，反倒是另一个起点，生活理想达成后人又会迎来新一轮的问题及围绕问题而进行的实践与变革。正是如此，幸福、自由与发展会在不同的历史阶段被赋予不同的内涵。在扬弃性的发展中，生活显示出了自身的辩证法——从当下的生活到达理想的生活，是一个永无止境的过程，理想生活的内涵总会随着现实条件的改变而不断改变。生活的这种辩证法也在暗示着一个重要的范畴"完整的人"或"新人"的命运：并不会一蹴而就地出

---

① 马克思恩格斯选集：第 1 卷 [M].北京：人民出版社，2012：154.

现一种"新人",人的自我完善是一个永无止境的过程,人对世界、对自我的每一次胜利,都伴随着相应的生存危机与价值危机,完整的人或许并不存在一个终极性的实体,而是存在于人不断地自我否定与超越的过程之中。

马克思关于人的社会形式的三阶段理论中,"建立在个人全面发展和他们共同的、社会的生产能力成为从属于他们的社会财富这一基础上的自由个性,是第三阶段",这一阶段也是马克思所设想的人类社会存在的理想阶段。从马克思的描述来看,这一阶段的特征一方面在于物质层面的丰富与充足,另一方面在于人类在精神生活和个人发展层面的制度性保障,即合理的日常生活时间结构,这是因为,自由而全面的发展所依赖的是必要劳动时间的减少和自由发展时间的增多,"这个自由王国只有建立在必然王国的基础上,才能繁荣起来。工作日的缩短是根本条件"[1]。从现代社会的实际发展状况来看,人们的日常生活时间结构有着一个合理化的过程,这一合理化过程一方面源自阶级抗争,[2] 另一方面则在于维持资本主义自身正常运转的需要。资本主义的完整运行有赖于生产与消费两个方面,工人工资的增长与非工作时间的延长都有可能刺激消费,大规模的消费反过来推动大规模生产,生产与消费构成了推动资本主义发展的正向循环。这是福特主义的内在逻辑,也是现代社会中人们日常生活时间结构逐渐合理化的内在原因。但是一如我们前文所分析和指出的那样,即便是物质层面的富足与日常生活时间结构合理化已经成为现实,人们仍然并没有进入自由王国之中,而是陷入了新一轮的生活困境与生活危机。如果说人们在解决物质层面困境的过程中所面临的是劳动的异化的问题,那么日常

---

[1] 马克思. 资本论:第3卷 [M]. 北京:人民出版社,2004:929.
[2] 按照马克思的考察,资本主义诞生以来,工作时间与非工作时间之间的比率呈现了一个先提高后降低的过程,"资本经历了几个世纪,才使工作日延长到正常的最大极限,然后越过这个极限,延长到十二小时自然日的界限。此后,自18世纪最后三十多年大工业出现以来,就开始了一个像雪崩一样猛烈的、突破一切界限的冲击。习俗和自然、年龄和性别、昼和夜的界限,统统被摧毁了",而当资本主义对工人的剥削到达一定程度,工人对自身日常生活日渐不满以至忍无可忍时,工人向着资本家发起的"捍卫真正生活"的斗争就展开了,正是在漫长的斗争中,诸如十二小时、十小时的正常工作日制度才逐步得以确立。参见马克思. 资本论:第1卷 [M]. 北京:人民出版社,2004:320.

生活时间结构合理化实现之后，所面临的则是闲暇时间的异化，这是一种更深层面的异化，或者说是日常生活的全面异化。

在这一异化阶段之中，人类社会发展所积累的用于个人丰富精神生活和实现全面发展的制度性条件，被充分利用为殖民个人精神和阻碍发展的条件。黑格尔1816年在海德堡大学的开讲中有这样一段发人深省的话，他说，"时代的艰苦使人对于日常生活中平凡的琐屑兴趣予以太大的重视，现实上很高的利益和为了这些利益而作的斗争，曾经大大地占据了精神上一切的能力和力量以及外在的手段，因而使得人们没有自由的心情去理会那较高的内心生活和较纯洁的精神活动"[①]。如果说黑格尔所处的时代，人们的生活境况普遍处于较低的层次，也即他所说的艰苦的时代的话，那么如今的时代人们的生活境况似乎好了很多，至少形容相当一部分人甚至多数人的生活境况，用"艰苦"这个词语并不怎么合适。但是大多数人，即便是那些拥有相当多闲暇时光的人依然"没有自由的心情去理会较高的内心生活和较纯洁的精神活动"，人对平凡的琐屑兴趣依然过于重视。人们的大量精力被用在了娱乐上，用在了对世界的非参与性观看上，世界涌向了个人，或者更准确地说，是世界中的奇观、琐碎、肤浅和鸡毛蒜皮涌入了人们的生活世界，占据着人们的注意力。今天的我们已经进入了"世界侵入个人的时代"，而在这样的一个时代中，幸福经常被窄化为娱乐，自由往往被简化为选择，原本可能被用于个人自我发展的时间被侵占，人距离理想的生活依然遥远。

时代的境况在为我们提出新的困境的同时，也在为我们提供基于现实的理想生活的模样。人们在"世界侵入个人"的时代进入了一种新的自发状态，世界的侵入与支配、娱乐至死、被动地观看、参与无意识等都构成了人所面临的新的日常，也是人的生活的新框架和必然。这种现实为理想裂开的缝隙就在于，重新恢复幸福、自由与个人自我发展的本来意义。幸福绝不仅仅是娱乐，而是与个人生命境遇、生命进程高度关联的，是现实的生命事项所直接触发的美妙的生命体验，脱离了生命境遇的被动式的享

[①] 黑格尔. 哲学史讲演录: 第1卷 [M]. 贺麟, 王太庆等, 译. 上海: 上海人民出版社, 2013: 3.

乐、非参与性的观看,或许会带来愉悦的体验,但其本质不过是诡异的时间杀手,且最终会将人重新带入无聊、枯燥的境地(很多种娱乐在利用人的好奇心和新鲜感,但人的好奇心与新鲜感在娱乐的过程中也在不断地被消耗),旁观的时代只能让我们观看他人的生活,而更重要的是以亲在性的方式创造自己的生活。自由不是摆脱了劳动之后的闲暇和娱乐,"自由不是把自己作为一种独立于劳动且存在于必然疆界之外的自主王国展现在人们面前。相反,它产生于劳动中,劳动是它的必要前提"[1],自由的本质体现在精神的自由与意志的自由。自由更不是在他人所设计好的规则中做选择,而是在对自我与世界深刻省察之后,以一种负责的态度去听从自我的意志,去实践生命的价值与意义。个人的发展就在于对自我的生命现实、生存条件、生活境遇有了真切的认知之后,在对世界有了清醒的认知之后,抱着对自我负责的态度为自己树立的理想,并不断朝着这一理想而努力的过程。因此,在世界的喧嚣将个人包裹、生活的琐屑殖民生活本身的时代中,列斐伏尔所说的个体层面的"日常生活的革命"获取了部分合理性,尽管国家、政府、社会在解决时代问题与困境的过程中负有相当的责任(这些生活面临的困境本身也是社会困境,反映着社会的不合理),但实现理想生活的责任很大一部分最终要落回到个人身上。因为,在个体的人与总体的人这组关系之中,总体的人的发展对于个体而言总是以条件和背景的面貌出现的,"社会存在的合法性,就体现在它为人的成长提供必要的社会条件,社会的存在和发展,归根结底是为了……促进人的全面发展"[2],只有个人才是自我生活的实践者,才是宿命的承担者,个人对自我的生命负有绝对的、不可推卸的责任。也因此,在"世界侵入个人的时代",人要重新建立一种自觉,一种对日常生活本身的自觉,要时不时地从当下的世界之中抽离出来,去反思当下的生活,拨开遮蔽真实世界与生活的层层面具,认清眼前世界与日常生活的虚伪的面目,回到真实的世界之中,去体验真正的生命与生活本身,去沉思、去从事诗歌与艺术、去回

---

[1] 卡莱尔·科西克. 具体的辩证法——关于人与世界问题的研究 [M]. 刘玉贤,译. 哈尔滨:黑龙江大学出版社,2015:161.
[2] 贺来. "主体性"的当代哲学视域 [M]. 北京:北京师范大学出版社,2013:175.

归个体的理性,也去真正的劳动与实践,"把人从'抽象'的统治中解放出来,从'物'的普遍统治中解放出来,从'资本'的普遍统治中解放出来,把'资本'的独立性和个性变为人的独立性和个性"[1],进而把人从异化的状态解放出来,回归真正的自我与生活,也努力走向更为完整的人。

三 理想新闻与超越生活

当论及新闻与理想生活的关系时,我们想要表达的一个核心的论点就在于:新闻的确是人生活世界中不可或缺的组成部分,它将人与现时世界连接起来,并且它填充着人们日常生活中的时空间隙,构成了人们基本的生活素材之一。但随着人们进入媒介化社会,新闻会大量地涌入人们的生活之中,人们日益被新闻,尤其是被肤浅、琐碎、无意义的新闻乃至伪新闻所淹没和包围。这样的生活是被异化了的生活,也是被遮蔽了本真样貌的生活,人若要走向理想的生活,务必要从新闻的包围中解脱出来,缩短对无意义和弱意义新闻的接触时长,进而回归到生命的本真状态。这也就是说,世界侵入个人的时代,个体的人对塑造理想生活负有不可推卸的责任。与此同时,我们要注意的是,世界侵入个人时代的核心问题在于琐碎、肤浅、娱乐过度地占据了人的生命,这也就意味着,现代媒介中的新闻离自身的理想形态似乎也相距甚远。我们这里所说的新闻,并不仅仅是数字化媒介出现之后普通民众所发布的"公民新闻",实际上如同我们在前文所分析的那样,专业媒体也是造成现如今新闻问题与弊病的重要原因所在。受政治与经济力量干涉、为了获取利益过度迎合受众兴趣偏好、行业转型所带来的精神蜕变和理想主义热情消减[2]等都多多少少使专业新闻陷入一种庸常状态。在本节中,我们将把目光从新闻的实然状态转向其应然状态,讨论理想新闻究竟是什么样的,以及我们该如何理解理想新闻。

人生在世,一个任谁都无法改变的基本事实是:人的生命时间是有限

---

[1] 孙正聿.怎样理解马克思的哲学革命[J].吉林大学社会科学学报,2005(03):5-15.
[2] 参见李红涛."点燃理想的日子"——新闻界怀旧中的"黄金时代"神话[J].国际新闻界,2016,38(05):6-30.

的。在人们的日常生活中，尽管生活总是显现出时空空白，心灵也总是有待填充，但人的精力毕竟是有限的，"我们不可能永远保持专心和关注状态。如果基础设施一直让我们目不暇接，我们会感到头晕目眩，难以为继。这个世界生生不息，变化无穷，让我们兼顾无暇"[1]。所以，当我们讨论理想新闻是怎样的时，所讨论的问题应当是：究竟怎样的新闻值得人们付出生活中有限的时间去了解？以至于牺牲本可以用于其他有意义的事情的时间来与之兑换？正如我们在前一节所说，人不应该把太多的时间浪费在接收琐碎、生活性乃至无意义的事情上，在理想的语境下，当人们花费时间去阅读和了解新闻，一定是因为这样的新闻作品具有揭示现实世界的价值，它能够将我们带向真正的现实世界而非零散、琐碎和生活性的他处日常生活。也因此，理想的新闻在其内容及意义指向层面具有毋庸置疑的超越日常生活的属性。

　　超越日常生活意味着新闻与历史之间间隙的缩小，或者说新闻向历史靠拢与趋近。人们常说，新闻是当下的历史，历史是过去的新闻，将新闻与历史放在一种相似地位的说法很早就有，[2] 在这些语境中的历史与现实往往都指向事实的时间性，这也是人们将新闻视作历史的草稿的原因所在。但历史是对过去之事的记录，并非过去所有之事皆可成为历史。留在历史之上的，要么是日常的断裂，要么是能够用于表征彼时日常世界状况及轮廓的典型。在这种意义上，历史与日常存在非常明显的差别。科西克在《具体的辩证法——关于人与世界问题的研究》中专门谈到了日常与历

---

[1] 约翰·杜海姆·彼得斯. 奇云：媒介即存有 [M]. 邓建国，译. 上海：复旦大学出版社，2020：413.

[2] 蔡元培曾讨论过新闻与历史的关系："新闻者，史之流裔耳。古之人君，左史记言，右史记事，非犹今新闻中记某某之谈话若行动乎？……新闻之内者，无异于史可也……虽然，新闻之于史，又有异点，两者虽同记以往之事，史所记不嫌其旧，而新新所记，则愈新愈善。……作史者可穷年累月以成之，而新闻则成于俄顷……" 参见蔡尚思. 蔡元培学术思想传记 [M]. 上海：棠棣出版社，1950. 贝尔纳·瓦耶纳将专业新闻工作者比作当代的历史学家，"如果一个人能写下一切不断变化的事件的历史，这句话是很正确的。至少新闻与研究历史共用一种材料，因为现在发生的事件马上就会进入历史档案，让位于更新的事件"，参见贝尔纳·瓦耶纳. 当代新闻学 [M]. 丁雪英，连燕堂，译. 北京：新华出版社，1986：25. 甘惜分认为，历史是已经过去了的新闻，新闻是正在发展着的历史，或者就可以认为已经发生和正在发展变化着的新闻就是历史，是不可改易的历史记录，参见甘惜分. 再论新闻学与历史学 [J]. 新闻界，1996（02）：23-25.

史之别，在他看来，"日常是历史的基础和原材料，它支撑并滋养着历史，但它自己却没有历史并外在于历史"①。这句短小但意义深刻的话语生动地说明了历史与日常之间的区别。日常是没有历史的，时间是一面筛子，将日常与历史筛选开来，那些日复一日的重复性事项、不具备典型性与代表性的事物、零散的无意义事实，都会被时间无情地筛去，而这些被筛掉的绝大部分即我们日常的生活。那些真正的历史会被反复提起、大量讨论并烛照当下与未来，一如赵汀阳所说，"如果一件事情值得被记忆、值得被反复讨论并需要加以保护，这件事情的历史性必定具有当代性，具有足够的精神能量以其短暂的时刻去占据自发生以来的长期时间"②。因此，历史是超越日常的，并且正是因为超越日常，历史才成其为历史。如果我们认定新闻与历史之间存在根本性牵连，也即认定新闻是对当下世界的记录的话，那么当我们从应然层面或价值层面来考虑新闻时，必定要将时间的角度纳入其中。理想意义上的新闻，一方面应当值得当下的人们关注，不辜负人们在其上所花费的时间精力，另一方面也应对时间负责，而对时间负责的最佳方式就是留在时间之中，防止自身被时间之筛滤去，从而真正对得起"历史的草稿"的说法。

理想新闻总是在实践中达成的。当提倡新闻应当超越日常走向历史时，我们想要说的是新闻不能完全将自身当成"有闻必录"式的角色，而是真正地以历史的眼光去看待现实、描述现实、揭示现实，去记录真正具有历史性意义的世界变动。一种真正的新闻并不会去排斥建构，因为，新闻与世界之间并不是镜子，当我们将新闻狭隘地限定在"镜子"的位置上时，也为新闻沦为生活世界自我殖民手段提供了合法性基础。因为世界是具体的、琐碎的，是人并且只有具有创造性思维的人才能勾勒出总体性的世界，凸显世界真正的意义与价值，"通过人的存在，即通过实践，人有能力超越他的主观性，并有能力按照事物的本来面目认识事物。人的存在不仅能再生产社会-人类现实，而且能精神地再生产总体现实。人实存于

---

① 卡莱尔·科西克. 具体的辩证法——关于人与世界问题的研究 [M]. 刘玉贤，译. 哈尔滨：黑龙江大学出版社，2015：56.

② 赵汀阳. 历史之道：意义链和问题链 [J]. 哲学研究，2019（01）：117-126.

世界总体之中，但这个总体也包括人自身，以及他精神地在生产世界总体的能力"①。如同历史一样，新闻同样是创造性的叙事，如果说历史创造的是人们对过去的集体经验和集体记忆，那么新闻所创造的则应当是人们对于当下世界的整体性、真实性想象。这并不意味着新闻可以不尊重事实，新闻从头到尾都要尊重事实，并且新闻要创造的对当下世界整体性、真实性的想象能且只能通过对细节事实的如实反映达成与实现。对新闻价值的强调，尤其是对新闻历史意义的凸显，恰恰就是致力于发现被遮蔽的、无法直接向人显明的事实，努力建构起整体世界的真实状况，勾勒出当下世界的历史性面貌。那些真正能够揭示出世界深层结构、反映整体世界真实状况、勾勒出当下世界历史性面貌的新闻，本身就具备历史意义与历史价值，而只有这样的新闻，才可以真正地称为"当下的历史"。在这种意义上，我们又可以说，理想新闻是能够勾连起人与具有历史性意义的现实世界的中介。

对日常的超越与对历史的趋近并不意味着新闻对具体的人和具体的生活的脱离。当我们强调新闻在价值层面应当超越日常的时候，所依赖的最为坚定和不容置疑的前提就在于新闻是被嵌构与整合于人的生活世界之中的，人正是在生活中阅读新闻、接收新闻的。这意味着，新闻在价值层面对日常进行超越的目的，恰恰是对人负责，对生活负责。新闻从来都是属人的，新闻所报道的世界，从根本上来讲不是事的世界，更不是物的世界，而是人的世界，正是因为人的存在，事才得以存在，物也才有其价值。新闻的属人性意味着：离开了人，新闻没有任何意义，或者更准确地讲，根本不存在没有属人意义的新闻。新闻是人实现自我的方式和手段，人既通过新闻来抵达世界，也通过新闻来阐释自己和抵达自己，我们创造出怎样的新闻，我们就成为怎样的自己，新闻不是世界的一面镜子，而是人的一面镜子。如果我们依然怀揣着"成为更好的自己"这种朴实的念头的话，就意味着我们要通过实践去创造出更好的新闻，而这更好的新闻绝不会仅仅停留在对他处日常生活的简单呈现和反映之上，它不仅是人与具

---

① 卡莱尔·科西克. 具体的辩证法——关于人与世界问题的研究 [M]. 刘玉贤, 译. 哈尔滨：黑龙江大学出版社，2015：192.

体世界的连接者,而且也应当是人与真实的整体世界、现实世界的连接者,更应当是人与那些真正普遍的人的价值(如真实、善、正义、公正等)的连接者。更好的新闻,必然承担着推动生活、推动社会、从根本上推动人走向更好境地的角色,潘忠党在《解读凯里·跨文化嫁接·新闻与传播之别》一文中关于"新闻是什么"的一段探讨,或许能够帮助我们更好地理解新闻为推动生活、社会与人的发展提供的启发和借鉴。

> 什么是新闻?它是对活生生现实的描述,是再现的真实,是通向"真实之整体"的"地方知识",是对生活浸淫了人文关怀的批判和参与。新闻本身就是获取知识的研究,但不是抽象理论的研究,而是栩栩如生的描述型研究。其目的是理解,并通过这份理解,以人文关怀为尺度对现实生活作出批判,而且还要在此基础上促进社会的进步与改造,使我们的生活在新的境界上更接近人文价值的标准。①

理想新闻的出发点和归宿都应当是人,理想新闻所体现的应当是人之为人的特性、愿望、价值、尊严、自由和自我实现,在这种意义上,理想新闻是人走向"完整的人"的必由之路,正是在理想新闻中,人不仅能见到更为理想的自我,也能推动世界成为更好的世界。因此,真正理想的新闻又一定是一种人本主义意义上的新闻,尽管人本主义的新闻观念仍处于一种有待进一步阐释的境地,但至今已形成的一些基本主张有着自身的合理之处,也即:新闻的本质是人;它应该报道人,并以人性来报道;新闻必须基于事实报道来关怀人,新闻报道事实及人,其目的是帮助人了解世界及理想化的生存。②

当然,人本主义新闻观念所延伸出来的一个重要问题在于:究竟怎样理解"人"?是具体的人还是总体的人?是个体的人还是所有人?当我们说新闻是为了人时,我们想要表达的是:新闻的目的既是具体的人,也是

---

① 潘忠党.解读凯里·跨文化嫁接·新闻与传播之别 [J].中国传媒报告,2005(04),4-18.

② 杜骏飞.新闻是人,新闻学是人学 [J].国际新闻界,2018,40(02):24-31.

总体的人。按照马克思的观点,具体的人的解放应当是所有人解放的条件,"每个人的自由发展是一切人的自由发展的条件"[①]。新闻不仅仅是为了人,而且是为了一切人,既是为了一个个鲜活的、生动的具体个人,也是为了所有人。在这里,具体的人与总体的人再次展现出了辩证性关联,为了一切人更好地成为完整的人,新闻要变得更好更理想,从而努力促使每个人成为完整的人;而新闻要变得更好更理想,就必须趋近于总体的世界和总体的人,寻求自身的历史性意义与价值,去实践真正普遍的、总体的人的价值标准。

在这里,每个人是一切人的条件,一切人也化作每个人的条件。

---

① 马克思恩格斯选集:第1卷[M].北京:人民出版社,2012:422.

后 记

在《走向生活世界的新闻学》一文中，我从新闻学完善与发展的内在逻辑、新闻与人之存在方式的时代变革、人类哲学与思潮的整体转向等角度，论述了新闻学走向生活世界的必要性，并阐释了走向生活世界之于新闻学的重要意义。本书可以视为对"走向生活世界的新闻学"的践行与探索。围绕这一议题的具体所思所想均已在前文得到体现，这里不再赘述。如果还有要念叨几句的，那一定是"走向生活世界"的初衷。

我一直认为，将新闻学仅仅界定为社会科学是危险的。新闻的确是社会活动、社会现象，但如果我们仅仅以客观与价值无涉的方式去研究这种社会活动、社会现象，无疑会遗忘掉新闻最为根本性的东西。新闻关系到人的存在、人的意义与人的价值，新闻学也应该以人文学科的姿态来对待自己的研究对象，去研究新闻之于人的根本意义，去探索作为人的存在方式的新闻活动的深层规律，也去思考理想的新闻活动与人的理想存在样态的关联作用。在此意义上，当我提出"走向生活世界的新闻学"这一理论命题时，其根本要义在于希望新闻学真正地走向人的存在，希望真正地建立起人学意义上的新闻学。

这种理念贯穿了我读研读博的始终。也是在这种理念的驱动下，我选择了把生活世界与新闻之间的关系作为博士学位论文的选题。而能够完成这项研究，离不开我的导师杨保军先生的指导和帮助。我偏爱有深度的学问，尤其喜欢哲学，杨老师关于新闻诸般议题的哲学思辨，打开了我的学术大门，也促使我走上以哲学思维、志趣、精神来把握未知世界的研究道路。当然，也感谢杨老师对我个性的包容，给我以自由探索的空间。得益于他的鼓励和支持，我才能在博士期间按照自己的兴趣，有足够的时间去阅读康德、黑格尔、马克思、胡塞尔、海德格尔等思想家的著作。淡泊宁静、宽厚温和、勤勉治学，杨老师身上的这些品质不断影响着我，是我人生中取之不尽、用之不竭的宝贵财富。

　　人的求学生活，无疑是最值得回忆的经历之一。我这一生有九年时光都在中国人民大学度过，在那里我听到过能够焕发崇高理想、激荡赤子情怀的校歌，也见到过以苍生为执念、以真理为追求的大师。人大是除家乡外，迄今我生活最久的地方。这部修改自博士学位论文的著作，也以另一种方式见证着人大对我的影响，见证着我在人大的生活，见证着我在图书馆、明德楼、教二、品园的点点滴滴。母校的印记不只是一处处具体的生活坐标，更是令人敬重与感怀的老师们。感谢陈力丹教授、涂光晋教授、张征教授、高钢教授、马少华老师，在他们的课堂上，我一次又一次地感受到新闻的魅力、新闻传播学的魅力。感谢刘小燕老师、周俊老师、陈阳老师、王斌老师、潘文静老师、闫岩老师，他们以不同方式给过我鼓励和帮助。还要特别感谢在博士学位论文开题、预答辩、答辩环节都给过我宝贵建议的王润泽教授和邓绍根教授，以及见证了我的博士学位论文不同阶段的赵云泽教授、陈绚教授和北京大学的程曼丽教授、中国社会科学院的季为民教授、北京外国语大学的高金萍教授，他们从不同角度提出的意见，对于博士学位论文的完善有着重要意义。

　　在这里，我还要感谢攻读博士学位期间对我产生重要影响的几位学者。第一位是赵汀阳教授，他在哲学上的洞见及创造力，于我而言不仅是智识上的启示，而且也是学术道路上的明灯。第二位是黄旦教授，他的那篇《重造新闻学——网络化关系的视角》仿若平地惊雷，改变了我对新闻学的看法，使我产生了反思新闻学、变革新闻学的念头。第三位则是杜骏飞教授，他发出的"新闻是人，新闻学是人学"，使我认识到在今天的时代里，依然有人在为反对新闻的客体化与工具化而呐喊，依然有人在解读、发掘新闻学的人本主义内涵。除此之外，也要感谢乔永亮老师、胡百精老师、胡天龙老师、毛湛文老师，他们在思想、人格、生活道路上都给过我重要的启迪或帮助。

博士毕业之后，我选择到中国传媒大学电视学院工作。在学院的平台支撑下，我能够继续完成博士学位论文的修改、打磨。要特别感谢高晓虹教授，不论是在工作上还是在学术上，她都给予了我极大的关心和帮助，她对工作的热忱、对事业的认真负责，以及她高远的格局、宽广的胸怀，都对我产生了重要影响。要感谢曾祥敏教授，他是我的博士后合作导师，也总是鼓励我、支持我、帮助我。要感谢我的同事涂凌波教授，他经常关心这部著作的出版情况，也一直在工作、生活中给予我无微不至的关怀和帮助，让我总是心生温暖和感动。

还要感谢奋进中的中国传媒大学，在廖祥忠书记和学校党委的领导下，学校近年来迎来了崭新的发展格局，对年轻学者更是给予了坚实的发展支撑。学校科研处专门设置了后期资助项目，这部著作能够面世，得益于科研处的支持，周建新处长、李玲飞副处长、王咏梅老师，以及学院的范国琴老师，在著作出版过程中都给予了重要帮助。

感谢社会科学文献出版社的张建中老师，他的专业、认真使书稿增色不少。感谢一路走来给过我关心、帮助的朋友们。最后，还要感谢我的妈妈、姐姐等家人，她们是我最坚实的支撑，也是我努力的动力。

李泓江
2024 年 11 月 20 日于北京

图书在版编目（CIP）数据

现代新闻与生活世界 / 李泓江著 . -- 北京：社会科学文献出版社，2024.12（2025.9 重印）. -- ISBN 978-7-5228-4717-7

Ⅰ.G210

中国国家版本馆 CIP 数据核字第 2024Q30D42 号

现代新闻与生活世界

著　　者 / 李泓江
出 版 人 / 冀祥德
责任编辑 / 张建中
文稿编辑 / 公靖靖
责任印制 / 岳　阳

出　　版 / 社会科学文献出版社·文化传媒分社（010）59367156
地址：北京市北三环中路甲 29 号院华龙大厦　邮编：100029
网址：www.ssap.com.cn
发　　行 / 社会科学文献出版社（010）59367028
印　　装 / 唐山玺诚印务有限公司
规　　格 / 开 本：787mm×1092mm　1/16
印 张：16.5　字 数：252 千字
版　　次 / 2024 年 12 月第 1 版　2025 年 9 月第 2 次印刷
书　　号 / ISBN 978-7-5228-4717-7
定　　价 / 98.00 元

读者服务电话：4008918866

版权所有 翻印必究